# Die Volkswirtschaft Österreich-Ungarns

## und die Verständigung mit Deutschland

Von

**Dr. Erich Pistor**
Sekretär der Wiener Handelskammer

Berlin 1915
Druck und Verlag von Georg Reimer

Das vorliegende Buch trachtet folgende Ziele zu fördern:

Die Machtentfaltung des habsburgisch-lothringischen Herrscherhauses.

Die endliche vollständige Erschließung der Reichtümer der Donaumonarchie an Menschen und Gütern.

Die Weltgeltung deutscher Kultur und die einheitliche Weltwirtschaftspolitik der Mittelmächte und ihrer Bundesgenossen.

Den Aufschwung und die glückliche Zukunft ihrer in treuer Pflichterfüllung sich freudig aufopfernden Völker.

# Bemerkungen.

Infolge der Schwierigkeiten des Postverkehrs hat sich nicht nur die Herausgabe des Buches verzögert, sondern es war auch während der Drucklegung nicht möglich, alle gewünschten Ergänzungen durchzuführen.

Nachgetragen sei:

zu Seite 22. Die Szekler werden nach der überwiegenden Anschauung der Fachleute als Magyaren betrachtet, die sich allerdings durch viele folkloristische Sonderheiten von den sonstigen Magyaren unterscheiden.

Seite 31. Sehr auffällig ist der Unterschied in der volkswirtschaftlichen und sozialen Lage der Ukrainer in der Bukowina, die unter deutscher Verwaltung steht, und jener in Ostgalizien, wo fast ausschließlich der polnische Einfluß maßgebend ist. Im letzteren Gebiet befinden sich die Ukrainer noch immer wirtschaftlich und sozial auf dem Tiefstand.

Seite 32. Bei den Magyaren gehört zur Oligarchie des Adels auch die Gentry, beide zusammen rund 10 000 Familien.

# Inhalt.

## Das Land.



## Die Leute.

# Das Land.

Da alles Gewordene das Ergebnis von Entwicklung und des Gegenspiels von Kräften ist, kann das volle Verständnis alles Seienden nur durch Betrachtung auch seiner Entwicklung erworben werden. Bei der Darstellung der produktiven Kräfte eines Wirtschaftsgebietes werden zunächst die natürlichen Bedingungen und Einflüsse, dann die Einwirkungen von Menschen und Schicksalen zu beleuchten sein, bevor vom status quo der betreffenden Volkswirtschaft und den Möglichkeiten der Zukunft gesprochen werden kann.

Bei einem Gebiete, das eine rund 2000jährige Entwicklung besitzt, wie das Gebiet des heutigen Österreich-Ungarn, bei einem Organismus, der so kompliziert ist und dessen Volkswirtschaft so außerordentliche Besonderheiten aufweist, wird die volkswirtschaftliche Betrachtung die Entwicklung um so weniger unbeachtet lassen können, will man nicht allzuoft geradezu vor Rätseln stehen.

Nach Rußland ist die Donaumonarchie das Land Europas mit der größten Flächenausdehnung; seine Bevölkerung ist allerdings kleiner als die Deutschlands (1910 51 gegenüber 65 Millionen). Geographie.

Österreich-Ungarn trägt nächst Rußland am meisten kontinentalen Charakter. Nur ein Sechstel seiner Grenzen ist vom Meere bespült. Wichtig für das Verständnis der geographischen Lage Österreich-Ungarns und seiner Volkswirtschaft ist die Tatsache, daß es durch den Zusammenschluß dreier Hauptteile geographisch ein Ganzes bildet: das Alpengebiet mit seinen Ausläufern (Karst), das vorwiegend sudetische Gebirgsviereck Böhmens und die vom unmittelbar anschließenden Walle der Karpathen umgrenzte ungarische Ebene; Alpengebiet und Ebene sind zusammengehalten von dem Flußsystem der Donau. Sie und der habsburgische Neubesitz im Süden, Bosnien und die Herzegowina, mit dem geographisch dazugehörigen Dalmatien verbinden die Monarchie mit dem Orient, der Oberlauf der Donau und noch mehr das Flußsystem Böhmens (Elbe und Moldau) mit dem Westen.

Die Monarchie als Gebiet des Ostens.

Schon der ganze geographische Aufbau der Monarchie, namentlich die Flußrichtung der Donau, macht es zu einem Gebiete, das mehr zum Osten als zum Westen gehört.

Die geographisch-klimatisch-botanische Scheidelinie zwischen den Ost- und Westgebieten Europas ist über Danzig—Wien—Triest zu ziehen [1]), die in ethnographischer Beziehung an vielen Stellen noch viel weiter westwärts gerückt werden muß. Die Geschichte, als deren Ergebnis ja auch die Völkerschichtung zu betrachten ist, hat diese Länderstrecken innerhalb der Donaumonarchie in endlosen, blutigen Kämpfen — das Nibelungenlied hat sie besungen und der Weltkrieg unserer Tage ist auch eine Phase darin — dem Osten abgerungen, politisch und kulturell an den Westen geknüpft und damit zum Übergangsgebiete vom Westen nach dem Osten gemacht.

So ist die Monarchie von Natur aus ein Kampfland, wo Ost und West seit fast zwei Jahrtausenden aufeinanderpressen und auf stete Fortsetzung des Kampfes angewiesen sind. In unserer Zeit kennzeichnen der Riesendruck der unter russischer Herrschaft stehenden Volksmassen und das Streben von Rußlands Politik und Volkswirtschaft nach freien Zugängen zum Westen Ursache und Absichten des tobenden Weltkrieges.

Die teilweise bis in die Schneeregion ragenden Gebirgssysteme der Alpen, des Karstes, der Karpathen entziehen weite Flächen der Besiedlung überhaupt. Nicht weniger als 14% der Fläche der Monarchie liegen über 1000 m hoch, der obersten Grenze der normalen Besiedlungsmöglichkeit. Diese Gebirgsteile beeinflussen nicht nur das Klima, sie erschweren auch die Besiedlung, das Eindringen der Kultur und ihre Entwicklung im höchsten Maße; ein nicht zu unterschätzender Teil der Kraft der Bewohner wird durch den Kampf mit den Naturgewalten aufgezehrt. Dazu kommt die weite Verbreitung unfruchtbaren Kalkes, der wieder 10 % der Oberfläche der Monarchie ausmacht [2]).

---

[1]) Vgl. E. Hanslik, Die Karpathen in „Mein Österreich mein Heimatland". Wien.

[2]) F. Heiderich, Die natürlichen Bedingungen des Wirtschaftslebens von Ö.-U. in den Beiträgen zur Wirtschaftskunde.

Vom hydrographischen Standpunkte ist hervorzuheben, daß das Alpen-Karst-Karpathensystem vorwiegend die Gewässer der Donau zusendet, woraus sich erklärt, daß fast 75 % der Monarchie dem Flußgebiete der Donau angehören. Die zahlreichen Nebenflüsse sind ganz oder überwiegend oder wenigstens in ihren wichtigsten Teilen Bergströme. Die Drau, die Save sind in ihrem ganzen österreichischen Oberlauf nicht schiffbar. Ja selbst die Donau trägt, obwohl sie schon von Regensburg an schiffbar ist, bis Wien den Charakter eines ausgesprochenen Bergstromes [1]), den Hochwasser und Eisstöße, damit zusammenhängend stets wechselnde Fahrrinnen immer wieder zum Feinde von Kultur und Volkswirtschaft machen. Erst ein fortgeschrittener Standpunkt moderner Technik, die Dampfkraft, begann diese Strecke für den Verkehr größeren Stils zu erschließen (1830).

Welche Verheerungen hat nicht anderseits immer wieder die Theiß mit ihren unwiderstehlichen Waffen elementarer Urkraft angerichtet!

Der Gebirgscharakter des Donaureiches bringt es mit sich, daß die Wasserscheiden alle ungleich höher liegen als z. B. in Frankreich oder gar in Deutschland, was für den Bahn-, besonders aber für den Kanalbau [2]) von vornherein große Schwierigkeiten mit sich bringt.

Für ein derart von Gebirgen durchzogenes und umschlossenes Gebiet, wie die Monarchie, besitzt die Verbindung mit dem Meere und in diesem Sinne die Richtung schiffbarer Flüsse besondere Wichtigkeit. Nun ist aber das Adriatische Meer, von dem Napoleon die Monarchie im Jahre 1809 durch enggezogene Staatengrenzen abschnitt — ein grausames Meisterstück der Diplomatie, nunmehr von Italien aufs neue versucht —, selbst auf der verhältnismäßig leichtesten, den geeigneten Pässen folgenden Route, jener der Südbahn, durch mehrere Gebirgsketten (der Alpen, der Karawanken und des

[1]) Auf der Strecke Passau—Wien—Budapest und Semlin—Turn-Severin gibt es zwar eine Frachtschiffahrt bei Nacht, aber die Personenschiffahrt wird aus Sicherheitsgründen in der Talfahrt nur bei Tag abgewickelt. Wegen des ständigen Wechsels in der Fahrrinne fehlt es auch, von geringen Ausnahmen abgesehen, an Richtfeuern, wie sie sich an den Ufern der deutschen Ströme oder z. B. sogar am Amur befinden (vgl. Pistor, Durch Sibirien nach der Südsee, Verlag Braumüller). Der Floßverkehr ist auch heute noch auf den Lotsen, „Nauführer", angewiesen.

[2]) In Deutschland fördern z. B. die diluvialen Stromtäler zwischen dem baltischen und dem südlichen Höhenrücken sogar von Natur aus den Kanalbau.

Karsts) von der Donau und damit von der Zentralachse des Reiches getrennt.

Die Abdachungen dieser hohen Gebirge senden alle Wasser dem Norden und Osten zu, gleichsam der Adria den Rücken wendend. Bei der Distanz Wien—Triest von rund 600 km war es dem Straßenbau (der hier vielfach auf römischen Anlagen beruht) nicht möglich, das Verkehrsproblem entsprechend zu lösen und die einer rascheren Entwicklung fähige Ebene im Zentrum und Norden des Reiches dem Meere näher zu rücken. Auch hier war also ähnlich wie bei der Donau der Sieg über die retardierenden, natürlichen Verhältnisse erst der Technik des 19. Jahrhunderts, dem Eisenbahnverkehre, vorbehalten. Gegenüber Massengütern bleibt aber bekanntlich die Leistungsfähigkeit auch der Bahnen eine beschränkte.

Die Donau selbst aber, der Mutterstrom Österreichs, wendet sich dem Osten und noch dazu einem abgelegenen Binnenmeere zu. Sie durchfließt im Mittellaufe Gebiete, die zuerst infolge der Verwüstungen durch die Völkerwanderung und dann durch die Kämpfe mit den Völkern des Ostens (Hunnen, Avaren, Slaven, Magyaren, Osmanen) immer wieder am Aufschwunge gehindert waren. Auf der 580 km langen Strecke von Passau bis Budapest liegen nur drei größere und fünf kleinere Städte, von Budapest abwärts bis Belgrad (1053 km) überhaupt nur drei Städte. Was aber den Unterlauf der Donau anlangt, so blieben die hier ansässigen Völker, die Serben, Bulgaren und Rumänen, infolge der langen Dauer der osmanischen Herrschaft und der geringen wirtschaftlichen Entwicklung so lange geringwertige Konsumenten, bis die leichtere Übertragung von Kultur und Organisation, wie sie das Ende des 19. Jahrhunderts kennzeichnet, eine raschere Entwicklung ermöglichte. Ein direkter Schiffsverkehr zwischen Donau und Schwarzem Meer ist nautisch unmöglich.

Aus den geschilderten Umständen ergibt sich auf der Donau im Gegensatze zu Rhein und Elbe ein beschränkter Verkehr, der nur jeweils im Zusammenhange mit den südosteuropäischen Ernten einen Umfang größeren Stiles annimmt.

Gerade der Vergleich mit der Elbe lehrt uns die Bedeutung der Donau als eines Stromes kennen, der bis in unsere Zeit ungleich mehr politische denn wirtschaftliche Bedeutung besaß.

Die Elbe hat einen ganz kurzen Oberlauf in Österreich. Bei Aussig (Laube), dem zweitgrößten Hafen Österreichs was die verschifften Quantitäten anlangt (im gewissen Sinne mit Duisburg am Rhein vergleichbar), hat sie ungefähr die Größe der Donau bei Passau. Das Gebiet der Schiffbarkeit wurde in den letzten Jahren durch die Kanalisierung der unteren Moldau erweitert. Bei der geringen Entwicklung des Flusses in Österreich wird die Schiffahrt nicht nur sehr leicht und lange durch Eis, sondern im Sommer auch noch durch niedere Wasserstände entweder sehr erschwert oder (wie z. B. im Sommer des Jahres 1907) unmöglich gemacht.

So erklärt es sich, daß die Elbe nicht einmal im Mittelalter als Zubringer von Kultur eine Rolle von Bedeutung spielte. Sie kommt als Weg nach der Monarchie kaum in Betracht. Das Blatt ändert sich erst in den letzten 50 Jahren.

Nicht Hamburgs erste Blüte in der Hansazeit des 14. Jahrhunderts, sondern die zweite Blüte, die mit der Zeit des Kampfes gegen Napoleon und die Kontinentalsperre beginnt, ist der Ausgangspunkt des Elbehandels mit Österreich, u. z. vorwiegend für die Ausfuhr aus der Monarchie. Erst das neue Hamburg, das, gestützt auf die Entwicklung der eigenen Industrie Deutschlands, als neu aufstrebender Faktor der Handelsvermittlung mit England und der überseeischen Welt in Verbindung trat, verhalf auch dem österreichischen Teile der Elbe zur vollen Ausnützung. Die Erschließung dieses billigen und bequemen Verkehrsmittels für den Weltverkehr, die Erleichterung der Zufuhr von Massengütern der Rohproduktion brachten der österreichischen Industrie im österreichischen Elbegebiete die Möglichkeit einer glänzenden Entwicklung. So wurde durch die unmittelbare natürliche Verbindung mit dem Westen und der Wirtschaftsentwicklung im Deutschen Reiche Böhmen das reichste Industrieland der habsburgischen Krone.

Eine Zusammenfassung der geschilderten wichtigsten geographischen Vorbedingungen stellt demnach Österreich-Ungarn als ein Kampfland und Austauschgebiet zwischen Westen und Osten dar, dessen wirtschaftliche Entwicklung durch die Kriege um den Besitz des Landes, sowie infolge der in früherer Zeit kaum besiegbaren, ungünstigen geographischen Verhältnisse durch Jahrhunderte weitgehend gehemmt war. Erst die Entwicklung der modernen Technik und des Welthandels hat die Ungunst dieser Hemmnisse im vorigen Jahrhundert zu beheben begonnen.

Geschichte. Betrachten wir nunmehr, wie sich die Bevölkerung Österreich-Ungarns in den verschiedenen Epochen den geographischen Vorbedingungen angepaßt hat.

Naturzeitalter. Die geschlossene Völkeransiedlung in Europa erfüllte im Altertum nur die Subtropenzone und reichte an keiner Stelle über das Gebiet des mittelländischen Klimas hinaus. Die Grenze der südlichen Pflanzenwelt war bis zum Ausgange des Altertums haarscharf die Grenze der kultivierten und unkultivierten europäischen Erde. Alles Land nördlich der spanischen Meseta, der Sevennen, Alpen, des dinarischen Gebirges, des Rhodopenmassivs, des Schwarzen, des Kaspischen Meeres und des Aralsees war Urlandschaft bis ins Mittelalter.

Demnach weist auch der Boden Österreich-Ungarns nur so weit, als er mediterran ist, geschlossene antike Siedelung und Wirtschaft auf. Dagegen sind die Südhänge der Alpen und die adriatische Küste ältester europäischer Kulturboden wie Italien und Griechenland.

Römische Zeit. Die Macht des antiken Staates reichte allerdings weiter als die geschlossene Siedelung, so besonders in Ungarn.

Während die Römer im Südwesten Deutschlands die Grenzen des Reiches über den Rhein vorgeschoben und zum Schutz des offenen Landes den Limes gegen die Bewohner der Urlandschaft [1]) errichtet haben, bildete im Osten — von mehr oder weniger vorübergehenden Ausnahmen abgesehen (Dazien) — die Donau die Grenze, die hiermit zum erstenmal eine ihrer vielseitigen politischen Aufgaben erfüllte. Die genannten Provinzen besaßen dementsprechend vor allem militärischen Charakter; sie waren Abwehr- und Puffergebiete gegen die Germanen.

Aus dem weiten Auseinanderliegen der antiken Staats- und Kulturgrenze erklärt sich das Kultur- und Wirtschaftsbild der Monarchie im Altertum. Die in den Alpen lebenden Naturvölker wurden romanisiert, die in den Sudeten und im größten Teile der Karpathenländer

[1]) Es darf bei Beurteilung der Siedlungsgeschichte und der Uranfänge der Kulturentwicklung auch jene Tatsache nicht außer acht gelassen werden, daß nördlich der Alpen der Westen, das heutige Frankreich und das Rheingebiet, am frühesten eisfrei waren, während die Entwicklung in Norddeutschland und den Alpenbergen durch das Eis unvergleichlich länger gehemmt war.

lebenden germanischen Naturvölker blieben unberührt. Südlich der Donau wurden als römische Kulturinseln Festungen errichtet, die zugleich Wirtschaftsmittelpunkte waren. Die wichtigste davon war Carnuntum (am Südufer der Donau, 40 km von Wien), der Punkt, welcher den Handel von Nord nach Süd, und zwar nach Aquileja, dem Hauptplatze an der Grenze des eigentliche Italien, vermittelte. Ein hochwichtiges, einem Halbedelstein gleichgesetztes Produkt, der Bernstein, war der Haupthandelsartikel; sonst kamen Flußperlen, Pelze, Federn in Betracht. Anderes hatten die nördlichen, unwirtlichen Berg-, Wald- und Sumpfwüsten kaum zu bieten. Den „Barbaren" wurden Wein, Kleider, Gerätschaften verkauft. Eine handelspolitische Bedeutung kam der Donau, dieser Scheide zwischen römischen Kulturvorposten und Urlandschaft, nicht zu.

Der Siedlungskampf im Zeitalter des Vorherrschens der Landwirtschaft.

Die Völkerwanderungskämpfe endeten zunächst infolge des Vordringens der Hunnen und Avaren um das 6. Jahrhundert damit, daß die germanischen Naturvölker aus dem Gebiete der Monarchie abzogen. Nur das westliche Alpenvorland bis zur Enns blieb in den Händen der Bajuvaren. Unmittelbar darauf setzt aber der neuerliche Vormarsch der deutschen Stämme nach Osten ein, und zwar der Alemannen auf Vorarlberg, der Bajuvaren nach Tirol, der Franken in nördlicher Richtung. Vom 6. bis zum 9. Jahrhundert vollzieht sich in den Alpenländern der große Prozeß der Umwandlung von Österreich-Ungarn aus einer Naturlandschaft, in welcher nur vereinzelte Siedlungsinseln liegen [1]), in die geschlossene Kulturlandschaft. Bis dahin war ein geschlossener Wirtschaftskörper, d. h. ein zusammenhängendes Netz ländlicher Siedlungen, nur im Mittelmeer-Bereiche der Monarchie vorhanden gewesen. Nun werden die nördlichen Wälder systematisch gerodet und wird das ganze Land in Anbau genommen.

Damit setzt die Bildung der Grundlagen des geschichtlichen österreichischen Wirtschaftslebens ein, die Kontinuität der volkswirtschaftlichen Arbeit beginnt; Österreich-Ungarn tritt mit dem

---

[1]) Vgl. die Arbeiten des 1914 in den Kämpfen an der Save gefallenen, bahnbrechenden Gelehrten Dr. A. Grund in Pencks Geogr. Abh. und Vierteljahrsschrift für Sozial- und Wirtschaftsgeschichte (1907) und Dr. E. Hanslik in der Schriftenfolge „Weltkultur und Weltpolitik" des Wiener Instituts für Kulturforschung, bei Bruckmann, München, im Erscheinen begriffen.

Beginne der Besiedlung seiner westlichen Gebiete durch die deutschen Stämme aus dem Stadium der Naturvolkswirtschaft in das der Kulturwirtschaft ein. Die Slaven machen diesen Aufstieg in den höheren Zustand der gesellschaftlichen Organisation, der überhaupt erst Naturvölker zu geschichtlichen Völkern umbildet, fast gleichzeitig mit den Germanen durch. Die Kriege der damaligen Zeit, namentlich die Karls des Großen, sind Kämpfe um Siedlungsland.

Die Ostmark, zu der Karl der Große den Grundstein legte, ist wie das einstige römische Grenzgebiet vor allem eine militärische Organisation mit der Aufgabe, die Aussiedlung des Donautales und der östlichen Alpenländer durch die deutschen Bauern militärisch zu schützen; aber wie die Entwicklung von Macht und Kultur nicht mehr von Süd nach Nord, sondern von West nach Ost fortschritt, erstreckte sich diese Provinz quer über die Donau und ihre beiden Ufer. Wie mag das Land nach den vielfachen Einfällen und Abwehrkämpfen ausgesehen haben! In Frankreich, am Rhein und in der Schweiz hatte die westliche Kultur die Grundlage für die neue Entwicklung in Verwaltung und Volkswirtschaft gebildet und war rasch zu hoher Blüte gekommen: Hier hatte man durch rund 500 Jahre einen gegenseitigen Vernichtungs-, einen wahren Kosakenkrieg geführt.

Während die deutschen Gebiete unter Heinrich I., in erhöhtem Maße dann als Römisches Reich Deutscher Nation unter Otto dem Großen begannen, sich zu einem Staatskörper von weit gesteckten Grenzen mit internationalen Beziehungen herauszuwachsen, eine geregelte Verwaltung und Volkswirtschaft zu bilden und zu entwickeln, brauste um 900 aus dem Osten ein neuer Sturm daher — die Magyaren, ein Steppenvolk, das weder im Osten noch im Westen vom Rassenstandpunkte einen Zusammenhang besaß, die slavischen Völker vertrieb, sie in zwei große Gruppen (die heutigen Nord- und Südslaven) trennte und schließlich zwischen ihnen auf dem letzten großen Steppenboden im Herzen Europas, in der großen Donautiefebene, seinen dauernden Wohnsitz fand.

Unter den Einfällen der Magyaren stockte das deutsche Siedlungswerk im Osten zeitweilig, bis von neuem unter Otto I. die Ostmark gegründet und 976 Leopold der Babenberger damit belehnt wurde. Damit erfolgt also wieder eine militärisch-politische Gründung im Donautal, und zwar zum Schutze des Oberlaufes der Donau gegen das unruhige kampflustige Reitervolk der Magyaren, die erst Friedrich Barbarossa durch die wichtige Befestigung der Porta Hungarica bei Hainburg zum Aufgeben ihrer Einfälle nach Westen zwang.

Je mehr die Siedlung fortschritt, desto mehr blühten in Österreich die Grenzgebiete auf. So wuchs der deutsche Volkskörper zwischen dem 10. und dem 13. Jahrhundert abermals mächtig gegen Osten und erreichte seinen heutigen Umriß. Im 10. Jahrhundert ist das Alpenvorland, im 11. Jahrhundert das Tullnerfeld besiedelt, das Wiener Becken, ferner das Land bis zur Thaya, das Gebiet der Ostalpen gegen Ungarn, die westliche oberungarische Tiefebene und das südliche Mähren. Zur selben Zeit wurden die Ostalpen ausgesiedelt und die slavischen Naturvölker germanisiert. Die Bayernherzoge aus dem unternehmenden Hause der Agilolfinger trieben ihre Mannen durch Tirol bis in die Steiermark und nach Kärnten gegen die Südslaven vor.

Als Grenze gegen die Slovenen legte sich eine ostwestliche Linie etwa in der geographischen Breite des Wörthersees fest. An der mediterranen Grenze haben sich die Ladiner vor den Deutschen bis heute gehalten.

In den Sudetenländern war der deutsche Bauer im 12. Jahrhundert bis in die Mitte der böhmischen Wälder, Dörfer gründend, vorgedrungen. Im 13. Jahrhundert legten die deutschen Siedler auf Berufung der böhmischen Könige und Adeligen die böhmischen Teile der Grenzwälder um und verwandelten die gebirgigen Teile Südwest-Böhmens in Kulturland. Aus diesen Zeiten stammen auch die großen ländlichen Sprachinseln ostwärts der geschlossenen deutschen Sprachgrenze in Böhmen, Krain und Ungarn.

Wirtschaftlicher Aufbau der Nichtdeutschen.

Auch bei den Slaven scheidet sich in dieser Periode hinsichtlich der kulturellen und wirtschaftlichen Entwicklung Natur- und Geschichtszeitalter. Als Naturvölker in kleinen Stämmen ohne größeren Staatsverband nisteten sie sich längs der am leichtesten zu bewirtschaftenden Stellen in der Urlandschaft ein, indem sie den Avaren und den abziehenden Germanen auf dem Fuße folgten. So gewannen sie Mähren, Böhmen, die Länder der ungarischen Ebenen, im 6. Jahrhundert die Ostalpen, im 7. das dinarische Gebirge. Die einheimische romanisierte Bevölkerung wurde im Kampf getötet oder im Frieden slavisiert. Im 7., 8. und 9. Jahrhundert war der größte Teil der Monarchie von slavischen Stämmen besiedelt.

Als im 9. Jahrhundert die Magyaren längs der Steppengebiete eindrangen, wurde die slavische Bevölkerungsdecke in den zentralen Ebenen der Monarchie vernichtet. Nur jenseits der starken natürlichen Grenzen erhielten sich die slavischen Nationen: in den Westkarpathen die Mährer und Slovaken, in den mittleren oder Waldkarpathen die Ukrainer (Ruthenen), im Süden jenseits der Drau die Kroaten. In den Randgebirgen Siebenbürgens behaupteten sich die rumänischen Gebirgshirten. Im 10. Jahrhundert setzt dann die Ausbildung der politischen und nationalen Individualitäten ein, wobei aber über den wichtigsten Vorgang, den des Überganges vom Natur- zum Kulturzustand, keine Nachrichten vorliegen.

Sobald sich über die Schicksale dieser Gebiete Licht breitet, stehen die nichtdeutschen Völker der Monarchie in einer Wirtschaftsstruktur da, welche von der aller deutschen Gebiete grundverschieden ist. Überall im deutschen Westen bildet den Hauptkörper der Gesellschaft ein entwicklungsfähiger Bauernstand; die Alpen sind mit mächtigen Bauernhöfen erfüllt. Im nichtdeutschen Osten fehlt dieser Bauernstand fast ganz. Dagegen entstanden in den Tiefebenen, in und rund um die Karpathen, ebenso in den dinarischen Ländern die Hüttenanhäufungen im Stile der osteuropäischen Völker. Der Gegensatz zwischen Herrenhof und Hütte ist dem deutschen Westen ebenso fremd, wie das land- und rechtgesättigte Bauerntum dem Osten unbekannt ist. Diese Grundlagen des Wirtschaftslebens unseres Staates sind in der Folge an manchen Stellen und zu manchen Zeiten etwas verändert worden. Im großen und ganzen aber haben sie sich bis zum heutigen Tage erhalten, und wer heute die markanteste Wirtschaftsgrenze Europas kennen lernen will, braucht nur einen kleinen Ausflug auf 30 bis 40 km von Wien nach dem Osten zu unternehmen, wo an der March die geschlossene selbständige Bauernwirtschaft von Westeuropa ausläuft und die osteuropäische Hüttenform einsetzt. Aus den Hüttenstädten und Hüttendörfern ragen mächtige Schlösser der ungarischen und polnischen Adeligen auf.

Städtisches Zeitalter.

Auf diesen Grundunterschieden beruht die ganze weitere Entwicklung des Wirtschaftslebens der Monarchie. Der deutsche Westen wuchs organisch infolge der gesunden Ordnung seiner Wirtschaftsverfassung aus dem ländlichen Stadium in das städtische hinein. Die ländliche Siedelung ist etwa im 13. Jahrhundert beendet. Die städtische beginnt. Allenthalben in deutschen Landen erheben sich inmitten der wohlhabenden gutgebauten Dörfer von Wohlstand zeugende Märkte und Städte.

Nicht so jenseits der Sprachgrenze. Hier stockt die Wirtschaftsentwicklung, da die sozialen und rechtlichen Voraussetzungen für den normalen Ausbau der Volkswirtschaft fehlen. Bis zum heutigen Tage besitzen die Völker der Monarchie jenseits der Sprachgrenze keinen Bürgerstand und ungleich weniger Städte [1]) als die Völker diesseits. In den östlichen Märkten und Städten siedeln Deutsche und Juden, die der umgebenden Landbevölkerung national und kulturell fremd gegenüberstehen. Erst heute beginnt sich dieser Zustand zu ändern.

Im einzelnen ist vom städtischen Leben, von Handel und Verkehr der in Rede stehenden Gebiete kurz folgendes auszuführen.

Babenberger und Habsburger.

Wohl haben im beginnenden Mittelalter Beziehungen zu Italien bestanden, wobei die schon von den Römern benutzten Pässe den Verkehr vermittelten. Ungleich lebhafter war aber der Zusammenhang mit dem politisch bedeutsamen und wirtschaftlich aufblühenden Westen, mit Bayern, Franken, Schwaben, mit denen sich der Verkehr unter teilweiser Benutzung der Donau abwickelte. Regensburg schwang sich allmählich zum Hauptorte des Handels im Südosten Deutschlands auf. Die Regensburger Stiftsherren betrieben in Wien und Enns eine Faktorei.

Die Masse der Bevölkerung lebte, wie überall in Europa, von der Landwirtschaft; in den Städten, Märkten, auch in den die Kultur mächtig fördernden Klöstern wurde Handwerksarbeit geleistet, aber vorwiegend lokal verwertet.

Trotz der großen Zahl von Handwerkern, die man aus Deutschland und Italien bezog, und der vielen Zünfte, die es gab, fehlte es aber an Betrieben, die für den Export gearbeitet hätten [2]).

Regensburgs, später Augsburgs Einfluß auf diesen Handel in und mit der Ostmark ging außerordentlich weit. Herzog Leopold VI.

---

[1]) Während Deutschland nach der Volkszählung von 1910 48 Städte mit Einwohnern über 100 000 besaß, darunter 23 mit über 200 000, gibt es in Österreich 7, in Ungarn 2 mit mehr als 100 000 und insgesamt 16 in Österreich und 13 in Ungarn mit mehr als 50 000 Einwohnern. Nur drei in Österreich und Budapest in Ungarn haben mehr als 200 000.

[2]) Vgl. Richard Mayr, Handelsgeschichte, Verlag Hölder, Wien.

aus dem Hause der Babenberger nahm, um dagegen anzukämpfen, zu Zwangsmaßregeln Zuflucht und verlieh Wien (nach dem Beispiele Venedigs) das Stapel- und Niederlagsrecht, um wenigstens den Handel mit Ungarn der Hauptstadt zu erhalten. Die ausländischen Kaufleute durften die Waren nicht durch Wien führen, sondern mußten sie Wiener Kaufleuten zum weiteren Vertriebe überlassen.

Aber die süddeutschen Großhändler waren trotz dieser Gewaltmaßregeln, dank besserer Organisation, mächtiger, als die autokratischen Handelspolitiker auf dem babenbergischen Herzogsstuhle. Sie drohten, den Wienern überhaupt nichts zu liefern, und zwangen die kommerziell weniger tüchtigen Kaufleute des Babenbergerlandes zum Nachgeben.

Rudolf IV. aus dem Hause Habsburg suchte fremde Handwerker nach Wien zu ziehen, um Produktion und Export zu heben, aber erfolglos. Die Wiener Kaufleute trachteten vielmehr wieder, den Nord- und Südverkehr durch administrative Gewaltmaßregeln in ihre Hand zu bekommen, indem die auswärtigen Kaufleute nur die Straßen über Pontafel, Judenburg und den Semmering, mit dem Ausgangspunkte Wien, benutzen durften. Den Vorteil hatten nur einige Wiener Kaufleute, die angesichts der bestehenden Schwierigkeiten (schlechte Verkehrsverhältnisse, geringer, zerstreuter Bedarf) am tunlichst geringen Umsatze tunlichst viel zu verdienen trachteten, ihr Absatzgebiet nicht erweiterten, weil sie nichts riskieren wollten; für die Allgemeinheit blieb der Vorteil aus, denn eine Belebung des Verkehrs trat nicht ein.

Mit der blühenden Volkswirtschaft des Deutschen Reiches konnten sich demnach, wie oben angeführt, Gewerbe und Handel in den österreichischen Ländern nicht messen. Die Gründe lagen klar zutage. Köln, Nürnberg und Augsburg hatten schon im Mittelalter eine viele Hundert Jahre alte, mehr oder weniger unterbrochene Entwicklung hinter sich. Die Kriege, die das Deutsche Reich und seine Herrscher führten, spielten sich zumeist im Auslande, in Italien oder auf heutigem österreichischen Gebiete, sowie im slavischen Preußen ab. Von den unmittelbaren Verheerungen der mittelalterlichen Kriege blieben die deutschen Hauptgebiete und die dortigen Erzeugungsstätten, die noch dazu in engerem Zusammenhange mit dem hochentwickelten Westen standen, zumeist verschont. Dort konnte, mußte sich eine höhere Kultur entwickeln. Daher war dort der Bedarf überhaupt, auch jener an hochwertigen Erzeugnissen in genügendem Ausmaße vorhanden, dementsprechend die Produktion entwickelt, während in den österreichischen Ländern der Bedarf weniger ausgedehnt und der in hochwertigen Waren auf wenige Städte, Klöster und die Ritterburgen zerstreut war [1]).

Die deutsche Kultur, zunächst das deutsche Handwerk waren in den Ländern der heutigen Donaumonarchie das beispielgebende und befruchtende Element. So hatten schon um 1200 die tschechischen Könige von Böhmen aus dem Hause der Pschemislyden deutsche Gewerbetreibende nach Prag berufen, denen noch heute der Bestand des Deutschtums von Prag zu danken ist, so wie sich die Könige von Polen deutsche Gewerbeleute nach Krakau holten, das bekanntlich ein Außenposten der Deutschen Hansa war, und dessen historische Bauten eine prächtige deutsche Renaissance aufweisen.

Gestützt auf die ins Große gehende Entwicklung der heimischen Volkswirtschaft (auch dank besonders tüchtiger Kaufmannschaft), konnten sich die süddeutschen Handelsstädte dem Außenhandel ganz anders widmen als zum Beispiel Wien und nützten daher die günstige Lage zwischen Italien (über Tirol) und dem deutschen Norden kräftig aus.

Dadurch, daß der österreichische Kaufmann selbst in seinem angestammten Gebiete in den Alpenländern oder in den nord- und südungarischen Gebieten dem zerstreuten Bedarf angesichts der bestehenden Verkehrshindernisse weniger intensiv nachgehen konnte, wurden alle diese Gebiete ungleich länger als anderswo in der Naturalwirtschaft belassen, fast solange, bis der Verkehr modernen Stils, namentlich die Eisenbahn, den Weg auch zu den vergessensten Gebieten erschloß. Der Vorteil, der damit verknüpft war, bestand in der längeren Erhaltung der Ursprünglichkeit, der richtigen Beherrschung der Arbeits-

[1]) Lehrreich ist an der Hand der mittelalterlichen Baudenkmale z. B. ein Vergleich zwischen der Rheinstrecke von Mainz bis Köln und der Donau von Linz bis Wien: Dort eine große Anzahl reicher Bauten, ja ganzer Städteanlagen aus romanischer und gotischer Zeit, die auf die hohe Entwicklung jener Gebiete schon im frühen Mittelalter schließen lassen; hier wenige Burgen, 3 bis 4 kleine Städte ansonst nur kleine Weiler, deren auf schweren Untergeschossen ruhende Häuser auf den Kampf mit dem Hochwasser und Eisstoß eingerichtet sind. Mehr die Schönheit der Natur und der stillen, hohen Waldberge ist es, die hier die Stromfahrt im Struden- und Nibelungengau sowie in der Wachau anziehend und interessant gestaltet.

stoffe und im Schutze der Völkertrachten und Sitten, die eine unerschöpfliche Fundgrube des Kunstgewerbes darstellen.

Kaiser Maximilian I. hat den Wienern nach der Erwerbung von Triest weder das Privileg des Straßen- noch des Stapelzwanges erneuert. Die Südwestdeutschen waren weiterhin in den österreichischen Teilen maßgebend im Großhandel, — den Wienern blieb nur der Kleinhandel.

Unter Kaiser Maximilian I. und Karl V. traten nicht zu unterschätzende Erleichterungen des Handelsverkehrs ein, obwohl es in dem Reiche, „in dem die Sonne nicht unterging", dafür wieder an Zollgrenzen wimmelte. Vom autokratischen Machtstandpunkte war ein Reich vorhanden, das Deutschland, die österreichischen Erbländer und die Niederlande umfaßte; aber es war in unzählige Sondergebiete zerrissen. Maximilian kann allerdings für sich in Anspruch nehmen, daß er in einer gewissen Vorausahnung von Weltpolitik machtvoll eingegriffen und daß er als einer der Ersten den Wert eines großen Absatzgebietes für die Produktion erkannt hat. Daher suchte er entgegen den sonstigen Tendenzen gerade vieler Kaufleute die Hindernisse des Handels- und Austauschverkehrs tunlichst zu beseitigen.

Im 16. Jahrhundert machte sich neuerlich die Wirkung des Umstandes geltend, daß die österreichischen Erbländer nach der geographischen Lage das Ausfalltor nach dem Orient, leider auch das Einfalltor aus dem Orient waren. Die Osmaneneinfälle beginnen, nachdem Konstantinopel und der Balkan in die Hände der Türken gefallen waren.

Wieder muß das Donaureich innerhalb seiner eigenen Grenzen einen Krieg über sich ergehen lassen. Bis über Wien, ja bis gegen Oberösterreich ziehen die Horden, alles vernichtend, mordend und plündernd. Kaum ist diese Not teilweise vorüber, ohne daß von einer Erholung von diesem schrecklichen, auch volkswirtschaftlich einschneidenden Unglücke die Rede sein konnte, kommt es zum 30 jährigen Krieg, in dem den österreichischen Erbländern ein so weitgehender Anteil beschieden war, der unter anderem der Donau entlang, — diesmal ausnahmsweise vom Westen nach Osten — das sengende und brennende Heer Torstensons bis knapp vor Wien führte.

Wenn auch diesmal die Erblande in ihrer Gesamtheit nicht so schrecklich litten wie die des heutigen Deutschland, so waren doch weite Teile Böhmens verwüstet, das sich kaum von den Hussitenkriegen erholt hatte. Dann aber kam wieder ein türkischer Krieg, der neuerlich bis nach Ungarn und bis vor Wien drang. Erst im Passarowitzer Frieden wird die Türkennot zum Ende gebracht. Infolge dieser fortwährenden Opfer an Gut und Blut geriet die kulturelle und wirtschaftliche Entwicklung weiter Gebietsteile ins Stocken.

Kaiser Leopold I. versuchte durch handels- und exportpolitische Maßnahmen der unbefriedigenden Wirtschaftslage abzuhelfen. Unter seiner Regierung wurden von J. J. Becher, der aus Kurbayern stammte, Unternehmungen mit gewissem staatswirtschaftlichen Einschlag, so eine Seidenkompagnie, dann das Manufakturhaus am Wiener Tabor, gegründet. Die Unternehmungen bewährten sich nicht. Es fehlte der richtige produktive Boden als Basis für den Exportbetrieb.

Unter Kaiser Karl VI. wurden Triest und Fiume in Freihäfen umgewandelt und abgesehen vom Abschlusse des handelspolitisch so wichtigen Passarowitzer Friedens 1719 eine Orientalkompagnie für die Pflege des österreichisch-türkischen Handels gegründet. Sie besaß auch das Privilegium des portugiesischen Handels. 1722 wurde noch eine Ostindische Handelsgesellschaft im damaligen österreichischen Ostende gegründet, die aber 1731 im Wiener Vertrag der Konkurrenz Englands und Frankreichs geopfert wurde. 1740 ging auch die Orientalkompagnie ein, sowie die später gegründete ägyptische und eine zweite Ostindische Handelsgesellschaft. Schließlich wurden die später erworbenen österreichischen Kolonien preisgegeben, so die Delagoabai, die Nikobaren und der Hafen von Mangalore in Südindien.

Dieses Fehlschlagen habsburgischer Exportpolitik jener Zeit ist ganz begreiflich. Es fehlte angesichts der zu geringen städtischen Entwicklung, der weit überwiegenden Naturalwirtschaft der ländlichen Distrikte an genügend großem Bedarf und daher auch an genügend ausgebreiteter Industrie; die letztere hatte im 30 jährigen Kriege noch dazu schwer gelitten. An der Schiffahrt [1]), ferner an den nötigen Auslandbeziehungen mangelte es ebenfalls. Die erwähnten Gründungen unter kaiserlichem Schutz waren autokratische Wirtschaftsmaßregeln, die nicht den entsprechenden Boden und darum nicht die genügende

---

[1]) Kaiser Karl VI., Maria Theresia und Josef II. förderten lebhaft den Hafen von Triest. Man kann Triest das lebendige Denkmal Maria Theresias nennen. 1790 verfügte zwar der Hafen über eine Schiffahrtsbewegung von 6000 Schiffen — aber nur 6% davon trugen die österreichische Flagge.

energische Unterstützung bei den Kaufleuten fanden. England, Frankreich und die Niederlande waren da als die Erben Spaniens und Portugals ganz anders gestellt; dort war das weltkundige Interesse der Kaufleute das treibende Element.

Innere Kolonisation durch die Habsburger.

Unter Maria Theresia und Joseph II. setzt eine Zeit energischer, innerer Kolonisation auf deutscher Grundlage ein, wobei das Verhältnis zur deutschen Kaiserkrone oder die Kaiserwürde die Entnahme von Kolonisten aus nicht habsburgischen Ländern weitgehend erleichterte, aus dem derart vergrößerten Gebiete zu schöpfen.

Die Bauern aus dem Westen sollten beispielgebend auf die magyarische und slavische Bevölkerung wirken. Es wurde damals besonders die Verpflanzung[1]) von Schwaben an die Südgrenze des Banats und nach Slavonien, ferner von Franken nach Galizien und der Bukowina verfügt. Diese weittragenden Maßnahmen konnten aber nur teilweise Erfolg erzielen. Die Einwanderer genossen zwar genügend Privilegien, um sich wirtschaftlich günstig zu entwickeln; ohne Vorrechte wären sie eben nicht ins Land gekommen. Aber den Nachbarn ohne Grund und Boden oder mit zu gering bemessenem Grundbesitz oder mit weitgehender Abhängigkeit von den Grundherren war es zumeist gar nicht oder nur schwer möglich, aus dem Beispiele der wirtschaftlich höherstehenden Einwanderer Nutzen zu ziehen; es fehlte ihnen dazu an den notwendigen materiellen Voraussetzungen. So entwickelten sich zwar diese Oasen, aber die Umgebung blieb vom Aufschwunge mehr oder weniger unberührt.

Die Vereinigung des Zollgebietes im Habsburger Reiche vorwärts zu bringen gelingt erst 1775. Damals wurden wenigstens die deutschen, österreichischen und böhmischen Länder zu einem Zollgebiet vereint. Ungarn (mit Slavonien, dem Banat und Siebenbürgen) bildeten wieder ein eigenes Zollgebiet, wo österreichische Waren gegenüber den mit einem 30prozentigen Wertzolle behafteten sonstigen Einfuhrgütern einen 20prozentigen Vorzugszoll beim Import genossen.

Die Zollpatente Josefs II. von 1784—1788 dienten nicht nur den Schutztendenzen, sondern ausgesprochener Prohibition, indem man grundsätzlich Einfuhr und Verkauf aller jener Waren ausländischer Herkunft verbot, die im Inlande erzeugt wurden.

---

[1]) Von Geza II. waren schon um 1150 Sachsen vom Niederrhein zur Besiedlung Siebenbürgens ins Land gerufen worden.

Als Gipfelpunkt der Kriegsleiden des habsburgischen Reiches folgt nun die napoleonische Epoche, während welcher auf die Donaumonarchie eine besonders schwere Last entfiel. Vollkommene Zerrüttung der Finanzen und der Volkswirtschaft waren die Folge. War schon 1740—1790 die Staatsschuld von 45 auf 400 Millionen Gulden gestiegen, so kam es nun wiederholt zum Staatsbankerott: 1796 mit Aufhebung der Bankozettel zum erstenmal, 1811 mit Herabsetzung des Nennwertes des Papiergeldes und der Kupfermünzen auf den fünften Teil zum zweitenmal, 1816 zum drittenmal.

Die Friedenszeit brachte endlich der Volkswirtschaft des Donaureiches die so dringend notwendige Zeit der Konsolidierung, die sich die Industrie, unterstützt von Prohibitivmaßregeln, weitgehend zunutze machte und in der sie erfolgreich an der Arbeit war, das Versäumte trotz aller vormärzlichen Quälereien politischer und administrativer Art nachzuholen. 1829 wurde die Dampfschiffahrtsgesellschaft für den Donauverkehr gegründet. Der Dampferverkehr auf der Elbe und Moldau folgte. 1837 wurde die Assekuranzgesellschaft Lloyd zum Schiffahrtsunternehmen ausgestaltet, im gleichen Jahre die erste Eisenbahnlinie Floridsdorf—Wagram, 1854 die Semmeringstrecke eröffnet (deren Bau Stephenson ernstlich widerraten hatte).

Die Niederwerfung des ungarischen Aufstandes 1849 hatte endlich 1850 die Beseitigung der inneren Zollinie gebracht, die damals namentlich die österreichischen Agrarier gegenüber der ungarischen Überproduktion gewünscht hatten. (In Preußen waren schon 1818 die bestehenden 67 Lokaltarife aufgehoben und war ein einheitliches Zollgebiet geschaffen worden.) 1851 traten an Stelle des bisherigen Verbotssystems die Hochschutzzölle.

Zollverein und Deutscher Bund.

Die Kämpfe um die Mitgliedschaft zu dem von Preußen geleiteten Zollverein, die sich von 1850 bis 1866 hinzogen, brachten Österreich keinen Erfolg. Gerade weil Österreich die Vormacht im Deutschen Bunde behauptete, widerstrebte Preußen.

Es war vom preußischen Standpunkt begreiflich, den Zeitpunkt einer weitgehenden handelspolitischen Vereinigung als nicht gekommen zu betrachten, bevor nicht die politische Auseinandersetzung und Klarstellung zwischen den beiden Staaten erfolgt war.

Minister Bruck.

Wichtig ist aber, daß der geniale österreichische Finanz- und Handelsminister Bruck in einer eigenen Denkschrift, bei der die angedeuteten politischen Motive natürlich nicht außer acht zu lassen sind, folgende Grundsätze aufstellte:

„Österreich ist vermöge seiner Traditionen der natürliche Träger der großdeutschen Politik, die zwar kein unitarisches Staatsgebilde entstehen, aber auch kein Glied des alten Reichskörpers fahren lassen will. Doch erst während des letzten Jahrzehnts ist Österreich allmählich zum klaren Bewußtsein seines deutschen Berufes gekommen..."

„Der wirtschaftliche Zusammenschluß aller deutschen Bundesstaaten ist der Boden, in welchem das geistige, nationale und konföderativ-einheitliche Leben aller deutschen Teile feste naturwüchsige Wurzeln treiben kann..."

„Namentlich gegenüber Rußland kann Österreich sich im Osten nur dadurch den Sieg sichern, daß es einen überwiegenden Schwerpunkt lebens- und kraftvoller Entwicklung in sich selber trägt und sich zum Zentrum aller Fragen höherer Gesittung für das weite Donaugebiet macht. Die freie intensive Bewegung der deutschen Kultur, ihr entschiedenes Vordringen in jene weiten östlichen Lebenskreise, die umwandelnden regenerierenden Wirkungen der deutschen Arbeits- und Geisteskraft, der deutschen Sitte und Gesittung, darin allein liegt die dauernde Lösung jener Fragen im Sinne der gesamtstaatlichen Politik..."

„Nur die wirtschaftliche Einigung, die volle freie Bewegung innerhalb des gesamten österreichisch-deutschen Ländergebietes in Niederlassung, Erwerb, Handel und Verkehr wird mit Sicherheit und am raschesten zum Ziele führen..."

Die Denkschrift wurde von Kaiser Franz Josef sanktioniert und offiziell im Amtsblatte abgedruckt. Sie war, wie so oft die Anschauung großer Männer, der Zeit weit vorausgeeilt[1]). Ihre Verwirklichung hätte vielleicht den Bruderkrieg von 1866 vermieden, dessen Ausgang Österreich innerlich und äußerlich so sehr schwächte und auch den

[1]) Wie vordem Friedrich List, war nachher der ausgezeichnete österreichische Handelsminister Schäffle ein Vertreter der Unionsidee. (Vgl. seine „Zeitschr. f. Staatswissensch.", Anfang der 70er Jahre). Eine knappe historische Zusammenstellung der Schicksale der Zollunionidee enthalten: Philippovich, Ein Wirtschafts- und Zollverband, Verlag S. Hirzel, Leipzig, und Dr. F. Schmidt, Die Zollvereinigung, Soziale Kultur 1915, 4. Heft.

außen- und handelspolitisch bedenklichen Dualismus im Gefolge hatte.

Mit der 1878 einsetzenden allmählichen Verstärkung des Zollschutzes, namentlich seit den ausgesprochen hochschutzzöllnerischen Bestrebungen der ungarischen Großagrarier, die in den österreichischen willige Bundesgenossen fanden, gestaltete sich jede Ausgleichserneuerung zugleich zu einem Wirtschaftskampfe zwischen den Reichsteilen. Immer gab das parteipolitisch besser und schlagfertiger geleitete Ungarn mit seinem Zielbewußtsein den Ausschlag [1]).

Der Einfluß der Agrarier nahm auch auf die äußere Handelspolitik der Monarchie weitgehenden Einfluß und erschwerte in der bekannten Weise die Wirtschaftsbeziehungen zu den Balkanstaaten (ganz abgesehen von den politischen), mit denen es — sehr zum Schaden des industriellen Exportes — mehrmals zu Zollkriegen kam.

Ein kurzer Blick auf die Finanzen während des Abschnittes 1848 bis 1890 zeigt kein erfreuliches Bild. Die Kriege von 1848, 1849, 1859, 1866 (mit Frankreich, Sardinien, Preußen und Italien) brachten die Finanzen begreiflicherweise in beklagenswerte Unordnung und machten jeweils das eingeleitete Reformwerk zunichte. Die Masse der Staatsschulden, die zu Anfang des 19. Jahrhunderts 700 Millionen Gulden, 1848 über 1000 betragen hatten, stellten sich 1884 insgesamt auf 3 290 Millionen Gulden. Die Schulden wären noch höher gewesen, wenn man sich nicht 1855 entschlossen hätte, die Staatsbahnen, die 377 Millionen Gulden gekostet hatten, um 153 Millionen Gulden an ausländische Privatgesellschaften zu verkaufen.

Endlich verschwand im Jahre 1889 das seit 1782 chronisch gewordene Defizit im Staatshaushalte und es wurden Anleihen nicht mehr für die Bedeckung von Fehlbeträgen, sondern für Investitionen aufgenommen. Die Gesamtschulden der Monarchie betrugen 1914 (1912) rund 19,6 Milliarden Kronen [2]). Der österreichische Staats-

---

[1]) Es verdient Hervorhebung, daß um 1890 und 1910 in Budapest die Idee einer mitteleuropäischen Zollunion erwogen, aber dann fallen gelassen wurde.

[2])

| | | |
|---|---|---|
| Allgemeine Staatsschuld mit Ende Juni 1914 | 5 132 | Millionen Kronen |
| Österreichische Staatsschuld Ende Juni 1914 | 7 871 | „ „ |
| Ungarische Staatsschuld Stand v. 1912 ohne die 34% Quote z. d. gemeins. Ausg. . | 6 592 | „ „ |
| | rund 19,6 | Millionen Kronen. |

voranschlag 1914/1915 bezifferte sich auf 3,46 Milliarden Kronen, der ungarische auf 2,26, zusammen 5,72 Milliarden[1]).

Seit man also von einem Beginn Österreichs sprechen kann, seit der Gründung der Ostmark durch Karl den Großen und Otto I. ist diese, wie das aus ihr hervorgegangene Reich in erster Reihe ein Kriegsland gewesen, dessen Gebiet schon in der Völkerwanderungsgeschichte, aber auch nachher wiederholt durch feindliche Einfälle volkswirtschaftlich vernichtet oder schwer geschwächt wurde: Der Grund dafür ist vor allem, daß der Großteil seines Gebietes (östlich der Linie Danzig—Wien—Triest) in geographischer und ethnographischer Beziehung dem Osten näher steht als dem Westen und trotzdem von der westlichen Kultur durch Vermittlung des Deutschtums als Einflußsphäre behauptet wurde. Die nichtdeutschen Völker der Monarchie entbehren des aufschwungfähigen Bauernstandes und bleiben jahrhundertelang hinter der deutschen, d. i. der westeuropäischen, Wirtschaftsentwicklung zurück. Trotz dieser grundlegenden Hindernisse, trotz Kriegsnot und Kriegslasten erfüllte Österreich-Ungarn seine Aufgabe, getreulich Wacht an der Donau zu halten, sein Territorium im Zusammenhang mit der westlichen Kultur zu behaupten und gegen den Osten und seine Vorstöße zu verteidigen, ja selbst ein Bollwerk gegenüber dem Osten zu sein.

So blieb das Reich als Ganzes hinter der Entwicklung des Westens zurück, und auch das Tempo der Evolution mancher der zahlreichen Völkerschaften, die es bewohnen, erfuhr bisher nicht die wünschenswerte Beschleunigung.

Die Schäden und Schwierigkeiten des Wirtschaftslebens, wie sie heute beklagt werden, lassen sich schon in den ältesten Zeiten und immer wiederkehrend feststellen; weitblickende Herrscher standen nur zu oft im Kampfe mit den Kaufleuten, die das Schicksal in enge Verhältnisse gezwungen und die daher nur zu oft geneigt waren, nach Regierungsschutz, Privileg und Verbot zu rufen, statt selbst voll und ganz ihre Unternehmerpflicht zu erfüllen. Der Kampf- und Militärstaat im europäischen Osten verfügte gemäß seiner eigenartigen Volkswirtschaft über die diesen Verhältnissen entsprechenden Kaufleute.

---

[1]) Bezüglich der Finanzwirtschaft Österreichs vgl. man Meisel und Spiethoff, Österreichs Finanzen und der Krieg, Duncker und Humblot.

# Die Leute.

Da von der Individualität und Leistungsfähigkeit der Menschen in erster Linie die volkswirtschaftliche Bedeutung der von ihnen bewohnten Gebiete abhängt, soll zunächst von der Bevölkerung der bereits geographisch skizzierten Donaumonarchie gehandelt werden. Die Bevölkerung.

## Zahl der Bevölkerung.

(Nach dem Stande der Volkszählung vom Ende 1910.)

Flächeninhalt: Österreich-Ungarn 676 615 qkm — Deutschland (ohne Kolonien) 540 857 qkm

Bevölkerung:

| | in Österreich | in Ungarn (mit Kroatien und Slavonien) | in d. Reichslanden |
|---|---|---|---|
| Einwohner...... | 28 571 934 | 20 882 487 | 1 931 802 |
| Dichte der Bevölkerung....... | 95,2 | 64,2 | 37,7 |
| Bevölkerungszunahme gegenüber 1900[1]) .. | 0,88% | 0,81% | 1,25% |
| Überseeische Auswanderung 1912 | 131 227 | 120 516 | |

| | in Österr.-Ung. | in Deutschland | Rußland | Italien |
|---|---|---|---|---|
| Einwohner ..... | 51 390 223 | 64 925 493 | 148 176 000 | 35 959 000 |
| Dichte der Bevölkerung pro qkm | 76 | 120 | 7 | 120,9 |
| Bevölkerungszunahme gegenüber 1900.... | 0,87% | 1,36% | 2,1% | 0,63 |
| Überseeische Auswanderung 1912 | 252 449 | 25 843 | | 403 306 |
| Saisonwanderung | 350—400 000 | | rund 380 000 | rund 300 000 |

[1]) Österreich und Ungarn haben zwar hohe Geburtsziffern, aber auch eine hohe Sterblichkeit.

## Nationalitäten in Millionen Einwohnern.

| | in Österreich | in Ungarn | In Bosnien u. Herzegow. | in Österreich-Ungarn |
|---|---|---|---|---|
| Gesamtbevölkerung . | 28,6 | 20,9 | 2 | 52 |
| Deutsche .......... | 9,95 | 2,03 | | 12,00 |
| Magyaren ......... | — | 10,00 | | 10,00 |
| Tschecho-Slaven (Böhmische, Mährische, Slovakische) | 6,43 | 2,00 | | 8,47 |
| Polen ............ | 4,97 | 0,04 | | 5,00 |
| Ukrainer (Ruthenen) | 3,5 | 0,5 | | 4,00 |
| Slovenen ......... | 1,25 | 0,09 | | 1,35 |
| Serbo-Kroaten ..... | 0,78 | 2,94 | 1,96 | 5,543 |
| Rumänen ......... | 0,275 | 2,95 | | 3,22 |
| Italiener .......... | 0,77 | 0,24 | | 1,01 |

Es ist kaum zu bezweifeln, daß unter dem Einflusse der Verwaltung in Ungarn, ferner als Folge des das Magyarische energisch fördernden Schulsystems eine große Anzahl von Deutschen nicht das Deutsche als Umgangssprache angegeben hat, sondern das Magyarische, so daß die Zahl der Deutschen in Ungarn nicht unwesentlich größer sein dürfte als angegeben. Ähnliches gilt seit den letzten zwei Wahlen in Galizien, wo sich viele Juden nicht mehr als Deutsche, sondern als Polen eintragen lassen.

Die Slovaken sind trotz weitgehender Ähnlichkeit ihrer Sprache mit der tschechischen nach Geschichte, Kultur und Sprache als ein getrenntes Volk zu betrachten, das zum größeren Teile in Ungarn wohnt. Dadurch, daß die Tschechen und Slovaken zusammengefaßt werden, gewinnt die Ziffer erhöhte Eindrucksfähigkeit.

Die österreichischen Rumänen leben in der Bukowina.

In der italienischen Ziffer sind Italiener und Ladiner zusammengefaßt, obwohl es sich hier um zwei verschiedene Volksstämme handelt. Die Ladiner, die in Südtirol leben, fürchten sich vor der Italianisierung mehr als vor der Germanisierung.

In Ungarn herrscht das Magyarentum gegenüber den anderen Völkern weitaus vor, indem sich die Hälfte der Bevölkerung zu ihm bekennt. Die in Ostungarn lebenden Szekler stellen zwar einen Teil des magyarischen Volkes dar, sind aber durch vielfache folkloristische Eigenheiten gekennzeichnet.

Geographisch betrachtet ist festzuhalten, daß die Alpenländer ein überwiegend deutsches Gebiet sind (68 % Deutsche, 19 % Slaven, 13 % Italiener und Ladiner), die Karstländer dagegen zu 87 %, die Sudetenländer zu 65 % ein slavisches (35 % sind Deutsche). Die Magyaren leben im Mittelpunkt Ungarns, der ungarischen Tiefebene.

Aus den obigen Ziffern ergibt sich in nationaler Beziehung, daß das Deutschtum mit seinen 12—13 Millionen Seelen fast ein Viertel der Bevölkerung der Gesamtmonarchie ausmacht, daß ihm aber mit Ausnahme der Million Italiener lauter Völker gegenüberstehen, die man, da sie erst in den letzten Jahrhunderten engere Beziehungen zum Westen herausbildeten, als näher dem Osten verwandt bezeichnen muß. In Österreich macht die deutsche Bevölkerung mehr als ein Drittel aus, die Gesamtzahl der Nordslaven (Tschechen, Slovaken, Polen, Ruthenen) ist allerdings noch um fast die Hälfte größer. Die Deutschen.

Die Deutschen haben in Österreich und Ungarn aus ihrer Stellung als eroberndes Herrenvolk, auf Grund der damit zusammenhängenden größeren Wohlhabenheit, außerdem durch unmittelbaren Zusammenhang mit der Kulturentwicklung des Westens, nicht zum geringsten aus ihrer angeborenen Tüchtigkeit und Organisationsfähigkeit weitgehende Vorteile auch für ihren wirtschaftlichen Aufschwung gezogen und sind der wichtigste volkswirtschaftliche Faktor in der Monarchie geblieben. Mit berechtigtem Stolz weisen die Deutschen darauf hin, daß sie gegen zwei Drittel der Berufsoffiziere des Heeres stellen und den größten Teil der Steuern leisten [1]).

Trotz dieses kulturellen und wirtschaftlichen Übergewichtes kann von einer Germanisierungstätigkeit in unserer Zeit oder in den letzten Jahrhunderten auf dem flachen Lande nicht die Rede sein. Die Grenzen zwischen den Deutschen und den nichtdeutschen Nachbarvölkern sind seit der Landnahme eigentlich unverändert geblieben. Ein interessantes Beispiel dafür ist, daß in der Sehweite von Wien, der allzeit deutschen Reichshauptstadt, die Slovaken ungefähr dieselbe Sprachgrenze festzuhalten vermochten, wie sie im elften Jahr-

[1]) Die Deutschen zahlen in Österreich von der Grundsteuer 54%, von der Gebäudesteuer 70%, von der Personaleinkommensteuer rund 80%.

hundert festgelegt wurde. Sie fühlen sich auch als nationale Slaven, obwohl viele deutsch sprechen und obwohl sie wirtschaftlich weitgehend von Wien abhängen. (Diese slovakischen Dörfer schicken seit Jahrhunderten 1 bis 2 mal die Woche ihre Leute nach Wien, um Gemüse und andere Landesprodukte in Wien abzuliefern und Einkäufe zu besorgen.)

Anders als auf dem flachen Lande, wo die Sprachgrenze unverrückt blieb, ist es in den Städten, welche selbst in den slavischen Kronländern bis in unsere Zeit einen vorwiegend oder wenigstens weitgehend deutschen Charakter bewahrt haben. Sobald das fremde nichtdeutsche Element der bleibenden Stütze und Anlehnung entbehrte, ferner der Anreiz vorwaltete, in allem gleichberechtigter Bürger des städtischen Gemeinwesens zu werden, trat die Assimilierung an das Deutschtum leichter und in größerem Maßstabe ein. Die Beimischung des nichtdeutschen Elementes hat das Nationalbewußtsein erhöht, nicht verringert, sowie jenes spezifisch österreichische Temperament geschaffen, das sich durch Gefälligkeit im persönlichen Verkehre, leichte Anpassungsfähigkeit, durch Lebenskunst und Lebensfreude auszeichnet. Unleugbar findet überhaupt in dem Volkscharakter aller Bewohner der Donaumonarchie, auch der Deutschen, der Einfluß Osteuropas, jener Erdgeruch der Natürlichkeit, seinen Ausdruck, der den Reiz der Frauen in Wesen, Formen und Gewandung erhöht, und aus der Musik Haydns, Mozarts, Schuberts, eines Bruckner und Hugo Wolff spricht, im Volksliede und im Wiener Walzer seinen populären Ausdruck findet. Auch die moderne deutsch-österreichische Kunst, wie sie in den Bahnbrechern der Baukunst Wagner und Hoffmann, im Maler Klimt und den Bildhauern Metzner, Hannak und (dem slovakischen) Jan Uprka, wie in der entzückenden Kleinkunst unter Führung der Wiener Kunstgewerbeschule und der Wiener Werkstätte am glänzendsten verkörpert wird, spricht diese Sprache. Wien selbst ist als Stadt die Verkörperung dieses an Osteuropa gemahnenden Deutschtums und stellt mit seinem regen Geistes- und Kunstleben von einst und jetzt einen der größten Schätze gemeindeutschen Kulturbesitzes dar.

Durch die größere Wohlhabenheit, durch die Rücksichten auf die Verwaltung des Besitzes an beweglichen und unbeweglichen Gütern und durch eine weitgehende, persönliche Anpassungsfähigkeit ist es auch in der Monarchie vor allem der Deutsche und Jude, der sich bei Isolierung in fremdnationalen Gebieten am leichtesten, oft schon in der zweiten Generation assimiliert [1]). Dieser Vorwurf wird ja mit Recht auch gegen den Deutschen und Juden Amerikas und Englands erhoben, wo sie leicht das Engländertum annehmen. Es steckt eben derartig viel Schaffensfreudigkeit und Kulturelement in ihnen und das Verlangen, selbst auf dem fernsten Posten an der geistigen und wirtschaftlichen Entwicklung hervorragend Anteil zu nehmen — allerdings auch sich zur Geltung zu bringen —, ist so groß, daß sie aus dem Zusammenhange gerissen, dank einer ganz ausgezeichneten Fähigkeit, fremde Verhältnisse richtig zu beurteilen und zu verstehen, sowie sich ihnen anzupassen, ihre eigene Volkszugehörigkeit leicht ganz verlieren. Gerade die Deutschen der Monarchie müßte man wegen ihrer praktischen Schulung im engen Verkehr mit Völkern ganz anderen Volkscharakters als ausgezeichnete wirtschaftliche Kundschafter und als Kolonisten modernen Stils in der ganzen Welt verwenden können.

Die Slaven.

Bei der Betrachtung der Slaven vom wirtschaftlich-kulturellen Standpunkte muß vorausgeschickt werden, daß zwar die Tschechen in den Hussitenkriegen und zu Anfang des Dreißigjährigen Krieges versuchten, sich eine kulturelle und wirtschaftliche Selbständigkeit zu erringen, ohne jedoch den gewünschten Erfolg zu erzielen. Ferner nehmen die Polen vor und nach der Zertrümmerung ihres Königtums unter Führung ihrer Aristokratie eine besondere Stellung ein. Sonst aber haben die nichtdeutschen (und nichtromanischen) Völker der Monarchie bis zum Jahre 1848, dem Jahre des Beginnes der politischen Befreiung des Bürger- und Bauerntums, die kulturelle und wirtschaftliche Entwicklung des Deutschtums als Massenorganisation, als Volkskörper, nicht mitgemacht.

[1]) Doch gilt dies nicht, wenn die isolierte deutsche Sprachinsel groß genug ist, um als selbständiger, lebenskräftiger Körper zu fungieren. So erhalten zwar die zahlreichen Deutschen in Budapest keinen deutschen Schulunterricht, sondern nur einen magyarischen, aber ihr Deutschtum bleibt bis auf die in öffentlichen Dienst Tretenden unverändert. In Slavonien z. B. erhalten die Deutschen vielfach nur kroatischen Schulunterricht, aber die Betreffenden sind in Wesen und Wirtschaft — bis jetzt wenigstens — Deutsche geblieben, obwohl die jüngere Generation z. B. häufig das Deutsche mit einer Art kroatischer Orthographie schreibt.

Der Aufschwung in politischer Beziehung, wie er, beginnend vom Jahre 1848, dank dem Parlamentarismus und der Durchsetzung moderner demokratischer Grundsätze auch bei nichtdeutschen und nichtmagyarischen Völkern zum Vorteile dieser Völker einsetzte, leitete dann die Hebung des Kulturniveaus der slavischen Bevölkerungsmassen in Österreich erst ein, schuf die Möglichkeit auch des wirtschaftlichen Aufschwunges.

Es verdient Hervorhebung, daß es vorzugsweise deutsche Männer waren, welche im engen Ideenaustausche mit den Deutschen außerhalb des Reiches standen und in der Zeit des Druckes und der Unfruchtbarkeit der absolutistischen Herrschaft, die den Befreiungskriegen folgte, sich begeistert der Propaganda für Völker- und Bauernbefreiung sowie für den Parlamentarismus widmeten. Von den Deutschen übernahmen die allzeit begeisterungsfreudigen Magyaren, die Kroaten, die Tschechen den Freiheits- und Entwicklungsgedanken.

Bei den Folgen von 1848 darf nicht übersehen werden, daß gerade damals zu den politischen Aufschwungsmomenten die Wirkung der bald darauf (1855) einsetzenden vollen Entwicklung der modernen Industrie und ihrer Technik hinzukam. Sie lieferte für einen ins Riesenhafte gezogenen Kreis von Individuen der Bürger- und Arbeiterschaft die Möglichkeit auch des allmählichen wirtschaftlichen Aufstieges auf Grund der erlangten politischen Rechte.

Für das österreichische Deutschtum als dem Herrenvolke und in Ungarn als dem kulturell und im Handel und Handwerk maßgebenden Volke, bedeutete die wirtschaftliche Rückständigkeit der übrigen Völker und die dadurch sich ergebende Kulturkluft — ähnlich wie die frühere mangelhafte oder fehlende politische Organisation dieser Völker — bis 1848, ja bis in die sechziger Jahre insofern einen Vorteil, als die letzteren weitgehend von der im modernen Geist geführten Produktion und dem Handel der Deutschen abhingen.

Vom Standpunkte des Staates als Wirtschaftsgebiet war dies seit jeher ein tiefgreifender Mangel [1]) — ohne daß der Zustand der Überproduktion bedingungslos als das Ideal der Wirtschaftsform,

[1]) Das ist ja auch der Grund, warum z. B. die habsburgischen Kaiser beschlossen, die Einwanderung von deutschen Elementen in großen geschlossenen Massen in den verschiedenen Reichsteilen durchzuführen.

noch dazu für die verkehrsarme Zeit vor 1848, gepriesen werden soll —, und es hatte diese Einseitigkeit der wirtschaftlichen Entwicklung ihre großen Nachteile. Zunächst lag damit in wirtschaftlich-ethischer Beziehung immer wieder die Gefahr vor, sich auf eine gewisse monopolistische Basis beschränkter Wirtschaftspolitik zu stellen und diesen Zustand als denjenigen zu betrachten, der — abgesehen von der Bequemlichkeit — die besten Vorteile bietet. Abgesehen von anderen Ursachen entspringt wohl auch dieser Anschauung die immer wieder auftretende Tendenz zur Absperrungspolitik der maßgebenden wirtschaftlichen Kreise in Österreich.

Vom ausgesprochen praktischen Gesichtspunkte fällt als Nachteil der einseitigen wirtschaftlichen Entwicklung ins Gewicht, daß natürlich die Deutschen vorwiegend die Staatslasten zu tragen hatten und die Steuern demgemäß hoch ausfielen, worüber ja Industrie und Handel stets die heftigste Klage führen. Die wirtschaftlich weniger leistungsfähigen Völker konnten auch entsprechend weniger für die Volks- und sonstige Bildung aufwenden; damit wieder hängt bis in unsere Tage die Schwierigkeit des kulturellen Aufschwunges und damit das langsame Tempo in der Steigerung des Bedarfes und des Konsums bei den mehr östlich und südöstlich wohnenden Völkern zusammen [1]).

Noch weniger haben es natürlich durch lange Zeit die Nichtdeutschen zuwege gebracht, eigene Industrien zu entwickeln; sie waren auf das angewiesen, was die wirtschaftlich entwickelteren Deutschen bei ihnen an Investitionen machten und ihnen an industriellen Betrieben brachten. Die Deutschen bevorzugten natürlich tunlichst lange die deutschen Gebiete, weil dort die Arbeiter kulturell und wirtschaftlich höher standen, ferner weil sie doch naturgemäß lieber ihre konnationalen Gebiete, denen sie in Sprache, Sitte und Lebensauffassung näher standen, zu entwickeln bereit waren als andere. Erst als in den deutschen Gegenden die Löhne stiegen und auch die tschechischen Gebiete

---

[1]) Von der Kulturkluft, die z. B. den Niederösterreicher von einem polnischen Goralen, einem ruthenischen Huzulen oder rumänischen Hirten auch heute noch trennt, kann sich der Nichtkenner der Verhältnisse kaum einen Begriff machen. Und doch sind diese Typen des Ostens trotz ihrer Unbildung und kulturellen Vernachlässigung prächtige, schon nach geringer Anleitung leistungsfähige Menschen, denen die unverbrauchte Naturkraft und Genügsamkeit bei besserer Erschließung ihrer Gebiete außerordentlich zugute kommen müßten.

durch eine Verbesserung der Landwirtschaft und des Schulwesens eine für die Industrie besser verwendbare Bevölkerung erhalten hatten, berücksichtigten die deutschen Unternehmer in steigendem Maße auch die tschechischen Gegenden, bis tschechische Unternehmer, gestützt auf tschechisch-nationale Geldinstitute (die viel deutsches Geld an sich zu ziehen vermochten), selbst Gründungen vornahmen. Vor ungefähr 10—15 Jahren begann dann auch die industrielle Entwicklung in den polnischen Gebieten (Bergwerke, besonders Petroleum), vorwiegend unter Führung polnischer Adeliger und Großgrundbesitzer.

In Ungarn griff die Regierung selbst ein, das Tempo der Entwicklung der Industrie aus Staatsmitteln zu beschleunigen.

Man möchte die geschilderte Erscheinung „nationale Klausur der volkswirtschaftlichen Entwicklung“ nennen.

Nicht zuletzt lassen sich als Nachteile der einseitigen und territorial beschränkten wirtschaftlichen Entwicklung anführen, daß z. B. im Gegensatze zu anderen Staaten, die über eine kulturell und daher auch wirtschaftlich mehr homogene Bevölkerungsschichtung und einen dementsprechenden Konsum verfügen, in der Monarchie Hochanspannungen der Konjunktur immer nur einen beschränkten Kreis betreffen, was sich daher in den guten Wirkungen der Masse nach weniger günstig, in den schlechten aber um so verderblicher äußert.

Tschechen. Die Tschechen stellen den am weitesten vorgeschobenen Slavenkomplex in Zentraleuropa vor, da doch die Wenden im heutigen Königreiche Sachsen, diese Überbleibsel der einstigen Bevölkerung, wegen ihrer geringen Verbreitung (rund 90000) nicht zählen. Nach dem blutigen Ausgange der Hussitenkriege und der Vernichtung der Idee einer tschechischen Nationalkirche, nach der vollständigen Ausrottung des tschechischen Adels zu Anfang des 30 jährigen Krieges [1]), ferner nach den Verheerungen des 30 jährigen Krieges waren die Tschechen im wesentlichen zu einer Nation von Kleinbauern geworden, von denen sich ein großer Teil als Taglöhner und Gesinde fortbrachte. Wenn schon bis zum Jahre 1848 eine weitgehende Sammlung des tschechischen Volkes eingetreten sein muß, so ist doch überraschend, wie sich

[1]) Was sich heute als tschechischer Feudaladel gibt, sind vorwiegend die Nachkommen deutscher katholischer Geschlechter, die nach der Schlacht am Weißen Berge (1620) mit den Gütern der vernichteten tschechischen Adelsgeschlechter belehnt wurden. Franz Mayer, Verlag Braumüller, Band II, Seite 292 ff.

das tschechische Volk gewissermaßen unter Ausnützung seiner latenten Energien während der letzten zwei Menschenalter entwickelte, sobald es vom deutschen Liberalismus des Jahres 1848 zum Bundesgenossen für den Kampf um politische Rechte und selbständige Entwicklung aufgerufen worden war. Es bedurfte bei diesem tüchtigen, in jener Zeit fast ausschließlich agrarischen Volke nur des Appells aus dem Westen zur politischen Organisation und der Möglichkeit, sich politisch zu organisieren, und man wendet sich sofort im weitestgehenden Maße der Ausgestaltung der Mittel der Volkserziehung (des Mittel-, Fachschul- und Hochschulstudiums) zu, das die Deutschen in Österreich ausgebildet hatten. Mit der politischen Organisation, mit der Wiederherstellung des Glaubens an sich selbst, an die nationale Mission ist der Anstoß zu einer überraschenden Entwicklung gegeben. In zweifelloser Übertreibung und in dem Bestreben, ihre nationale Organisation so rasch und kräftig als möglich zu fundieren, schreiten die Tschechen an die Tschechisierung ihres Bildungsapparates und der für sie erreichbaren Verwaltung, vielleicht auch um einer möglichen späteren Reaktion von möglichst langer Hand entgegenzuarbeiten. Es handelt sich dabei ohne Zweifel um eine Kultur, die vollständig vom deutschen Geistesleben abhängt. Der naturgemäße Anschluß an das Deutschtum wird leider durch die Politik zum Schaden auch des Tschechentumes unnötig erschwert. Doch wird gewiß die Zeit früher oder später die bestehenden Übertreibungen beseitigen.

Das gesteigerte nationale Volksbewußtsein und Selbstgefühl hat das Tschechentum veranlaßt, sich die moderne Entwicklung des Verkehrs, Gedankenaustausches, der verschiedenartigsten Organisationsarten schnell anzueignen und seine eigene Volkswirtschaft überraschend zu organisieren. Die Entwicklung ist aber, wie nochmals betont werden soll, in politischen Gründen gelegen, in der Fruchtbarkeit und Gestaltungskraft der modernen Demokratie und den Wandlungen in den Grundlagen moderner Volkswirtschaft, namentlich im intensiven Betriebe der Landwirtschaft und in der Industrie.

Die den Tschechen nahestehenden Slovaken sind noch heute ein überwiegend agrarisches Volk, das in seiner Volkskunst, in seinen Trachten und Sitten, in Musik und Dichtung eine besonders hohe Begabung verrät. Ihre religiösen Volksfeste entrollen ein in ihrer Farbenpracht einzigartiges, dem Westeuropäer unvergeßliches Bild Slovaken.

und verdienen den Namen folkloristischer lebender Sehenswürdigkeiten ersten Ranges. Die tiefe Religiosität, die naive Lebensauffassung und Einfachheit lassen den politisch und wirtschaftlich fast vergessenen Volksstamm den Vertretern des Westens unzweifelhaft sympathisch erscheinen.

Polen. Betrachtet man die Polen, so ist diese hochtalentierte Nation wohl am meisten dadurch charakterisiert, daß sie das an das Mittelalter gemahnende Adelsregiment mit seinen geringen Vor- und seinen überwiegenden Nachteilen selbst in Österreich nicht abzustreifen vermochte. Die weit östliche Lage und die Vermögens- und Besitzverhältnisse verhinderten, abgesehen von den heftigen, immer wieder die Kluft erweiternden Existenzkämpfen, eine genügend enge Berührung der Masse des Polentumes mit der deutschen Kultur. Es waren nur vorwiegend die Vertreter der Schlachta, die, soweit es ihren Bedürfnissen und der Befestigung ihrer persönlichen Macht konvenierte, sich die Errungenschaften westlicher Kultur, und zwar französischer Herkunft, aneigneten. Die Masse des Volkes hatte gar nichts oder nur sehr wenig davon. Erst die moderne Zeit mit ihren Tendenzen und Mitteln, breite Klassen der Bevölkerung der Entwicklung zuzuführen, hat hier eine neue Entwicklung eingeleitet.

In Österreich besitzt der polnische Adel und die mit ihm verbündete Intelligenz dank ausgezeichneter politischer Organisation und der blendenden Fähigkeiten ihrer Führer einen weitgehenden Einfluß auf die österreichische Zentralregierung [1]). Glücklicherweise haben die letzten 20 Jahre auch dem Volke eine fortschreitend günstige Entwicklung gebracht, wobei den Wanderungen nach Deutschland und der Übersee ein nicht zu unterschätzender fördernder Einfluß zuzuschreiben ist [2]). Augenzeugen berichten, daß im ganzen Bereich des polnischen

[1]) Deutsche, Italiener und Polen bildeten bisher in der Regel die Majorität der Regierungen im österreichischen Parlamente.

[2]) Was Russisch-Polen betrifft, mußten sich westeuropäische Kaufleute mehr oder weniger rasch klar darüber werden, welche Chancen der Kapitalinvestition das Riesengebiet Rußland mit seinem Riesenbedarf bietet, und daß die Errichtung von Produktionsstätten in Rußland die natürlichste Form der Anteilnahme am russischen Absatz vorstelle. Ganz abgesehen von dem geographischen Momente, der Nähe des Westens und der deshalb erleichterten Errichtung von Filialbetrieben österreichischer und reichsdeutscher Unternehmer ist die rund 8 Millionen Köpfe zählende polnische Bevölkerung für moderne Industriearbeit die aufnahmefähigste

Galizien eine geradezu überraschende volkswirtschaftliche Entwicklung einsetzte, die in den letzten 4—5 Jahren besonders erfreuliche Formen annahm: die städtischen Ansiedlungen, obwohl sie noch immer nicht den Namen von Städten führen, waren in ganzen Vierteln und Straßenzügen im Neubau oder Umbau begriffen. Auf dem Lande machte gleichzeitig der bäuerliche Mittelbesitz (bis 40 ha) erfreulicherweise im großen Ausmaße Fortschritte. Der Einfall der russischen Truppen und überhaupt der Krieg in Galizien haben diese vielversprechende Entwicklung leider geradezu ausgelöscht.

Die Ukrainer, die als Teile der rund 36 Millionen zählenden ukrainischen Nation Ostgalizien, den Norden Ungarns und Teile der Bukowina bewohnen, sind heute noch, wenn man die Masse des Volkes betrachtet, das rückständigste und ärmste Volk der Monarchie. Sie schreiben dies ihrer peripheren, östlichen Lage und ihrer politischen Abhängigkeit von den Polen zu. Die geistige Leistungsfähigkeit und Regsamkeit der Gebildeten, die außerordentliche Begabung aller Ukrainer hinsichtlich Volksmusik, Volksdichtung und Volkskunst, die guten Erfahrungen, die man mit ruthenischen Arbeitern in Deutschland und Amerika gemacht, ihre rein demokratische Gesinnung — der Adel fehlt fast gänzlich — legen für das Volk und seine wirtschaftliche Verwendbarkeit ein günstiges Zeugnis ab. Ukrainer, Ruthenen.

Die Slovenen verfügen ebenfalls nicht über einen nationalen Adelstand. An seiner Stelle spielt die Intelligenz, weitgehend die Geistlichkeit, eine führende Rolle. Der wirtschaftliche Aufschwung ist durch den allzu geringen Umfang der Nation und die wenig günstigen agrarischen Besitzverhältnisse — so besonders in der Südsteiermark — gehindert, da die Masse des Volkes nur über zu geringen Grundbesitz verfügt. Hier könnte, da sich eine Grundablösung und Aufteilung des Großgrundbesitzes an die kleinen Besitzer als zu schwer und kostspielig erweisen dürfte, nur die industrielle Entwicklung helfen. Diese aber würde voraussichtlich rascher einsetzen, wenn der Haß gegen das Deutschtum, das mit Ausnahme der Sprachinsel von Gottschee ja ohnehin in den letzten 20 Jahren in den Hintergrund gedrückt wurde (besonders im einst überwiegend deutschen Laibach), weniger unange- Slovenen.

---

und brauchbarste Rußlands. So entstand hier die riesige, außerordentlich leistungsfähige russisch-polnische Industrie.

nehme Formen annähme und daher die Betätigung deutschen Kapitals erleichterte. Soviel über die vorwiegend oder teilweise österreichischen Völker.

Magyaren. Die Magyaren weisen in einem gewissen Grade ähnliche Verhältnisse auf wie die Polen. Auf der einen Seite steht die mächtige Oligarchie des Adels, auf der anderen Seite die Masse des Volkes. Der Adel besteht aus einer Anzahl zumeist außerordentlich reicher, mit riesigem Grundbesitz ausgestatteter Familien, die gleichzeitig großen Einfluß bei der Besetzung der kirchlichen Fürstenämter besitzen. Der die Freiheit liebende außerordentlich liebenswürdige, gewinnende und durch Gastfreundschaft ausgezeichnete Charakter des Magyarenvolkes ist natürlich in den Vertretern seines Adels besonders kultiviert, der mit Vorliebe englische und französische Sprache und Umgangsformen pflegt. Der magyarische Adel hat es glänzend verstanden, sich den Herrschaftsmöglichkeiten moderner Zeit (so unter Ausnützung des Parlamentarismus) anzupassen [1]) und hat Meister der Politik hervorgebracht. Ministerpräsident Graf Tisza ist ein glänzendes Beispiel magyarischer Fähigkeiten auf dem Gebiete der Politik und der politischen Organisation, jener Fähigkeiten, die die Führer der meisten osteuropäischen Völker auszeichnen. Neben dem Adel spielt in neuerer Zeit das Advokatentum eine bedeutende Rolle. Adel und Advokaten sind die Herren des Landes; die Masse des Volkes hat am Parlamentarismus keinen bewußten und wirksamen Anteil.

Es ist nicht zu übersehen, daß die Magyaren das letzte von den Völkern sind, die innerhalb der Grenzen der heutigen Monarchie Fuß faßten. Die Nachkommen des ursprünglich nomadischen Reitervolkes sind dank der zurückgelegten Entwicklung der letzten Jahrhunderte längst zu seßhaften Landwirten [2]), teilweise auch zu Gewerbe-

[1]) Ein ungarischer Schriftsteller magyarischer Nationalität, Dr. J. Bud, spricht sich über die Magyaren und die Art ihrer Herrschaft wie folgt aus: „Die Toleranz der ungarischen Rasse grenzt an Gleichgiltigkeit. Um so mehr muß es überraschen, daß wir trotzdem im Auslande als die größten Chauvinisten gelten, die die Fremden verfolgen und mit Feuer und Schwert magyarisieren. In diesem Punkte wird die öffentliche Meinung nur von den Verleumdungen unserer Feinde, nicht von der richtigen Erkenntnis der Wahrheit geleitet."

[2]) Dr. Grund schildert in seiner Landeskunde von Österreich, Sammlung Göschen (Seite 123), das auch heute noch innerhalb gewisser Grenzen nomadenhafte Leben der Bewohner der Dorfstädte in den magyarischen Teilen Ungarns,

treibenden und Fabrikarbeitern geworden, obwohl das Stubenhocken dem magyarischen Volkscharakter wenig entspricht. Die Erkenntnis von der Eigenart des magyarischen Naturells in diesem Belange war es ja auch, was die habsburgischen Kaiser veranlaßte, die Einwanderung von deutschem Element in großen geschlossenen Massen nach Ungarn zu vermitteln. Abgesehen von den Deutschen liegt der Handel weitgehend in den Händen der Juden, ähnlich wie im rückständigen Galizien.

Obwohl die ungarische Regierung die Entwicklung von Industrie und Gewerbe möglichst nach den magyarischen Gebieten zu lenken sucht, zieht die Industrie deutsche und slovakische Gebiete vor, weil sich diese Völker leichter in den Rahmen moderner industrieller Organisation einfügen und nicht wie der Magyare an seinem Leben in der Puszta hängt, das in unseren Tagen nicht nur an Romantik verloren hat, sondern auch — abgesehen vom Großgrundbesitzer — seinen Mann nur bescheiden zu ernähren vermag. Der statistische Zuwachs [1]) des Magyarentums erklärt sich mehr aus der politischen Überlegenheit und dem Anschluß von Vertretern der Fremdnationen (Deutscher, Slaven usw.) namentlich in den Städten. In der zweiten Hälfte des 19. Jahrhunderts ist nämlich eine Verlangsamung des natürlichen Wachstums eingetreten. In verschiedenen Teilen des Landes beginnt das Zwei-, ja Einkindersystem zu herrschen, so z. B. bei den Magyaren in manchen Plattenseegegenden [2]).

Das Rumänentum, das man in Ungarn solange wegen der unbefriedigenden wirtschaftlichen Verhältnisse wenig beachtet hat, beginnt sich langsam aber stetig wirtschaftlich zu entwickeln. Hierzu kommt, daß bei den Rumänen der Kindersegen ein außerordentlich reicher ist [3]), weit größer als bei Magyaren und Deutschen. Da die Rumänen bisher durch die ungarische Regierung weder politisch, noch Rumänen.

wo die Bürger während der Feldarbeiten in der wärmeren Jahreszeit weit draußen liegende Sommergehöfte bewohnen und erst für die kühle Zeit und den Winter in die Dorfstadt zurückkehren.

[1]) Die Quote der Bevölkerungszunahme des Magyarentums wird wie folgt angegeben:

| | |
|---|---|
| 1880—1890 | 57% |
| 1890—1900 | 71% |
| 1900—1910 | 80% |

[2]) Vgl. Publ. der Plattensee-Kommission.

[3]) Vgl. auch Juraschek-Brachelli, Staaten Europas.

volkswirtschaftlich eine Förderung erfuhren, läßt sich der bei den ungarischen Rumänen zutage tretende Aufschwung wohl nur daraus erklären, daß sich unter der Regierung König Karols zunächst das Bewußtsein des Rumänentums im Königreiche politisch und wirtschaftlich entwickelt hat, und daß in Anlehnung hieran der politische und wirtschaftliche Aufschwung bei den Rumänen in Ungarn einsetzte [1]). Der Umstand, daß das Rumänentum auch über eine Nationalkirche verfügt, hat die politische Entwicklung zweifellos wesentlich gefördert. Obwohl es bei den letzten Wahlen der magyarischen Regierungspartei gelungen ist, die Stimmen der ungarischen Rumänen ganz wesentlich herabzudrücken [2]), nimmt nicht nur das Unabhängigkeitsgefühl der Rumänen zu, sondern — was in diesem Zusammenhang wichtig ist — unter Führung der rumänischen Kirchenverwaltung entwickelt sich auch das Rumänentum landwirtschaftlich und gewerblich, indem es ständig das System nationaler Kreditinstitute, besonders der Volksbanken in außerordentlich anerkennenswerter Weise ausgestaltet.

Serben und Kroaten.

Die Serben sind dasselbe Volk wie die Kroaten; beide sprechen dieselbe Sprache, nur sind sie kirchenpolitisch getrennt, indem die Serben der griechisch-orientalischen Kirche angehören (und ihre Sprache mit der Cyrillica schreiben), während die Kroaten katholisch sind. Die Kroaten, vielleicht noch mehr die Serben, sind nicht nur politisch, sondern auch wirtschaftlich außerordentlich veranlagt.

Juden.

In der Monarchie leben 2,35 Millionen Juden, die in Österreich rund 5, in Ungarn rund 4 % der Bevölkerung ausmachen. Sie betrachten sich in Österreich zumeist als Deutsche, in Ungarn als Magyaren. Während sich die Juden in den ostgalizischen Dörfern, wo sie in dichter Ansiedlung leben, zumeist in drückender Armut befinden, gewinnen die Industriellen und Kaufleute jüdischer Herkunft in der übrigen Monarchie ständig an Bedeutung, die in manchen Branchen, besonders in jenen, die der Rohproduktion irgendwie nahestehen, eine geradezu ausschlaggebende ist. In den deutschen Sprachinseln der Sudetenländer bilden die Juden eine wertvolle Stütze des Deutschtums.

---

[1]) Die Rumänen haben in letzter Zeit in einem Jahrfünft auf siebenbürgischem Boden ausschließlich von magyarischen Elementen für 60 Millionen Kronen Grundbesitz erworben.

[2]) Vgl. die Werke von Scotus Viator (Watson), verlegt bei Constable.

Wenn man die Buntheit aller dieser Völker und ihrer Teile überblickt, so ergibt sich vom kulturpolitischen Standpunkte folgendes: Nicht nur jedes Volk, sondern auch jeder geographisch irgendwie umgrenzte Volksteil ist ein Gesellschaftskörper für sich, womöglich mit eigenem Dialekte, eigenen Sitten, Trachten. Wer sich nicht als Soldat oder als Beamter, als Kaufmann, besonders als reisender Kaufmann in der Monarchie umtun muß, kennt zumeist nur den Volksteil, dem er selbst angehört. So hat der Deutsche aus dem Alpenlande zumeist keine genügende Kenntnis von den Verhältnissen seiner Brüder [1]) in Nordböhmen oder im Böhmerwald, noch weniger von denen in Siebenbürgen, im Banat, in Galizien oder in der Bukowina.

Die Buntheit der Völker kulturpolitisch betrachtet.

Es gibt auch kaum eine Literatur oder Organisation, die die Völker und ihre Teile einander nahe brächte, die Kenntnis vermittelte — eine sehr beklagenswerte Lücke —, die aber die Tatsache nur beweist. Selbst ein Schriftsteller wie Müller-Guttenbrunn ist eine Ausnahme, der uns in seinen Romanen von den Schicksalen der Deutschen in Ungarn erzählt, oder Bartsch, der dichterisch die Steiermark verherrlicht.

Die Eigentümlichkeit der Zerfällung in Volksteile findet sich bekanntlich auch in Deutschland und in Frankreich; nur ist sie in Österreich-Ungarn im Gegensatz zu Staaten, die unter dem vollen Einflusse moderner, uniformierender Wirtschaft im großen oder der Weltwirtschaft stehen, tausendmal mannigfaltiger und geht angesichts der schwierigen Verkehrsverhältnisse und wegen des deshalb geringeren Geschäfts- und Fremdenverkehrs ungleich tiefer.

Man muß diese Sachlage in vielen Beziehungen Rückständigkeit nennen; sie bedeutet aber gleichzeitig, wenn man gerecht sein will, ungeheure moralische und künstlerische Werte.

Die Differenzierung innerhalb der Völker hat den außerordentlichen Vorteil eines regeren Lebens in dem kleineren geschlossenen Mikrokosmos oder Kulturkreise, der sich, festgewurzelt in lokalen Traditionen, in Geschichte und bodenständigem Selbstbewußtsein als kräftige Individualität erhält.

---

[1]) Es ist aus diesem Grunde unbillig, dem Reichsdeutschen die Unkenntnis deutsch-österreichischer Verhältnisse und das hierauf zurückführende geringe Interesse an dem harten Schicksal der Deutsch-Österreicher vorzuwerfen. Wir Deutsch-Österreicher selber brauchen dringend ein aufklärendes, zusammenfassendes Buch über das Deutschtum in der Monarchie.

Die Zugehörigkeit zu diesen Kulturkreisen mit all ihrem Konservatismus, der manchmal ausgesprochen der Reaktion anhängen mag, bildet ein unschätzbares persönliches Gut und spricht zum zugehörigen Individuum eine eigene, zum Herzen gehende Sprache. Sie mag die Masse der Bevölkerung in vielen Beziehungen vom Fortschritte und infolge einer gewissen Trägheit und Schwerfälligkeit von der Betätigung hochgespannten Erwerbssinnes abschließen. Aber sie bewahrt dafür auch vor jener Geist und Herz leicht verwüstenden Übertreibung des Erwerbssinnes, der verständnislosen Sucht des Geldmachens, des atemlosen Wettrennens um nichts anderes als Geld und Gut im schlechten, amerikanischen Stile, ein Getriebe, das man trotz allen Inbetriebsetzens von Werten und Kräften vom persönlichen und nationalen Standpunkt als kulturlose oder wenigstens kulturarme Übertreibung bezeichnen muß.

Das Richtige liegt natürlich, wie überhaupt im Leben, in Politik und Volkswirtschaft, in der Mitte und die einsichtigen Volksfreunde sind sich bewußt, daß das Individuum um seiner selbst willen, seines Kulturkreises, seines Volkes und Staates willen verstehen zu lernen hat, daß bei allem notwendigen Modernismus auch der Konservativismus hinsichtlich der persönlichen und Volkskultur zum Worte kommen muß. Die Bewahrung des Nationalen und wertvoller Traditionen einerseits, anderseits die Entwicklung der Fähigkeit, im richtigen Maße kosmopolitisch empfinden und modern schaffen zu können, hat daher auch das Grundprinzip der Kulturförderung der Monarchie zu bilden [1]).

[1]) Die Politik gehört zwar nicht in den Kreis der vorliegenden Betrachtungen, aber bei dem unzweifelhaft bestehenden engen Zusammenhang zwischen nationaler Politik, nationalem Selbstbewußtsein und volkswirtschaftlicher Leistungsfähigkeit sei kurz folgendes bemerkt: Die Völker auf dem Boden der Donaumonarchie, die ein aktives nationales Leben aufweisen, werden den Weg der Entwicklung ihres Volkstums, gerade gestützt auf die westliche Kultur und das Deutschtum, sowie auf die internationalen Errungenschaften moderner Organisation, unaufhaltsam fortsetzen. Hier gibt es im Verfolge der natürlichen Triebkräfte der Völker auf Jahrhunderte hinaus normalerweise nur ein Vorwärts, kein Rückwärts. Alle gegenteiligen Bestrebungen der Staatsgewalt sind auf die Dauer nur unfruchtbare Verschwendung an Kraft, um so mehr als das entwicklungsfreudige Nationalbewußtsein, also das ideale Moment, sich auch in wirtschaftlicher oder materieller Beziehung als Förderungsfaktor von ganz besonderer Wirkung und Kraft bewährt. Natürlich gehört auf ein ganz anderes Blatt, daß das Verlangen der

Bei jeder Entwicklung müssen Werte und Kräfte der Zerstörung und Vernichtung anheimfallen, um der Betätigung neuer Kräfte, der Schaffung neuer Güter und Werte Platz zu machen. Aber die Entwicklung darf weniger schnell sein, wenn sie dafür den wirkenden Kräften die Bodenständigkeit und damit die Beständigkeit und Regenerierungskraft erhält. Wenn also das Tempo der wirtschaftlichen Entwicklung in vielen Teilen der Monarchie bisher ein langsames, gegebenenfalls ein überaus langsames war und dies aus anderen Gründen beklagt werden muß, so wurde dafür — unbeabsichtigt natürlich — unter anderem die kunstgewerbliche Gestaltungskraft der in Hausindustrie und Heimarbeit leistungsfähigen Gegenden nicht geschlechtslos und akademisch gemacht, sondern ihr ein außerordentliches Maß von innerer Tüchtigkeit bewahrt, die, wo sie nicht bereits verwertet wird, der Verwertung harrt und einen schier unerschöpflichen Fonds der Gestaltungskraft vorstellt [1]).

Diese geschilderten Eigentümlichkeiten bilden die Grundlage des Reizes, z. B. des Bauernlebens in Tirol oder bei den Slovaken, bei den ruthenischen Huzulen, den Pusztabewohnern usw. Man möchte es bei den Völkern der Donaumonarchie seit Jahrhunderten aufgespeicherte Urkraft nennen oder einen Adel des der Natur näherstehenden Bewußtseins dieser Völker und Volksteile. Es ist die Zugehörigkeit zum malerischen, die Kleinwirtschaft begünstigenden Osteuropa, die aus dieser prägnanten Vielgestaltigkeit zu uns spricht

---

politisch reifen Völker nach Autonomie auf nationalem und kulturellem Gebiet aus Gründen der Rücksicht auf die Herrscherrechte der Dynastie, der die Macht nach außen und innen erhaltenden Staatsraison und der zielbewußten Verwaltung, in den richtigen Einklang gebracht werden müßte mit den notwendigerweise zentralistischen Tendenzen des Reiches als Ganzem sowie der beiden Reichsteile, ferner vor allem mit der Hegemonie des Deutschtums in Österreich und des Magyarentums in Ungarn. Nach diesen Gesichtspunkten wird auch die Frage der Verkehrssprache in Österreich zu regeln sein.

[1]) Möglich, ja wahrscheinlich ist allerdings, daß, wenn der moderne Kaufmann oder Industrielle diese vergessenen Gegenden wirtschaftlich und sozialpolitisch durch Einführung neuer Erwerbszweige zu erschließen kommt, die Tradition der Urwälder- und Steppenpoesie, der zur zweiten Natur gewordene nationale Kunstsinn, ganz oder zum größten Teile sterben wird: aber die angeborne Erfindungsgabe, der Formensinn und die Schaffensfähigkeit müssen bei verständiger Anleitung eine verwendbare und entwicklungsfähige Grundlage industrieller und gewerblicher Betätigung der Arbeiterschaft bilden.

und den Charakter des österreichischen Gefühls- und Volkslebens überhaupt erklären hilft.

Ein Beispiel bereits weitgehender abgeschlossener Entwicklung und Abschleifung in modernem Stile stellt die Bevölkerung der Reichenberg-Gablonzer Mittelgebirgs-Distrikte dar, wo die lokalen und nationalen Eigentümlichkeiten der Bevölkerung mehr oder weniger seit Jahrhunderten dieselben geblieben sind, wo aber durch die Berührung auch der entferntesten Täler mit dem Bedarfe des Weltmarktes — eine Bewegung, die der große Wallenstein eingeleitet oder wenigstens maßgebend gefördert hat — eine millionenfache Betätigung in der Behandlung von Leinen, Wolle, Baumwolle, Metall, Edelstein, Glas, Holz usw. geschaffen wurde.

In nochmaliger Zusammenfassung wird man sagen können, daß für die Donaumonarchie in kulturpolitischer Beziehung der Umstand, nach dem Osten zu exponiert zu sein, die Nähe und der Kampf mit den Ostvölkern trotz aller Leiden, trotz der Verzögerung in der Entwicklung der Volkswirtschaft, trotz aller Buntscheckigkeit der Kulturverhältnisse bei allen Nachteilen auch seine Vorteile gehabt hat: Es ist bis in unsere Tage eine unendliche Menge natürlicher Volkskraft erhalten geblieben, die für eine weise Ausnützung ohne Raubbau einen unersetzlichen Reichtum für Kunst und Volkswirtschaft der Zukunft darstellen.

Verkauf und Industrie.

Für die moderne Industrie bedeutet diese Differenzierung und Individualisierung — wobei sich viele Gebiete ganz oder weitgehend im Stadium der Naturalwirtschaft befinden — vom Standpunkt des Verkaufes von Waren eine nicht zu unterschätzende Schwierigkeit. Womöglich jedes Tal in den Alpen, im Karst, in den Karpathen will gemäß seiner nationalwirtschaftlichen Tradition eigens ausgestattete Waren haben, nicht nur Stoffe und Zubehör, nein, auch Gebrauchsgegenstände. Welche unendliche Erschwerung bedeutet nicht für die Industrie und ihren Absatz die tausendfältige Bemusterung und die Schwierigkeit in der Bestellung der richtigen Reisenden hinsichtlich Sprachen und Volkssitten!

Es sei als Beispiel hervorgehoben, daß z. B. wegen dieser Differenzierung des Bedarfes eine österreichische Kerzenfabrik heute noch hunderte Formen mit allen notwendigen Unterteilungen führen muß, während eine moderne englische Fabrik, die die ganze Welt bedient, sich infolge der Nivellierung des modernen internationalen Bedarfes mit einer verhältnismäßig sehr beschränkten Typenzahl begnügen kann.

Das Sammeln des außerordentlich zersplitterten heimischen Bedarfes ist geradezu ein Kennzeichen der österreichischen Industrie geworden.

Auch dieser schwerwiegende Nachteil zu geringer moderner Entwicklung hat natürlich auf der Gegenseite für die Industrie und den Handel einen nützlichen Einfluß. Er macht unendlich erfinderisch hinsichtlich der Muster und ihrer Anordnung und schult den Verkäufer zu einem kleinen Virtuosen in der Anpassung und Vielseitigkeit. Diese Schwierigkeit hat der Industrie zu einer Erhöhung ihrer Gestaltungskraft, was die Mannigfaltigkeit betrifft, verholfen und befähigt sie, sich den Spezialbedürfnissen im Auslande rasch und genau anzupassen.

Was die wirtschaftliche Leistungsfähigkeit der österreichischen Völker betrifft, liegt leider verläßliches, detailliertes Material nicht vor, und es muß daher mehr oder weniger die Bevölkerung in ihrer Gesamtheit betrachtet werden.

Eine Statistik der Erwerbstätigen, ferner der dazugehörigen Familien (Berufsangehörige genannt), stellt sich zunächst für Österreich (nach den Jahren 1900 und 1910), ferner für Ungarn (1900) und im Vergleich zu den wichtigeren Staaten wie folgt. (Vgl. Seite 40, 41.) Erwerbsbetätigung.

Soweit man sich auf die Ziffern der Statistik verlassen kann, hielt 1900 Österreich mit 51,5% der Erwerbstätigkeit — von der Gesamtbevölkerung gerechnet — den Rekord, an zweiter Stelle steht Frankreich (1906) mit 51,3%, an dritter Stelle Italien mit 50,1%, während Ungarn und Deutschland mit rund 45% einander ungefähr gleichkommen.

Natürlich sagt uns die Statistik nicht, wieviel von dieser Betätigung eine ständige oder durch die Ungunst der Verhältnisse oder die Eigenart des Individuums nur eine unterbrochene oder zeitweise ist.

Ferner ergibt sich, daß seit der letzten Volkszählung im Jahre 1910 in Österreich dank der Entwicklung der Volkswirtschaft endlich der nichtagrarische Teil der Bevölkerung gegenüber der agrarischen überwiegt, indem sich das Verhältnis auf 52% zu 48% stellt.

Für Ungarn liegt die Ziffer nicht vor, aber es ist wohl auch hier

Erwerbs-

| | Land | Jahr | Berufs- | | |
|---|---|---|---|---|---|
| | | | Land- und Forstwirtschaft u. deren Nebennutzungen (A) | Industrie und Gewerbe (B) | Handel und Verkehr einschließlich der Gast- und Schankwirtschaft (C) |
| 1 | Österreich.......... | 1900 | 8 205 574 | 2 944 273 | 1 231 010 |
| | | 1910 | 8 502 983 | 3 627 001 | 1 577 915 |
| 2 | Ungarn........... | 1900 | 6 055 390 | 1 184 400 | 362 709 |
| | | 1910 | | | |
| 3 | Deutschland........ | 1907 | 9 883 257 | 11 256 254 | 3 477 626 |
| 4 | Italien............ | 1901 | 9 666 467 | 3 989 816 | 1 196 744 |
| 5 | Schweiz........... | 1901 | 481 649 | 699 402 | 201 949 |
| 6 | Frankreich......... | 1901 | 8 244 341 | 6 993 202 | 1 881 462 |
| 7 | Großbritannien..... | 1900 | 2 380 756 | 8 363 857 | 3 883 068 |
| 8 | Ver. Staaten v. A.. | 1900 | 10 512 029 | 7 039 177 | 4 778 233 |
| | | | | | Berufszu- |
| | Österreich.......... | 1900 | 13 709 204 | 6 585 047 | 3 023 814 |
| | | 1910 | 13 839 289 | 7 562 962 | 3 541 186 |

eine kräftige Zunahme der nichtagrarischen Erwerbsgruppen als sicher anzunehmen.

Volksbildung.

Einen wichtigen Maßstab der Kulturstufe und damit der wirtschaftlichen Leistungsfähigkeit und Konsumkraft bildet das Maß der Volksbildung. Schon die große Sterblichkeit in Österreich und Ungarn ist ein Zeichen zu geringer Voksbildung und unbefriedigenden Lebenstandards. Die Sterblichkeit betrug 1902—1906 in Schweden 15,2, in England 15,7, in Deutschland 19,4, in Österreich 24,2, in Ungarn 26,1 pro mille. Aus den auf die Schulbildung bezüglichen österreichischen Kronlandsstatistiken geht hervor, daß den geringsten Prozentsatz von denen, die nicht lesen und schreiben können, nach der Volkszählung vom Jahre 1910 (männliche und weibliche zusammengenommen) Voralberg (0,8), Oberösterreich (1,72), Böhmen (2,12), Tirol (2,38) und Niederösterreich (2,42) aufweisen, während Istrien (39,8), Galizien (40,6), Bukowina (53,8) und Dalmatien (62,8) mit erschreckenden Ziffern schlechter Elementarschulbildung den grellen Gegensatz der kulturellen Schichtung Österreichs dartun. In den letztgenannten Kronländern hängt die Rückständigkeit der Erziehung auch mit den Schwierigkeiten tätigkeit.

tätige¹)

| Öffentlicher und Militärdienst, freie Berufe, Berufslose (D) | Von je 100 fallen auf die Berufsklassen A | B | C | D | A—D | Von der Gesamtbevölkerung waren erwerbstätig % | |
|---|---|---|---|---|---|---|---|
| 1 727 739 | 58,46 | 20,87 | 8,72 | 12,25 | 100,00 | 51,5 | 1 |
| 2 310 577 | 53,08 | 22,64 | 9,85 | 14,43 | 100,00 | 56,1 | |
| | 68,6 | 13,4 | 4,1 | | | 45,9 | 2 |
| | 35,2 | 37,5 | 12,4 | | | 45,5 | 3 |
| | 59,4 | 24,5 | 7,4 | | | 50,1 | 4 |
| | 30,9 | 44,9 | 13,— | | | 46,9 | 5 |
| | 41,8 | 35,5 | 9,5 | | | 51,3 | 6 |
| | 13,— | 45,8 | 21,3 | | | 44,0 | 7 |
| | 35,9 | 24,1 | 16,3 | | | 38,4 | 8 |
| gehörige²) | | | | | | | |
| 2 832 643 | 52,43 | 25,18 | 11,56 | 10,83 | | | |
| 3 627 363 | 48,44 | 26,47 | 12,39 | 12,70 | | | |

des Verkehrs infolge von Straßenarmut und Wetterunbilden zusammen.

Für ganz Österreich stellt sich dann der Prozentsatz absoluter Analphabeten auf 16,5, für Ungarn 1900 auf 48,8, der sich jedoch 1910 auf 41,8% verminderte; in Kroatien und Slavonien betrug die Ziffer 43,7%. Während in Ungarn im Westen (im Gebiete der fränkischen Ansiedlungen) 81%, zwischen Donau und Theiß 80% der Bevölkerung lesen und schreiben können, ist dies in Siebenbürgen nur mehr bei 50% der Fall. An erster Stelle stehen die Deutschen, dann die Magyaren; von den ungarischen Rumänen und Kroaten kann aber nicht einmal der vierte Teil lesen und schreiben.

Ein Vergleich der Analphabeten unter den militärischen Rekruten (nach dem Tausend) stellt Österreich unter den angegebenen Staaten (nach Hickmann 1915) in folgende Rangordnung:

¹) Statist. Jahrbuch für das Deutsche Reich, Anhang.

²) Humbourg, Die berufliche und soziale Gliederung der Bevölkerung, Statistische Monatsschrift XIX.

| | | | |
|---|---|---|---|
| Deutsches Reich | 0,1 | Österreich-Ungarn | 220,— |
| Schweden | 2,3 | Italien | 366,— |
| Großbritannien | 10,— | Rumänien | 410,— |
| Frankreich | 33,— | Serbien | 436,— |
| Belgien | 77,— | Rußland | 617,— |

Die Statistik des Briefverkehrs (1910) liefert ein für Österreich und Ungarn ungünstiges Bild. Es entfielen auf einen Bewohner Briefe:

in Großbritannien .... 115 in der Schweiz........ 113

Konsum pro Kopf der

| | Warengattung | Österreich-Ungarn | | | Deutschland | | |
|---|---|---|---|---|---|---|---|
| | Einwohner in Millionen | 51,34 | | | 64,90 | | |
| | Jahr | 1900[1] | 1906[1] | 1912[2] | 1900[1] | 1906[1] | 1912[2] |
| 1 | Weizen | 97,6 | 86,2 | 126,8 | 91,0 | 94,4 | 87,6 |
| 2 | Roggen | 43,6 | 68,0 | 80,5 | 147,6 | 143,5 | 140,1 |
| 3 | Gerste | 38,6 | 49,8 | 66,7 | 65,9 | 82,5 | 97,0 |
| 4 | Hafer | 53,2 | 54,4 | 75,2 | 114,7 | 120,6 | 110,4 |
| 5 | Mais | 84,1 | 118,2 | 87,6 | 24,7 | 18,9 | . |
| 6 | Kartoffeln | 278,0 | 337,5 (1905) | . | 604,6 | 592,6 | 656,1 |
| 7 | Fleisch (1910)[3] | . | . | 29,9 | . | . | 52,6 |
| 8 | Kaffee | 0,90 | 1,02 | . | 2,85 | 3,03 | 2,53 |
| 9 | Kakao | 0,03 | 0,07 | . | 0,32 | 0,56 | 0,81 |
| 10 | Tee | 0,02 | 0,03 | . | 0,05 | 0,06 | 0,06 |
| 11 | Reis | 1,7 | 1,7 | . | 2,1 | 2,7 | 2,4 |
| 12 | Verbrauchszucker | 7,3 | 10,4 | 13,0 | 12,3 | 16,8 | 19,2 |
| 13 | Salz | 12,8 | 14,1 | 14,8 | . | 21,8 | 24,6 |
| 14 | Bier (in Litern) | 44,4 | 38,8 | 42,4 | 120,8 | 112,0 | 101,0 |
| 15 | Wein (in Litern) | 14,0 | . | . | 5,9 | . | . |
| 16 | Branntwein (i. Litern) | 10,5 | . | . | 6,3 | 6,1 | 5,4 |
| 17 | Tabak | . | . | 1,23 | 1,6 | 1,5 | 1,7 |
| 18 | Petroleum | 4,68 | 5,22 | 6,2 | 16,8 | 17,2 | 17,3 |
| 19 | Steinkohle | 400,0 | 440,0 | 520,0 | 1800,0 | 2066,0 | 2321,0 |
| 20 | Braunkohle | 402,0 | 424,0 | 584,0 | 860,0 | 1058,0 | 1328,0 |
| 21 | Eisenerze | . | . | 109,0 | . | . | 640,0 |
| 22 | Roheisen | 32,9 | 29,6 | 53,4 | 162,0 | 198,0 | 253,0 |
| 23 | Baumwolle | . | . | 4,35 | 5,54 | 6,28 | 7,56 |
| 24 | Jute | . | . | 1,08 | . | . | 2,28 |

[1]) Vorwiegend aus „Denkschriftenband zur Reichsfinanzreform“ Teil II. [2]) „Statisti-

| | | | |
|---|---|---|---|
| in Belgien .......... | 100 | in Italien .......... | 34 |
| in Holland .......... | 96 | in Ungarn .......... | 30 |
| in Frankreich ........ | 90 | in Rußland .......... | 14 |
| in Österreich ........ | 60 | | |

Die Konsumstatistik der wichtigeren Verbrauchsartikel in der Monarchie im Vergleiche mit verschiedenen anderen Staaten Europas ergibt folgendes Bild: Konsum.

Bevölkerung in kg und Liter:

| Frankreich | | | England | | | Rußland | | | Italien | | | |
|---|---|---|---|---|---|---|---|---|---|---|---|---|
| 39,60 | | | 42,19 | | | 120,65 | | | 32,48 | | | |
| 1900 [1] | 1906 [1] | 1912 [2] | 1900 [1] | 1906 [1] | 1912 [2] | 1900 [1] | 1906 [1] | 1912 [2] | 1900 [1] | 1906 [1] | 1912 [2] | |
| 200,0 | 216,0 | 271,0 | 153,8 | . | 144,9 | 57,8 | . | 107,2 | 139,0 | 156,7 | 190,6 | 1 |
| 32,0 | 34,0 | 32,4 | 2,4 | . | 1,0 | 147,6 | 142,0 | 242,7 | . | . | 3,9 | 2 |
| 21,0 | 24,0 | 28,8 | 56,7 | 57,0 | 57,6 | 28,4 | 33,0 | 77,6 | . | . | 7,3 | 3 |
| 98,1 | 120,0 | 137,8 | 83,6 | 76,2 | 89,6 | . | . | 165,0 | . | . | 20,8 | 4 |
| 20,0 | 22,0 | 28,7 | 68,7 | 56,4 | 42,2 | 3,7 | . | 18,5 | 56,0 | 72,0 | 76,6 | 5 |
| 310,5 | 360,6 (1905) | . | 87,0 | 109,2 | . | 165,5 | . | . | . | . | . | 6 |
| . | . | 33,6 | . | . | 47,6 | . | . | 21,6 | . | . | 10,9 | 7 |
| 2,1 | . | 2,8 | 0,32 | . | . | 0,63 | . | . | 0,5 | . | . | 8 |
| 0,46 | 0,60 | . | 0,50 | 0,55 | . | 0,01 | 0,02 | . | 0,02 | 0,04 | . | 9 |
| 0,03 | 0,03 | . | 2,8 | 2,8 | . | 0,5 | 0,5 | . | . | . | . | 10 |
| 2,7 | . | . | 4,6 | 8,9 | . | . | . | . | . | . | . | 11 |
| 11,7 | 14,9 | . | 39,7 | 37,1 | . | 5,7 | 7,2 | . | 3,3 | . | . | 12 |
| . | . | 11,3 | . | . | . | . | . | . | . | . | 7,16 | 13 |
| 24,2 | . | . | 141,7 | . | . | 4,2 | . | . | 0,5 | . | . | 14 |
| 110,8 | . | . | 1,8 | . | . | . | . | . | 85,8 | . | . | 15 |
| 8,7 | . | . | 4,7 | . | . | 4,8 | . | . | 1,1 | . | . | 16 |
| 0,97 | . | . | 0,89 | 0,89 | . | . | . | . | 0,48 | . | . | 17 |
| . | . | . | . | . | . | . | . | . | . | . | . | 18 |
| 1190,0 | 1260,0 | 1480,0 | 4150,0 | 4080,0 | 3830 | 150,0 | 150,0 | 190,0 | 150,0 | 190,0 | . | 19 |
| . | . | . | . | . | . | . | . | . | . | . | . | 20 |
| . | . | . | . | . | . | . | . | . | . | . | . | 21 |
| 68,1 | . | . | 191,1 | 199,4 | . | 27,4 | . | . | 6,1 | . | . | 22 |
| . | . | . | . | . | . | . | . | . | . | . | . | 23 |
| . | . | . | . | . | . | . | . | . | . | . | . | 24 |

sches Jahrbuch für das Deutsche Reich 1915" oder „Kompaß". [2]) Nach Prof. Dr. Kirchner.

In Edelgetreide (Weizen, Roggen und Gerste) fällt zunächst die außerordentliche Steigerung des Konsums in den Jahren 1900 bis 1912 auf und erklärt bis zu einem gewissen Grade die ungünstige Gestaltung des heimischen Exportes in diesen Produkten. Die Bevölkerung hat sich besser genährt und hat gemäß den besseren Ernteerträgnissen überraschend mehr Brotfrüchte verzehrt. (Sprung in der Monarchie in der Gesamtziffer von 179 auf 273, in Deutschland nur von rund 304 auf 324, in Frankreich von 253 auf 332 kg.) Das fleischessende, nur von der Getreideeinfuhr lebende England ist mit rund 200 kg unverändert geblieben, während Rußland mit der Menge und der reichlichen Verdoppelung des Konsums den Rekord hält. (Bei der österreichischen Ziffer ist der Einfachheit halber angenommen, daß der nicht weiter beachtete Gerstenkonsum für Brauereizwecke durch den Konsum von Mais zur menschlichen Nahrung — wie er im Südosten Ungarns erfolgt — ungefähr ausgeglichen werde.)

An Deutschland, Frankreich und gar Rußland gemessen, hat der Konsum an Edelgetreide der Monarchie noch immer nicht das Durchschnittsnormale von rund 300 kg erreicht. Auch im Kartoffelkonsum bleibt die Monarchie hinter Deutschland [1]) und Frankreich zurück. Nun sind aber gerade Brotfrucht und Kartoffeln die Hauptnahrung des Bauern und des Hilfsarbeiters, wie überhaupt jener Bevölkerungsschichten, die bei bescheidenem Einkommen von dieser Art Kost sich nähren und nähren müssen.

Wenn aber schon beim Konsum von Brotfrucht und Kartoffeln — den Gesamtziffern nach — gespart wird, läßt dies darauf schließen, daß es dermalen überhaupt mit dem Verdienst der Bevölkerungsmassen bescheiden bestellt ist.

Diese Anschauung wird durch den Konsum in den sonstigen wichtigen Konsumartikeln bestätigt.

Der Konsum von Fleisch ist der niedrigste unter den vier größten westlichen Kulturstaaten. Jedenfalls steht er um 40% hinter Deutschland zurück.

Stichproben bei der ländlichen und arbeitenden Bevölkerung bestätigen die Sachlage. Der Bauer, z. B. in den deutschen Alpen-

[1]) Deutschlands großer Kartoffelkonsum ist allerdings eine Besonderheit der Volksernährung.

gegenden, ißt kaum ein- oder zweimal die Woche Fleisch, der Arbeiter in der Stadt ist weit davon entfernt, es sich täglich leisten zu können; in den wirtschaftlich rückständigen Gegenden ist das Fleisch nur eine Feiertagskost. Unter anderen Umständen würde man in der Monarchie mit dem Viehstand bei der fast vollständigen Sperrung der Grenzen schon längst nicht mehr ausgekommen sein.

Hervorhebung verdient, daß das Zuckerexportland Österreich zu den sparsamsten Konsumenten von Zucker gehört (ähnlich wie Rußland), was allerdings weitgehend auf die hohe Besteuerung dieses Nahrungsmittels zurückzuführen ist. Ungleich sparsamer als Deutschland ist die Monarchie in Salz, trotz des außerordentlichen Salzreichtums der Monarchie, auch in Petroleum. Die Höhe der letzteren Ziffer in Deutschland ist trotz des dortigen größern Konsums von elektrischem Licht nach Ansicht der Fachleute nicht auf den Verbrauch von Motoren, sondern auf die höhere Kultur, das Bedürfnis nach ausreichender Beleuchtung auch auf dem flachen Lande zurückzuführen, nicht zum geringsten auf das größere Lesebedürfnis. In Kaffee, Tee und Reis verbraucht die Donaumonarchie nur rund die Hälfte des reichsdeutschen Durchschnittskonsums, in Kakao gar nur rund $^{1}/_{5}$. (Im Branntweinverbrauch übertrifft allerdings die Monarchie Deutschland.) Der Konsum in Baumwolle und Jute [1]) macht ungefähr die Hälfte des deutschen aus, in Kohle $^{1}/_{8}$, in Roheisen $^{1}/_{5}$.

Die obigen Ziffern werden es begreiflich erscheinen lassen, wenn jener Teil der Bevölkerung der Monarchie, der als Produzent und Konsument modernen Stils in Betracht kommt, auf höchstens 20—22 Millionen Köpfe geschätzt wird, wobei die Deutschen in Österreich mit rund vier Fünfteln, die Tschechoslaven Österreichs mit zwei Dritteln, die Bevölkerung Galiziens und Ungarns zu einem Drittel in Rechnung gestellt werden.

Wenn man die industriell-städtische Entwicklung als die höchste moderne Entwicklung ansieht, ergibt sich, wie gering diese Entwicklung trotz allen Aufschwunges bisher in Österreich-Ungarn war,

---

[1]) Betreffend Jute fällt in Deutschland u. a. der riesige Konsum an künstlichen Düngemitteln sehr ins Gewicht, für deren Versand ungeheure Mengen von Säcken gebraucht werden.

da diese nicht die Hälfte der Gesamtbevölkerung umfaßt. Die größere Hälfte kommt demnach weder als Produzent noch als Konsument im Stile vollentwickelter moderner Staaten in Betracht.

Daß es in der Monarchie an vollauf befriedigender Betätigung, Verdienstmöglichkeit und Verwertung des Menschenmaterials mangelt, geht, abgesehen von den wenig befriedigenden Daten der Konsumstatistik, noch aus dem traurigen Stande der Auswanderung hervor.

Auswanderung.

Die überseeische Auswanderung in Österreich und Ungarn stellte sich in den Jahren 1910—1912 wie folgt:

| | 1910 | 1911 | 1912 |
|---|---|---|---|
| aus Österreich ........ | 138 915 | 90 134 | 128 866 |
| aus Ungarn ......... | 130 025 | 87 757 | 140 559 |
| zusammen ........... | 268 940 | 177 891 | 269 425 |

Ungleich größer als die Überseewanderung von rund 250 000 bis 270 000 Köpfen ist die kontinentale Saisonwanderung. Man kann sie in der Richtung nach Deutschland allein auf 350 000, insgesamt aber auf mindestens 400 000 Köpfe im Jahre schätzen. Es beziffert sich demnach der jährliche Verlust an Arbeitskräften auf rund 600 000 bis 700 000 Personen, noch dazu fast ausnahmslos in der Vollkraft der Jahre stehende, unternehmende und mehr oder weniger geschickte Arbeitskräfte. Die überseeische Auswanderung Deutschlands, die noch in den 80er Jahren über hunderttausend betrug, macht dagegen nur mehr 20 000 bis 30 000 Köpfe aus. Es lohnt sich nicht mehr für den deutschen Bauern und Arbeiter auszuwandern, sein Vaterland gibt ihm genug Verdienst. An seiner Stelle wandert vielmehr die überschüssige Intelligenz der Technik und des Handels aus — als Pioniere der deutschen Auslandbeziehungen: Im Donaureiche klammert sich die Intelligenz im Gegenteil zumeist an den heimischen Herd.

In Österreich-Ungarn wandern die Volksmassen, die Vertreter der Intelligenzkreise dagegen beinahe nur in Ausnahmefällen.

Österreich-Ungarn muß also zusehen, wie meist gutqualifiziertes Menschenmaterial nach Deutschland, nach anderen europäischen Staaten und nach den Vereinigten Staaten auswandert, um in Deutschland für die Landwirtschaft, aber auch für den Bergbau und in gewissen Industrien verwendet zu werden, während besonders in Amerika die gefährlichste und schwerste Arbeit in den Minen und Hüttenwerken von Bürgern der Monarchie besorgt wird. Weil den Arbeitern in der Heimat keine genügend stabile oder genügend bezahlte Arbeit geboten wird, werden sie also der Konkurrenz zur Ausnützung überlassen.

Daß die Ansprüche der Wandernden nicht groß sein können, geht wohl daraus hervor, daß sie aus Deutschland nach 8—9 monatiger Arbeitszeit durchschnittlich 250—350 K Ersparnisse nach Hause bringen (die aus Amerika heimkehrenden allerdings mehr [1])).

Die Auswanderung zu hindern oder gar zu verbieten, dazu hat der Staat natürlich kein Recht. Dagegen hat er die Pflicht, für den Schutz der Wanderer während der Reise und des Aufenthaltes im Auslande zu sorgen und Vorkehrungen zu treffen, daß sie möglichst zahlreich, gesund und mit ungeschmälerten Ersparnissen heimkehren [2]), daß diejenigen, welche nicht heimkehren können, gern und eifrig den steten Zusammenhang mit der alten Heimat pflegen. Aber die Tatsache der Auswanderung selbst ist eine nicht genug zu beklagende Erscheinung und ein Beweis schwerer Mängel der heimischen Volkswirtschaft.

Da sich die Auslandwanderung insbesondere nach den Gebieten der Landwirtschaft (vor allem des Anbaues von Hackfrüchten, d. i. Rüben und Kartoffeln) und der Industrie richtet, kann eben nur die Ausdehnung der heimischen Industrie und wegen ihrer leichteren Ausdehnungsfähigkeit vor allem diese, ferner die Hebung der Intensität unserer eigenen Landwirtschaft dem Übel entgegenwirken [3]). Auf

---

[1]) Den Unterschied im Wanderziele und im Erfolg der dortigen Arbeitsleistung kann man deutlich in den Auswanderungsgebieten verfolgen. Die Ortschaften mit Amerikawanderern sehen ungleich besser gehalten, wohlhabender aus, als die Dörfer der „Sachsengänger"; die Raifeisenkassen und Sparkassen der ersteren sind auffallend reich, was von den letzteren nicht gilt.

[2]) Die Geldheimsendungen aus Amerika bilden ähnlich, wie in Italien, auch in der österreichisch-ungarischen Zahlungsbilanz einen wichtigen Faktor; sie werden in guten Jahren auf 450 bis 500 Millionen Kronen geschätzt.

[3]) Die Tschechen, die noch vor 15 Jahren in großen Massen nach Amerika wanderten, tun dies fast gar nicht mehr. Sie finden in Österreich dank der Entwicklung von Industrie und Landwirtschaft genügende Beschäftigung und Verwertung ihrer Arbeitskraft. Dagegen hat die Wanderbewegung immer mehr auf den Osten übergegriffen. Weiter muß betont werden, daß die Angehörigen von Völkern oder Volksteilen, die sich politisch wohlfühlen, oder wo halbwegs

grundlegende Agrarreformen, so notwendig sie in vielen weiten Teilen der Monarchie (besonders z. B. in polnischen, ruthenischen und slowenischen Landstrichen Österreichs, auch in magyarischen und slowakischen Ungarns) wären, ist wegen der Kostspieligkeit der Grundablösung und der sonstigen, u. a. der parlamentarischen Hindernisse der Durchführung (besonders wegen der Schwierigkeit der Organisation des bäuerlichen Kleinbetriebes gegenüber dem Mittel- und Großbetrieb) in absehbarer Zeit wohl kaum zu hoffen.

Sozialpolitik und Arbeitsvermittlung.

Auf dem Gebiete der Sozialpolitik sind auch in der Monarchie, besonders in Österreich, alle Strömungen der Weststaaten vorhanden, die im Laufe der letzten Jahrzehnte zu mannigfachen Errungenschaften führten.

Hinsichtlich des Arbeiterschutzes steht Österreich im großen und ganzen auf der Höhe Deutschlands und nimmt an allen bezüglichen internationalen Vereinbarungen teil. Die Gewerbeinspektion ist in beiden Staaten befriedigend entwickelt. Dem Abschlusse der österreichischen Sozialversicherung fehlt bis jetzt die Alters- und Invalidenversicherung, doch stehen seit Jahren Regierungsvorlagen in parlamentarischer Behandlung, die aber infolge der mit politischen Parteifragen zusammenhängenden Schwierigkeiten, so der Versicherung der Selbständigen in Kleingewerbe und Landwirtschaft, nicht zu einem Ende geführt werden konnten.

Die Arbeitsvermittlung ist, wie in fast allen übrigen Staaten, außerordentlich zersplittert. Die Bestrebungen einer reichsgesetzlichen Regelung stoßen auf den Partikularismus der Kronländer, welche sich diesen wichtigen Verwaltungszweig, der bei entsprechendem Ausbau der Auswanderung entgegenwirken und den Austausch von Arbeitskräften zwischen den einzelnen Gebieten fördern, sowie zur inneren Kolonisation führen könnte, nicht entgehen lassen wollen; hierzu kommt noch der natürliche Widerstand der gewerkschaftlichen Arbeiterorganisationen und überhaupt aller bestehenden Arbeitsvermittlungseinrichtungen. Eine musterhafte Organisation des Arbeitsnachweises besteht auf Grund eines Landesgesetzes in Böhmen, wo größere Ansätze zum länderweisen Austausch, z. B. der Heran-

Chancen der Betätigung in Industrie oder Landwirtschaft bestehen, aus Amerika wieder heimkommen, so die Polen, Slowaken, Dalmatiner, während jene, bei denen dies nicht zutrifft, der Heimat auf immer den Rücken kehren, wie die Ukrainer und gewisse Südslaven.

ziehung polnischer Feldarbeiter, vorhanden sind. Auch die Landwirtschaftsgesellschaften beschäftigen sich steigend mit dem interlokalen Austausch der Feldarbeiter. So wichtig gerade in Österreich-Ungarn eine wirkungsvolle zentrale Organisation der Arbeitsvermittlung, ähnlich der an Bedeutung wachsenden Arbeiter- (früher Feldarbeiter-) Zentrale in Berlin, besonders für die landwirtschaftlichen Saisonarbeiter wäre, muß ihr Fehlen lebhaft bedauert werden. —

Eine Zusammenfassung ergibt also, daß die Monarchie über das wichtigste Requisit moderner Volkswirtschaft in reichem Maße verfügt, über die Menschenkraft, noch dazu über rüstige, arbeitsfreudige und abrichtsame Menschenkraft, die heute in vielen Hunderttausenden von Individuen in das Ausland strömt, um dort bei der Konkurrenz eine bessere Verwertung ihrer Leistungsfähigkeit zu suchen und zu finden [1]).

Diese Menschenmassen sind aber entweder heute schon im modernen landwirtschaftlichen Betrieb (Böhmen, Mähren und Niederösterreich) oder in der Industrie tätig und geübt, oder sie harren nur des Rufes zur Belehrung und Verwendung in intensiver lohnender Arbeit.

Daß selbst die anscheinend rückständige Bevölkerung der Monarchie über das Taglöhnertum hinausreichende Fähigkeit besitzt, lehrt wohl die bei allen diesen Völkern auch heute noch bestehende tüchtige Hausindustrie, die um so höhere Qualität dort erreicht, wo sie ein Glied in der Kette der uralten Hauswirtschaft geblieben ist und die alten Traditionen noch nicht gestorben oder erdrückt worden sind. Die Bevölkerung ist aber auch fleißig, wenn sie nur Arbeit findet, wie der Umstand beweist, daß in Österreich von 28 Millionen Einwohnern 16 Millionen einen Beruf ausüben, also rund 56,2% der Bevölkerung.

Schließlich kommt noch hinzu, daß, wie die Konsumstatistik beweist, diese Menschenmassen ungemein genügsam sind. Die weitgehende Genügsamkeit der Völker erhält zwar ihre Frische, aber sie ist — wenn in der Armut und in beschränkter Betätigungsmöglichkeit

---

[1]) Die bei Verwandten und Bekannten einlangenden Geldbeträge wirken als das entscheidende Mittel der Agitation, als schlagender Beweis von der Aufnahmefähigkeit des auswärtigen Arbeitsmarktes, wobei die eigene Not und Unzufriedenheit den Wanderentschluß unterstützt. (Vgl. Pistor: Das Auswanderungsproblem. Bei Braumüller im Erscheinen begriffen.)

begründet — keine Förderin der Kultur, ja selbst auf die Dauer keine Erhalterin der Volkskraft.

Zur vollen Befriedigung wirtschaftlicher Erschließung und Entwicklung rückständiger Völker oder Volksteile wäre also notwendig, erhöhten Bedarf zur Deckung zu beschaffen. Dann wird den Unternehmern genügend Anreiz zur Investition für ihr Kapital und ihre Fähigkeiten geboten werden, den Arbeitern aber mehr Arbeitsgelegenheit mit besserem Verdienst. Damit wird der Auswanderung wirksamst entgegengewirkt, der Inlandkonsum neu gehoben, damit im Kreislauf wieder Landwirtschaft und Industrie gefördert und für Hunderttausende neue Arbeitsgelegenheit beschafft.

Daß Österreich-Ungarn diesen Umschwung der Verhältnisse des Bedarfes, des Exportes und Arbeitsmarktes in absehbarer Zeit aus sich allein herbeizuführen und damit die nach allen Seiten reichenden Kulturklüfte raschestens zu beseitigen und auszugleichen imstande sein wird, ist leider nicht anzunehmen.

---

## Die Landwirtschaft.

Bodenbeschaffenheit.

Wenn man von der Gesamtfläche der Monarchie ungefähr 15% für unwirtliche und kaum verwendbare Territorien (Hochgebirge, Kalkgebiete) in Abzug bringt und den Rest von 85% überprüft — in Ungarn ist das Verhältnis noch günstiger, da nur 5,19% als Ödland betrachtet werden —, fällt das Urteil über die Bodenbeschaffenheit sehr günstig aus, denn der fruchtbare Lehm als Zersetzungsprodukt von Granit und Gneis (in Böhmen, der zentralen Zone, den Alpen, den zentralen und transsylvanischen Karpathen), das Verwitterungsprodukt des Sandsteins, der humusreiche Ton und schließlich der Löß, diese besonders fruchtbare Erde für Weizen- und Weinboden, wie sie China, Armenien und Rußland auszeichnet, ist auch in der Monarchie in außerordentlichem Maße vertreten. Es kann daher der Boden dem des fruchtbaren Südrußland an Leistungsfähigkeit ungefähr an die Seite gestellt werden, übertrifft aber ohne Zweifel diesbezüglich die meisten europäischen Staaten.

Auch das ausgesprochen kontinentale Klima Ungarns, das durch anhaltende Dürren oder Feuchtigkeit die Entwicklung der Feldfrucht grundlegend zu beeinflussen vermag, ist dem Rußlands ähnlich [1]).

Bei Beurteilung der Ackerbauverhältnisse der Monarchie ist festzuhalten, daß Ungarn an Weizen ungefähr das Drei- bis Vierfache von dem produziert, was Österreich erntet, während in Roggen und Hafer wieder Österreich ungefähr das Doppelte von der ungarischen Ernte einbringt. In Gerste [2]) stehen die Mengen in beiden Teilen des Reiches ungefähr gleich. Mais, der allerdings für den menschlichen Genuß im allgemeinen nicht oder nur wenig in Betracht kommt, ist dagegen dank dem wärmeren Klima ein ganz überwiegend ungarischer Artikel. Hervorhebung verdient die Bedeutung Böhmens bezüglich des Weizen und Roggen, wie überhaupt wegen der hohen Entwicklung seiner Landwirtschaft [3]). Aus dem Vorausgeschickten ergibt sich das naturgemäße Ergänzungsverhältnis der beiden Teile der Monarchie, sogar in gewissen landwirtschaftlichen Produkten, was um so mehr Ackerbau.

[1]) Wegen der großen Gegensätze des Klimas und der Verschiedenheit des Bodens erfordert der landwirtschaftliche Betrieb in Ungarn weitgehende Schulung und Umsicht. Dem steht gegenüber, daß in Ungarn beim Kleinbetrieb noch heute die Dreifelderwirtschaft mit Brache die meist verbreitete Betriebsweise ist. Die Erntearbeiten werden in Ungarn hauptsächlich mit der Hand, und zwar gegen Anteil ausgeführt; so erhält der Schnitter ein Zehntel bis ein Elftel ohne Beköstigung. Die Tageslöhne werden für das Jahr 1910 im Durchschnitt wie folgt angegeben:

| | Männer | Frauen | Kinder |
|---|---|---|---|
| Winter.......... | 151 | 104 | 71 |
| Sommer......... | 276 | 177 | 117 |
| Jahresdurchschnitte | 200 | 136 | 94 |

(Dr. Karoly: Ungarns Landwirtschaft, in „Wirtschaftliches und Kulturelles aus Ungarn".)

[2]) Die Gerste wird in Österreich, besonders in Mähren, für Brauzwecke in hervorragenden Qualitäten produziert (ähnlich wie der Hopfen in Böhmen) und die Zucht der Saatgerste nach den neuesten wissenschaftlichen Methoden betrieben.

[3]) In Böhmen spielt besonders der mittlere Großgrundbesitz als rühriger Faktor in der Entwicklung eine wichtige Rolle. Ungarn ist durch besonders ausgedehnten Großgrundbesitz charakterisiert: 45% des Ackerlandes werden von Wirtschaften mit über 100 ha bearbeitet, 31% von solchen mit über 1000 ha. Fast 10 Millionen ha, rund 35% des ganzen bebauten Landes sind gebundener Besitz (in Preußen 23%), den Gemeinden, dem Staate und der Kirche gehörig. 1 352 000 ha gehören im Fideikommisse 91 Familien. Ein großer Teil des gebundenen Großgrundbesitzes besteht aus Wäldern und Weiden.

vom vorwiegend landwirtschaftlichen Ungarn einerseits und vom überwiegend industriellen Österreich als Ganzem andererseits gilt.

In dem Verhältnis von Produktion und Konsum hinsichtlich der Brotfrüchte hat sich allerdings innerhalb der Monarchie, und zwar gerade seit Beginn der letzten Handelsvertragsära (1906), eine bedeutsame Wandlung vollzogen.

Notwendige Erstarkung der Landwirtschaft.

Während die Monarchie früher ein ziemlich bedeutendes Exportland für Körnerfrüchte war und zum Beispiel in den Jahren 1906 und 1907 für 5 und 3 Millionen Kronen Weizen, für 60 und 50 Millionen Kronen Gerste, im Jahre 1908 für 1½ Millionen Kronen Mais exportierte, ist in einem früher so wichtigen Exportartikel, der Gerste, eine ständige Verminderung der Ausfuhr eingetreten, während in Weizen, Roggen, Hafer, ja sogar in Mais größere ständige Importe eintreten mußten. Im Mißjahre 1909 erreichte der Import an Weizen eine Menge von über 7 Millionen Zentner im Werte von rund 150 Millionen Kronen. Dazu wurde noch für 10 Millionen Kronen Roggen, für 1½ Millionen Hafer und für 14 Millionen Mais importiert. Diese auffallende Wandlung in der Bedeutung der Landwirtschaft für das Wirtschaftsleben und die Handelsbilanz wird noch auffälliger, wenn man die Anbauflächen in Berücksichtigung zieht.

Dank dem steigenden Bedarfe, dank der Steigerung des Weltmarktpreises, am meisten aber wohl wegen der Steigerung des Zollschutzes für Getreide ist nämlich, wie ein Blick auf die nächste Tabelle zeigt, die Anbaufläche in Weizen und Roggen in jedem Falle um mehrere 100 000 ha bis einschließlich 1912 gewachsen, während sie in Gerste allerdings etwas zurückging. Glücklicherweise hat auch der durchschnittliche Ertrag zugenommen, und zwar ist er bei Weizen in Österreich in den Jahren von 1901 bis 1912 von 11,2 auf 15, in Ungarn von 10,2 auf 13 gestiegen, in Roggen von 10,6 auf 14,6 in Österreich und von 9,8 auf 12,1 in Ungarn. Trotz der Steigerung infolge vermehrter Anbauflächen und Intensität ist doch ein so merkbares bleibendes Defizit eingetreten.

Wenn wir von dem Unglück absehen, daß Österreich in den Jahren 1909, 1913 und 1914 schlechte Ernten, teilweise sogar Mißjahre gehabt hat, für die niemand verantwortlich gemacht werden kann, so ist diese auffällige Wendung im Endeffekt eben eine Folge der Steigerung des Konsums. Die Erklärung für diese außerordentliche Erscheinung ist vor allem darin zu suchen, daß die Bevölkerung um fast ½ Million zunahm, daß so und so viele Tausende statt der schweren Maisbrotnahrung zum Roggen- und Weizenbrot übergegangen sind und daß sich die Bevölkerung überhaupt den bescheidenen Luxus größeren Brotkonsums gönnte (s. o.). Die Zollerhöhungen von 1887 betrugen bei Weizen erst 200, dann 1906 weitere 75%, bei Roggen erst 200, dann noch 61% [1]) und verteuerten natürlich den Bezug zur Deckung des Ausfalls, erschwerten den Abschluß von Handelsverträgen mit Rußland und den Balkanstaaten, verteuerten und erschwerten dadurch die Viehzucht und brachten den Hauptvorteil durch hohe Preise jener perzentuell geringen Zahl von Grundbesitzern, die den Getreidebau in solchem Stile betreiben, daß sie ihre Erzeugnisse nicht nur nicht aufzehren, sondern den Überschuß in den Handel bringen. Die Zahl dieser Grundbesitzer wird gegenüber den übrigen Produzenten auf 10, höchstens 12% geschätzt.

Wenn selbst in Gerste der Export den oben bezeichneten Rückgang erlitten hat, so ist dies wiederum in erster Linie auf den steigenden Bedarf im Inlande, sonst aber darauf zurückzuführen, daß sich die Landwirtschaft Deutschlands, unseres wichtigsten Ausfuhrgebietes für Gerste, angesichts der Aussichten auf guten Absatz mit erhöhter Energie auf die Produktion dieser Frucht warf und seither die Gerste stets mehr selbst liefert. Die geschilderte ungünstige Wandlung der Sachlage und dieser Ausfall in Brotfrüchten müssen zwar den Beobachter betreffend Vergangenheit und Gegenwart mit Unzufriedenheit erfüllen, aber nicht unbedingt mit Besorgnis für die Zukunft. Das Wichtigste, der Boden, seine Eignung, das Klima, alles ist ja ungleich günstiger als in anderen Staaten vorhanden und kundiges Feldarbeitermaterial (die Monarchie als Gesamtheit genommen) mehr vorhanden als anderswo.

Wenn man die Gesamtziffer des Ertrages, also der Intensität des Betriebes für die verschiedenen Getreidegattungen in der Monarchie mit denen anderer Staaten vergleicht, stellen sie sich für den Hektar dem Jahresdurchschnitt nach in Zentnern wie folgt:

[1]) Entwicklung der autonomen Zollsätze für Roggen und Weizen (in Kronen).

| | 1878 | 1882 | 1887 | ab 1906 |
|---|---|---|---|---|
| Roggen | frei | 1,20 | 3,60 (Steigerung um 200%) | 5,80 (weitere Steigerung um 61%) |
| Weizen | frei | 1,20 | 3,60 (Steigerung um 200%) | 6,30 (weitere Steigerung um 75%) |

| | Weizen | Roggen | Gerste |
|---|---|---|---|
| **Österreich:** | | | |
| Durchschnitt 1903—1907 | 12,8 | 12,1 | 13,5 |
| 1908 | 14,1 | 13,8 | 13,6 |
| 1909 | 13,4 | 14,0 | 15,3 |
| 1910 | 12,9 | 13,4 | 13,4 |
| 1911 | 13,2 | 13,1 | 14,8 |
| 1912 | 15,0 | 14,6 | 16,0 |
| Durchschnitt 1908—1912 | 13,7 | 13,8 | 14,6 |
| **Ungarn:** | | | |
| Durchschnitt 1903—1907 | 12,2 | 11,1 | 12,6 |
| 1908 | 11,7 | 10,9 | 11,3 |
| 1909 | 9,6 | 11,2 | 13,2 |
| 1910 | 13,0 | 11,6 | 10,4 |
| 1911 | 14,0 | 11,6 | 14,2 |
| 1912 | 13,0 | 12,1 | 14,1 |
| Durchschnitt 1908—1912 | 12,6 | 11,5 | 12,6 |
| **Deutsches Reich:** | | | |
| Durchschnitt 1903—1907 | 19,8 | 16,1 | 19,0 |
| 1908 | 20,0 | 17,5 | 18,8 |
| 1909 | 20,5 | 18,5 | 21,2 |
| 1910 | 19,9 | 17,0 | 18,5 |
| 1911 | 20,6 | 17,7 | 19,9 |
| 1912 | 22,6 | 18,5 | 21,9 |
| Durchschnitt 1908—1912 | 20,7 | 17,8 | 20,1 |
| **Norwegen:** | | | |
| Durchschnitt 1903—1907 | 15,5 | 16,4 | 17,8 |
| 1908 | 17,8 | 17,9 | 19,3 |
| 1909 | 16,9 | 19,7 | 16,6 |
| 1910 | 15,9 | 17,3 | 18,5 |
| 1911 | 14,6 | 17,9 | 16,3 |
| 1912 | 17,9 | 17,7 | 10,7 |
| Durchschnitt 1908—1912 | 16,6 | 15,9 | 18,1 |

Es zeigt die Zusammenstellung, wie sehr Ungarn noch in der extensiven [1])

[1]) Interessant ist ein Vergleich des Verbrauchs z. B. an Kali für die Düngung in Österreich-Ungarn und Deutschland (nach den Angaben des Kalisyndikates):

auf 1 $km^2$ nutzbaren Bodens in kg

| | 1900 | 1910 | 1912 | 1913 |
|---|---|---|---|---|
| Österreich......... | 12,4 | 64,3 | 102,8 | 114,2 |
| Ungarn.......... | 0,5 | 6,1 | 17,1 | 18,8 |
| Deutschland...... | 334,4 | 1025,1 | 1321,9 | 1529,3 |

Wirtschaft befangen ist und wieweit es dadurch hinter Österreich, das eben zu einer intensiveren Wirtschaft gezwungen ist, zurückbleibt. Allerdings zeigt ein Vergleich der hohen Durchschnittsziffern Böhmens (aus dem guten Erntejahr 1912 mit 22 für Weizen, mit 19 für Roggen und 22,8 für Gerste), wie sehr das günstige Ergebnis dieses landwirtschaftlich hochstehenden Landes durch die unbefriedigende Wirtschaft anderer Kronländer Österreichs in den Durchschnittsziffern herabgedrückt wird.

So wiesen in Weizen sehr ungünstige Ziffern auf: Schlesien (11,5 Zentner), Steiermark (11), Dalmatien (9,6) und Krain (7,3); in Roggen Galizien (12,3), Schlesien (11,3), Steiermark (10), Dalmatien (8,8), Krain (6,2).

Bei einem Vergleich mit Deutschland müßte man sich z. B. betreffend Weizen dahin aussprechen, daß sich die Landwirtschaft Österreich-Ungarns hinsichtlich ihrer durchschnittlichen Intensität des Reichsganzen im Jahre 1912 (um nicht die ungünstigen Jahre 1913 und 1914 heranzuziehen) mit 13,6 q ungefähr dort befunden hat, wo sich Deutschlands Landwirtschaft im Jahre 1885, also vor 30 Jahren, befand.

Diese unleugbar arge Rückständigkeit wird begreiflicherweise riesige Anstrengungen zur Behebung fordern, aber sie kann doch ganz gewiß stark gemildert werden, wobei als die wichtigsten Mittel unzweifelhaft die Volksaufklärung und die Verwertung moderner Agrarwissenschaft zu bezeichnen sind. Die österreichischen Landwirtschaftsgesellschaften sind sich auch vollkommen über die Wege klar, und es sei zu ihrer Ehre gesagt, daß sie die Gestaltung des Instituts der landwirtschaftlichen Wanderlehrer und die Veranstaltung von mehrwöchentlichen Kursen für bereits in der Praxis Stehende als dringend notwendig bezeichnen. Die unbefriedigende Gestaltung unserer Handelsbilanz, noch mehr aber die Lehren des großen Krieges und die Wichtigkeit, die eine intensiv arbeitende und daher leistungsfähige Landwirtschaft für einen kriegführenden kontinentalen Staat, besonders bei Abschneidung der Zufuhren vom Auslande besitzt, müssen wohl endlich die Regierung zu entscheidenden Reformen auf diesem Gebiete veranlassen. Hiermit ist natürlich nicht die Fortsetzung der Politik der Prohibition gemeint, sondern die Aufschließung des Landes für tunlichst intensiven Betrieb.

Welche Riesensummen der Erfolg einer derartigen Reform des Betriebes der Landwirtschaft für die Monarchie in den Ertrag brächte, zeigt die folgende Tabelle, bei welcher nicht etwa die Durchschnittserträge Deutschlands oder gar Hollands oder Belgiens (die letzteren besitzen eine zu wenig umfangreiche Landwirtschaft) als Ideal angenommen sind, sondern mehr ein Mittelgebiet wie Norwegen, das wegen des nordischen Klimas von der Natur gewiß nicht als bevorzugt gelten kann, aber dafür eine gediegene Volksbildung und weit vorgeschrittene moderne Schulung der Landwirte besitzt.

## Die mögliche Vermehrung des Ernteertrages in Österreich-Ungarn.

| Getreideart | Durchschnitts-Anbaufläche in ha 1902—1911 | Öst.-Ungarns tatsächlicher (1902—1911) | Norwegischer | Durchschnitts-Ernteertrag in q 1903—1912 | | Differenz der tatsächlichen und der angenommenen Durchschnittsernte und anzustrebender Mehrertrag in q | Durchschnittswert in Kronen für 100 kg | Gesamtdurchschnittswert d. mögl. Mehrertrages in K |
|---|---|---|---|---|---|---|---|---|
| | | Ernteertrag pro ha in q | | Tatsächlicher | Nach den Ergebnissen Norwegens angenommener | | | |
| Weizen . . . | 4 840 706 | 12,8 (in Österr. 13,3) | 16,0 | 60 322 606 | 77 451 296 | 17 128 690 | 19,2 | 328 870 848 |
| Roggen . . | 3 064 345 | 12,1 (in Österr. 12,9) | 16,2 | 37 770 853 | 49 642 389 | 11 871 536 | 14,6 | 173 324 426 |
| Gerste . . . | 2 329 958 | 13,3 (in Österr. 14) | 17,9 | 30 979 035 | 35 847 758 | 4 868 723 | 12,7 | 61 832 782 |
| Hafer . . . . | 3 017 005 | 11,5 | 15,3 | 34 695 558 | 46 160 177 | 11 464 619 | 13,3 | 152 479 433 |
| Mais . . . . | 3 263 540 | 13,5 | 16,5 [1]) | 53 824 045 | 55 148 953 | 7 189 534 | 14,7 | 105 686 150 |
| | | | | | | | Zusammen Kronen | 822 193 639 |

Wenn es uns also gelänge, im Durchschnitt wenigstens so intensiv zu arbeiten wie Norwegen, so würde dies bei Zugrundelegung von sehr mäßig angesetzten Werten für die fünf in Betracht kommenden Körnerfrüchte (Weizen, Roggen, Gerste, Hafer, Mais) bei Annahme derselben Anbaufläche, wie sie von 1902 bis 1911 in Verwendung stand, einen Mehrertrag von über 800 Millionen Kronen im Jahr ergeben.

Begreiflicherweise würde schon die Hälfte einen glänzenden Erfolg bedeuten, während die Ziffern geradezu ins Gigantische gehen müßten, wenn man sich bei der zur Verfügung stehenden Anbaufläche wünschen wollte, daß Österreichs Landwirtschaft einmal dieselbe

[1]) Auf den ungefähren Ertrag von 16,5 q wie in den meisten Getreidearten Norwegens erhöht.

Intensität erziele, wie dies bei Deutschland im Jahre 1912 der Fall war.

Dann könnte Österreich-Ungarn hoffen, soweit dies die Steigerung des Eigenkonsums zulassen wird, wieder in größerer Menge Getreide an Deutschland zu liefern, das 1913 bei einer Ernte von 46 Millionen q in Weizen und von 120 Millionen in Roggen in diesen beiden Brotfrüchten zwar für 220 Millionen Mark exportierte, aber gleichzeitig für 460 Millionen Mark einführte, also hier mit einer Unterbilanz von 240 Millionen Mark an Importbedürfnis abschloß. —

Wein und Obst.

Der Weinbau an der österreichischen Donau ist uralt. Als wichtigste österreichische Provenienzen seien die niederösterreichischen (Gumpoldkirchner), steirischen, tirolischen und dalmatinischen genannt, von den ungarischen Weinen der Tokayer, Villanyer, die Plattenseer und Siebenbürger Weine. Die Reblaus hat zwar der Weinproduktion außerordentlichen Schaden zugefügt, den Ertrag auf ungefähr ein Drittel verringert, aber dafür die Modernisierung und Egalisierung des Weinbaues wesentlich gefördert [1]). Auf dem Gebiete der Obstzucht wird trotz der teilweise überaus günstigen Vorbedingungen und glänzenden Erfolge die Qualitätsproduktion gegenüber der Massenproduktion noch immer zu wenig gefördert.

Viehzucht.

Im Gegensatz zum Ackerbau gibt der Stand der Viehzucht in Österreich-Ungarn namentlich im Gegensatz zu Deutschland nach der Entwicklung der letzten Jahre tatsächlich Anlaß zu einer gewissen Besorgnis.

Bestand an Rindern und Schweinen

| in Österreich-Ungarn | | | in Deutschland | | |
|---|---|---|---|---|---|
| 31. Dez. | Rinder | Schweine | 1. Dez. | Rinder | Schweine |
| 1890 | 8 643 936 | 3 549 700 | 1892 | 17 555 834 | 12 174 442 |
| 1900 | 9 511 170 | 4 682 654 | 1900 | 18 939 692 | 16 807 614 |
| 1910 | 9 160 609 | 6 432 080 | 1912 | 20 158 738 | 21 885 073 |

Der Bestand an Rindern Österreich-Ungarns ging zurück [2]), der Deutschlands, obwohl er schon 1900 doppelt so groß war, wie der

[1]) Der Ertrag des Weinbaus schwankt in den einzelnen Jahren außerordentlich, doch ist der Österreichs in der Regel größer als der Ungarns. Er betrug (1912) in Österreich 4,0, in Ungarn 2,7, in Kroatien 0,5 Millionen hl.

[2]) Es verlautet allerdings, daß der Rindviehstand in der Zeit von 1900 bis 1914 infolge der hohen Fleischpreise gestiegen sei.

der Monarchie, wuchs um weitere 1 120 000 Stück. Der Bestand an Schweinen nimmt auf der ersteren Seite um 1,7, auf der zweiten um 5 Millionen Stück zu.

Angesichts dieses Zuwachses braucht Deutschland wegen der Versorgung mit Fleisch während des Krieges keineswegs beunruhigt zu sein.

Gewiß bietet die Zunahme der Schweineproduktion in Österreich um 1 749 432 (dagegen Rückgang in Ungarn und den Reichslanden) bis zu einem gewissen Grade einen Ausgleich gegenüber dem Rückgange an Rindern. Dem ist aber gegenüberzuhalten, daß dem Schweinefleisch als Konsumartikel nicht jene Bedeutung zukommt, wie dem Rindfleisch, ferner daß das Rind auch noch für die Milchversorgung, als Zugtier und wegen der Nebenprodukte, insbesondere auch wegen des Düngers in ganz anderem Maße in Betracht kommt.

Der Ernst der Sachlage betreffend die österreichisch-ungarische Viehzucht [1]) springt noch viel mehr in die Augen bei Betrachtung der Ein- und Ausfuhr.

Vieheinfuhr und

Einfuhr in Stück.

| Jahr | Rinder zum Schlachten | | Schweine | Schafe | Pferde | Fleisch, frisches |
|---|---|---|---|---|---|---|
| | Stück | Wert in Mill. Kronen | Menge in Stück | | | q |
| 1900 | 74 036 | 13 | 84 109 | 23 299 | 3579 | 35 021 |
| 1903 | 94 308 | 19 | 145 262 | 21 625 | 3057 | 38 128 |
| 1905 | 88 060 | 21 | 171 727 | 18 731 | 3844 | 29 045 |
| 1906 | 18 877 | 5 | 81 352 | 13 286 | — | — |
| 1908 | 3 636 | 1 | 6 855 | 7 148 | 4502 | 1 026 |
| 1911 | 5 951 | 5 | 5 832 | 7 934 | 6929 | 65 855 |
| 1913 | 23 457 | 11 | 2 439 | 12 636 | 5045 | 12 202 |

[1]) In Österreich waren die schlechten Futtermittelernten vor dem Jahre 1910 besonders abträglich.

In Ungarn führt man als günstiges Moment an, daß man mit Erfolg das typische ungarische Steppenvieh durch Pflege des sich rascher entwickelnden rotbunten Gebirgsviehs zu ersetzen trachtet. Auch habe sich das Lebendgewicht der Rinder, Schafe und Schweine nach den vorliegenden Schätzungen um fast 28% seit 1896 vermehrt.

Während im Jahre 1903 gegen 300 000 Stück Rinder für über 110 Millionen Kronen ausgeführt wurden, macht sich nunmehr angesichts des wachsenden Verbrauches im Inland und der schwachen Entwicklung der Viehproduktion eine rückläufige Tendenz der Ausfuhr auf 55 000 Stück zum allerdings erhöhten Preis von 30 Millionen Kronen geltend. Die Monarchie ist aber gar nicht weit davon, ihr verfügbares Rindermaterial zur Gänze selbst zu verzehren. Wie es besonders mit dem Bestande des Rindviehs nach dem Kriege aussehen wird, wo die Fleischnahrung des Millionenheeres einen ganz außerordentlich forcierten Mehrverbrauch mit sich brachte, außerdem der Viehstand Galiziens vernichtet wurde, läßt sich kaum absehen.

Überraschenderweise ergibt sich hinsichtlich der Pferde ein Zuwachs. Der Grund ist, daß trotz steigenden Genusses von Pferdefleisch bei der ärmeren Bevölkerung eben nur der Abfall an Pferden von der Bevölkerung konsumiert wird, ferner weil die Militärbehörde einen weitgehenden Einfluß auf die Pflege und Entwicklung der Pferdezucht nimmt.

Viehausfuhr Österreich-Ungarns.

Ausfuhr in Stück.

| Rinder zum Schlachten | | Schweine | Schafe | Pferde | Fleisch, frisches |
|---|---|---|---|---|---|
| Stück | Wert in Mill. Kronen | Menge in Stück | | | q |
| 156 320 | 61 | 7 290 | 44 400 | 66 152 | 14 040 |
| 277 219 | 111 | 6 373 | 92 249 | 62 106 | 19 256 |
| 200 947 | 87 | 1 785 | 46 432 | 69 243 | 30 136 |
| 126 644 | 65 | 851 | 36 683 | — | — |
| 168 754 | 59 | 21 789 | 101 892 | 50 109 | 12 823 |
| 18 456 | 11 | 1 254 | 9 408 | 40 483 | 11 830 |
| 55 298 | 30 | 2 126 | 39 920 | 19 158 | 10 803 |

Die Schafe sind zwar in Österreich an Zahl neuerlich gefallen, in der Monarchie aber von 10,7 Millionen auf 10,9 gestiegen.

Forscht man nach den Gründen der unbefriedigenden Entwicklung des Hauptbestandteiles der Viehzucht, der Rindviehzucht, ist den durch die Zollpolitik herbeigeführten hohen Preisen von Viehfutter die Hauptschuld zuzuschreiben. Was dem „Köndlbauer“ lieb ist, taugt eben nicht für den „Hörndlbauer". Der Großbetrieb gewinnt, der mittlere und kleinere Betrieb, der sich früher der Haltung von einigen Stück Vieh widmen konnte, verliert, weil die eigene Produktion an Futter nicht ausreicht, das Zukaufen von Futtermitteln aber wegen der hohen Preise die Viehaufzucht als zu wenig erträglich erscheinen läßt. Dabei werden nach wie vor die an sich sehr wertvollen Dienste der kundigen Wartung des Viehes gar nicht berechnet.

Die Viehmastung lohnt sich überwiegend nur mehr auf industrieller Basis, nämlich im Anschluß an große Zuckerfabriken, Brauereien und Brennereien, wobei die Verwertung der Nebenprodukte dieser Betriebe und die Düngergewinnung zumeist die Hauptrolle spielen.

Zu den Schwierigkeiten kommt eine fast ungehinderte Abmelkwirtschaft bei außerordentlich lebhafter Vorliebe für Kalbfleisch (dem Material des „Wiener Schnitzels"), ferner die Vernachlässigung der Weidewirtschaft in den Alpen wegen Leutemangels [1]) und der Ausdehnung der Jagdgründe.

Sehr zu bedauern ist, daß trotz des Rückganges der Exportfähigkeit der heimischen Rinderproduktion in den Handelsverträgen der letzten Ära zugunsten dieses Exportes Opfer auf Kosten der Industrie gebracht wurden, ferner daß die rücksichtslose, unvernünftige Absperrungspolitik besonders gegenüber Serbien eine Verschärfung statt eine Erleichterung erfuhr. Auch zu jenen anderen Auskunftsmitteln des Schutzes des heimischen Viehstandes, der Einfuhr von gefrorenem Fleisch wenigstens für den Bedarf der ärmeren Volksschichten, konnte man sich nicht entschließen. Die heimischen Agrarier haben sich bei ihrem Widerstande auf das Beispiel Deutschlands ausgeredet, das aber über einen reicheren und stetig zunehmenden Viehstand verfügt [2]).

Häute. Bei dem großen Verbrauch an Rindern und Kälbern ergab sich in Rindshäuten und Kalbfellen 1913 ein Export von je rund 30 Millionen Kronen, in Schaf-, Lämmer-, Ziegen- und Zickelfellen von 16 Millionen Kronen.

Eier. Einen wichtigen agrarischen Exportartikel der Monarchie bilden

[1]) Den Knechten und Mägden ist der Aufenthalt auf der Höhe meist zu einsam und zu hart, die Arbeit des Heutragens in die Schennen und des Zutalführens im Winter (mit Schlitten) zu schwer geworden.

[2]) Sie stützt sich erfolgreich auf die Einfuhr von russischer Futtergerste, die eine Zollermäßigung von 7 und 4 M. auf 1,30 M. genießt.

Eier, von denen Österreich in den Jahren 1912 und 1913 je für rund 140 Millionen Kronen ausführte, die weitgehend aus Galizien stammten. Allerdings wurden durch den österreichischen Zwischenhandel Mengen im Wert von fast der Hälfte aus Rußland eingeführt.

Ein Vergleich der Besitzverhältnisse der Waldungen in Österreich Ende 1910 mit denen Deutschlands Ende 1900 stellt sich in den bezüglichen Ziffern wie folgt: Waldwirtschaft.

Waldbestände in Österreich-Ungarn und Deutschland.

| Länder | Gesamtfläche in ha | Gesamte Waldfläche in ha | Anteil an der Gesamtfläche | Staatsforste in ha | Anteil an der Gesamt-Waldfläche |
|---|---|---|---|---|---|
| Österreich | 30 000 518 | 9 768 290 | 32,6% | 726 448 | 7,4% |
| Ungarn | 32 541 100 | 8 948 875 | 27,5% | 1 313 242 | 14,7% |
| Österr.-Ung. | 62 541 518 | 18 717 165 | 30 % | 2 039 690 | 12 % |
| Deutschland | 54 085 760 | 13 995 869 | 25,9% | 4 430 090 | 31,6% |

Es ist hier demnach die Donaumonarchie noch günstiger gestellt als Deutschland, das über 13,9 Millionen ha Waldgebiet verfügt, während Österreich-Ungarn samt den Reichslanden 21½ Millionen ha besitzt. Während Ungarn ungefähr dieselbe Verhältnisziffer an Waldland aufweist wie Deutschland, verschiebt der große Waldreichtum Österreichs, noch mehr aber der der Reichslande diese Prozentziffer zugunsten der Gesamtmonarchie.

Abgesehen von der Menge des vorhandenen Materials, der entsprechenden Nutzung und Ausfuhrmöglichkeiten, besitzt aber dieses Nationalvermögen in Holz auch von dem Gesichtspunkte erhöhte Bedeutung, weil der Wert des Holzes abgesehen von den Schwankungen in den Jahren 1907 und 1909 stetig steigt. Bei den Nachrichten über die traurigen Verwüstungen, die das amerikanische Spekulantentum, in den einst riesigen Waldungen Nordamerikas angerichtet hat, bei dem vielleicht allzusehr forcierten Exporte der nordischen Länder (die jetzt zusammen noch um 50% mehr zur Ausfuhr bringen, als die Monarchie) wird diese Tendenz voraussichtlich in weiterer Zukunft noch mehr zunehmen[1]). Der steigende Holzpreis hilft den Bauernwirtschaften der Alpen maßgebend über die Erschwerungen der Viehzucht und die Schmälerung ihres Ertrages durch die hohen Getreidepreise hinweg.

[1]) Bekanntlich verbietet Kanada die Ausfuhr von unbearbeitetem Holz, um seinen Waldbestand auf diese Weise einerseits zu schützen, anderseits den Holzbearbeitungslohn der eigenen Bevölkerung zu erhalten.

Die aus der Waldwirtschaft sich ergebende Holzindustrie besitzt vom volkswirtschaftlichen Standpunkt noch insbesondere deshalb Bedeutung, weil sie sehr häufig ganz abgelegenen Gebieten, die sonst keine oder sehr schlechte Einnahmequellen hätten, Verdienst bringt, noch dazu zu Jahreszeiten, wo andere Erwerbsmöglichkeiten stocken.

In Österreich überwiegt bei weitem das weiche Holz (es wird zumeist Fichten- und Tannenholz gewonnen), während Ungarn vorwiegend hartes Holz besitzt, darunter große Eichenbestände, die sich besonders in Slavonien durch Qualität, Alter und Menge auszeichnen. Bosnien ist nächst Finnland das waldreichste Gebiet Europas, wo sich ähnlich wie in den nordöstlichen Karpathen noch Urwälder, namentlich an Buchen, befinden.

Der jährliche Holzzuwachs der Monarchie wird auf 60 Millionen Festmeter geschätzt, von denen die kleinere Hälfte Nutzholz, die größere Brennholz ist.

Von diesen Mengen wird natürlich nur das Nutzholz zur Ausfuhr verwendet, und zwar zu ungefähr 30% der jährlichen Produktion.

Diese Ausfuhr stellt sich für die letzten Jahre wie folgt:

Österreich-Ungarns Ausfuhr von Holz[1]) (ohne Brennholz).

| Jahr | Menge in 1000 q | Wert in Millionen Kronen |
|---|---|---|
| 1905 | 39 033 | 247 |
| 1907 | 41 999 | 276 |
| 1909 | 37 701 | 227 |
| 1913 | 38 432 | 259 |

Damit ist Holz nächst Zucker eines der wichtigsten Ausfuhrprodukte der Monarchie geworden. Entsprechend den Mengen des Urproduktes wären auch die Aussichten für die Entwicklung der mannigfaltigen holzverarbeitenden Industrien außerordentlich günstige.

Die staatlichen Forstverwaltungen in Österreich und in Ungarn, die in der ganzen Welt als mustergültiger Zweig der Verwaltung gelten, sind eifrig bestrebt, das ihrige zur Hebung der Waldwirtschaft beizutragen, wie auch zum Beispiel die Arbeiten zur Beforstung des von den Venezianern im Mittelalter für ihren Flottenbau verwüsteten

[1]) Nach M. von Engel, Österreich-Ungarns Holzhandel und Holzexport. 1913. Von den angegebenen Ziffern fallen rund 82% auf Österreich, 18% auf Ungarn.

Karstes günstig fortschreiten. Mit dem steigenden Werte des Nationalvermögens der Monarchie an Wald und der fortschreitenden Aufklärung wird die Strenge der Forstaufsicht berechtigterweise zunehmen und steigende Unterstützung bei den Interessenten selbst finden.

Unter diesen Umständen ist, da die Monarchie außer den regelrecht bewirtschafteten Forsten, große der Erschließung noch harrende Waldgebiete besitzt, anzunehmen, daß Österreich-Ungarn seine maßgebende Stellung als Holzproduzent mindestens für das nächste Vierteljahrhundert als gesichert betrachten kann.

Im Zusammenhang mit der Forstwirtschaft sei kurz die Jagd erwähnt, die insgesamt ein reiches Ergebnis liefert. Der Auhirsch der Donauniederungen, die Gemse und der Auerhan des Hochgebirges, sowie der Bär in den Karpathen verdienen als Besonderheiten Hervorhebung. Leider führt der teilweise leidenschaftliche Jagdbetrieb, besonders in den Alpen, zur fortschreitenden Bauernlegung, da nur in Tirol und Kärnten energische Maßnahmen gegen diese volksfeindliche Ausartung des Sportbetriebes bestehen. Jagd.

Der modernen Technik ist es vorbehalten, einen wichtigen anderen Teil des Nationalvermögens zur Verwertung zu bringen, über das die Monarchie in reichem Maße verfügt: die Wasserkräfte. Wasserkräfte.

Wohl kann sich hier die Monarchie nicht mit den Riesenkräften messen, über die z. B. der Viktoriafall des Sambesi-Flusses allein mit seinen 35 Millionen HP verfügt. Auch die Vereinigten Staaten stehen mit ihrem riesigen Kräftereichtum (der Niagarafall weist allein 3 Millionen verwertbare HP auf) gewissermaßen außerhalb der Konkurrenz. Auch Norwegen und Schweden mit Schätzungen, die zwischen 9 bis 14 Millionen HP schwanken, sind hinsichtlich der Wasserkräfte außerordentlich reichlich bedacht.

Aber die Monarchie kann gewiß mit der Gleichstellung mit Frankreich und Italien, auf Grund von ungefähr 5 Millionen Turbinen HP, zufrieden sein. Engelmann[1]) schätzt die Wasserkräfte Österreichs allein auf maximal 4 Millionen HP. Ing. Riehl nimmt diese Ziffer sogar nur für die österreichischen Alpenländer in Anspruch, während allerdings Dr.-Ing. Conrad den ausbauwürdigen Großwasserkräften der österreichischen Alpenländer nur eine Höchstleistung von 1,87 bis

[1]) Wassertag Salzburg, März 1909.

2 Millionen zuerkennt. Hinzukämen in Österreich noch die Wasserkräfte im Süden, besonders in Dalmatien, wo sich das größte österreichische Werk mit 40 000 HP bereits im Betriebe befindet, ferner jene in den Sudeten und schließlich die Wasserkräfte Ungarns, die nach dem Motivenberichte zum Wasserrechtsgesetze in Ungarn mit rund 1 700 000 HP veranschlagt werden [1]).

Von den österreichischen Wasserkräften sind bisher nur 350 000 HP ausgebaut, so daß selbst nach den bescheidensten Schätzungen ein ganz außerordentliches Maß von Wasserkräften zu erschließen übrig bleibt. Wenn die Technik von Niederdruckanlagen an großen Strömen weiter fortschreitet, könnten hierdurch noch weitere Wasserkräfte großen Stiles erschlossen werden.

In den letzten Jahren hat sich dem Besitzstande der Monarchie an Wasserkräften steigendes Interesse zugewandt, was auch daraus hervorgeht, daß die Eisenbahnverwaltung im Jahre 1906 einen Wasserkataster anlegen ließ.

Erfreulicherweise scheinen endlich bei der österreichischen Regierung die Bestrebungen zur Reform des Wasserrechtes in Österreich besser in Zug zu kommen, die außer der Enteignung wegen agrarischer Meliorationen (wie bisher) auch die Rücksichtnahme auf industrielle und Verkehrsanlagen als maßgebenden Grund fordern. Nach Abschluß dieser Reform in fortschrittlichem Geiste müßte es endlich auch zur Erlassung des Elektrizitätswegerechtes kommen, dessen bisheriger Mangel ebenfalls die Verwertung des reichen Besitzes an Wasserkräften und damit die Entwicklung der Industrie grundlos erschwert und gehemmt hat.

---

## Die Industrie.

Die örtliche Lage der Industrie.

Die Konzentrierung des Großbedarfes, der Verkehrsmittel, sowie das zahlreich vorhandene hochwertige Arbeitermaterial haben vor allem Wien und Budapest, ferner die übrigen Landeshauptstädte, wie Prag, Brünn, Triest, Graz, Zagreb (Agram), zu industriellen Zentren ausge-

[1]) Volkswirtschaftliche Mitteilungen aus Ungarn 1913, 1. Heft.

staltet. Als hochindustrielles Gebiet ragt aber weiter das Elbegebiet mit seiner billigen Zufuhr von Rohprodukten und der erleichterten Ausfuhr nach Hamburg hervor, zu dem dann die betriebreichen Erzgebirggegenden (Eger, Asch, Weipert, Karlsbad usw.), die der Sudeten mit Reichenberg als Zentrum, ferner das sich unmittelbar anschließende Schlesien und endlich Nordmähren gehören. In Ungarn verdienen die Industriezentren von Temesvar und Preßburg, Fiume und Raab (Györ), sowie das Waagtal besondere Hervorhebung.

In allen diesen Zentren und Gebieten haben meist uralte und spezifische Industrien ihren Sitz.

Nun hat aber durch die Ausgestaltung der Industrien und die Erweiterung der Betriebe, die in den Städten immer schwerer Platz fanden, in den letzten Jahrzehnten eine Abwanderung besonders aus Wien auf das flache Land eingesetzt, die in vielen Branchen zu einer weitgehenden Dezentralisation geführt hat. Dies wirkt vom Standpunkte der Arbeiterausbildung und der Schaffung genügend großer Reservoirs an geschulten Kräften, die jederzeit die Ausnützung auch rasch und kurz auftretender Konjunkturen ermöglichen würden, für manche Branchen, so die Textilbranche, sehr nachteilig. Mit der im Laufe der Zeit eintretenden Verdichtung der Industrie auf dem flachen Lande wird natürlich dieser Übelstand allmählich an Wirkungsfähigkeit verlieren. In Deutschland ist dieses Übergangsstadium dank der weiter vorgeschrittenen Entwicklung der Industrie überwunden.

Wiens Mode und Konfektion, Kunstgewerbe und Textilzubehör, die Prager Maschinen- und seine Handschuhindustrie, die Brünner, Reichenberger, Bielitzer und Jägerndorfer Tuche, die Trautenauer und Rumburger Leinenindustrie, die Tiroler und Steirer Loden, das Karlsbader Porzellan und das Haidaer und Steinschönauer Glas, die Gablonzer Kurzwaren, Pilsener Bier usw., wie von den landwirtschaftlichen Produkten Tokayer Wein, Hanna-Gerste, Saazer Hopfen haben Weltruf gewonnen.

Wenn im Nachstehenden auf die Besprechung der einzelnen Industriezweige eingegangen wird, können selbstredend nur die wichtigeren und interessanteren herausgegriffen und auch da nur flüchtig behandelt werden. Naturgemäß wird mit der Besprechung der der Landwirtschaft näherstehenden Zweige begonnen.

Die Zuckerindustrie.

Die Zuckerindustrie in Österreich-Ungarn gehört zu jenen Großindustrien der Monarchie, welche auf dem Weltmarkt eine gewichtige Rolle spielen und, auch an internationalem Maßstabe gemessen, vollkommen auf der Höhe stehen.

Die Zuckerindustrie in Österreich ist aus einem landwirtschaftlichen Nebengewerbe zu einer selbständigen Großindustrie geworden. Sie hat aber ihren Zusammenhang mit der Landwirtschaft keineswegs verloren; neben ausgesprochenen landwirtschaftlichen Zuckerfabriken, deren Aktien vorzugsweise rübenbauenden Landwirten gehören, sind in Österreich auch die von Industriellen geleiteten oder unter dem Einfluß von Banken stehenden Rohzuckerfabriken sowie die gemischten Fabriken (solche, deren Rohzuckererzeugung einer Raffinierie angegliedert ist) durch ausgedehnte Ökonomien im landwirtschaftlichen Interessenkreise fest verankert; gleiches kann von den Unternehmungen der ungarischen Industrie gesagt werden.

Von den Landwirten wurden zwar gegen die Zuckerindustrie wiederholt schwere Anklagen wegen Bedrückung der landwirtschaftlichen Rübenproduzenten durch die sogenannte Rübenrayonierung (welche jeder Zuckerfabrik die zugehörigen Rübenbaudistrikte für ihre Bezugsverträge zuweist) und ähnliche Vereinbarungen erhoben. In den letzten Jahren hat sich aber das Verhältnis zwischen Rübenwirten und Zuckerfabriken wesentlich gebessert. Vor Beginn der Rübenkontrahierungen verhandeln gewöhnlich die Rübenorganisationen der Industrie mit denen der Landwirtschaft, was trotz mancher Reibungen, die sich dabei ergeben, allmählich doch zu einer wesentlichen Annäherung der Anschauungen geführt hat.

Die Landwirtschaft hat auch in der Tat der Zuckerindustrie, nicht nur wegen der Entwicklung des Rübenbaues, sondern auch wegen der Hebung der landwirtschaftlichen Kultur überhaupt sehr viel zu verdanken, da die Zuckerfabriksökonomien durch ihre auf Grund wissenschaftlicher Erkenntnisse und praktischer Beobachtungen eingerichteten Musterbetriebe auf die Landwirtschaft der Umgebung anregend und befruchtend wirkten.

An der österreichisch-ungarischen Zuckerindustrie sind neben Industriellen und Landwirten auch hervorragend Banken beteiligt, nachdem seit langem ein Teil des Zuckerhandels, namentlich im Ausfuhrgeschäft, durch ihre Hände gegangen war.

Hinsichtlich der Entwicklung der Zuckererzeugung in Österreich-Ungarn sei erwähnt, daß die Rübenverarbeitung in Österreich-Ungarn im Jahre 1854/55 2,8 Millionen q betrug, im Betriebsjahre 1890/91 auf 68,6 Millionen q stieg und in den letzten Jahren zwischen 100 und 127 Millionen q schwankte. Die heimische Zuckererzeugung deckte im Betriebsjahre 1854/55 nur ungefähr ein Drittel des rund eine halbe Million q betragenden Zuckerverbrauches. Für den übrigen Bedarf sorgte der aus den Kolonien eingeführte Rohrzucker, der meist in der Monarchie raffiniert wurde. Schon nach zehn Jahren wurde aber der auf das Doppelte steigende Verbrauch durch die heimische Rübenzuckerindustrie allein versorgt und der Produktionsüberschuß im Auslande abgesetzt. Obwohl sich der Verbrauch trotz steigender Belastung durch staatliche Abgaben weiter recht günstig entwickelte, nötigte das Emporschnellen der Erzeugung zu einem erhöhten Absatz im Auslande, wobei mit Rücksicht auf gleichartige Maßnahmen im Auslande die Unterstützung durch Ausfuhrprämien nicht entbehrt werden konnte. 1890/91 erreichte die Erzeugung in Österreich-Ungarn 7 Millionen q bei einem Inlandsverbrauch von nicht ganz 3 Millionen q.

Der Abschluß der Brüsseler Konvention (5. März 1902), ein glücklicher Wendepunkt im internationalen Betriebe der Zuckerindustrie, womit die Abschaffung aller direkten und indirekten Ausfuhrprämien verfügt wurde, zeitigte auch in Österreich überwiegend vorteilhafte Wirkungen. Die Befürchtungen, die man vielfach wegen ungünstiger Rückschläge auf die Rübenzuckerindustrie gehegt hatte, haben sich nicht als gerechtfertigt erwiesen, wenn auch die überseeische Rohrzuckerindustrie durch die Erhöhung des Weltmarktpreises, der nicht mehr durch prämiierten Zucker künstlich herabgedrückt wurde, einen außerordentlichen Aufschwung genommen hat [1]). Die Zuckererzeugung hat 1913/14 und 1914/15 in Österreich je 11,7 Millionen q betragen, während die bezüglichen Ziffern für Ungarn 5,2 und 4,5 Millionen q ausmachten. Die Ausfuhr erreichte im Jahre 1913/14 in Österreich

---

[1]) Während beim Abschluß der Brüsseler Konvention der wesentlich größere Teil der Weltzuckererzeugung auf die Rübenzuckerindustrie entfiel, hat seither die Rohrzuckererzeugung wieder derart zugenommen, daß von der Gesamterzeugung von 18,6 Millionen Tonnen im Betriebsjahre 1913/14 9,8 Millionen Tonnen auf Rohrzucker und nur 8,8 Millionen Tonnen auf Rübenzucker entfielen.

6 Millionen q, in Ungarn 3,5 Millionen q, der Verbrauch in Österreich 5,2 Millionen q und in Ungarn 1,6 Millionen q.

Eine Erschließung neuer Gegenden für den Rübenanbau ist in Österreich, von Galizien abgesehen, weder zu erwarten noch möglich, da das rübenfähige Land in Böhmen, Mähren, Schlesien und Niederösterreich so ziemlich überall dem Rübenbau bereits zugeführt ist. Da sich auch eine häufigere Einschaltung der Rübe in den Fruchtwechsel nicht gut einpaßt, wäre eine Steigerung der Zuckererzeugung nur möglich, wenn die Ertragsmenge der Rübe und der Zuckergehalt dieser Pflanze beträchtlich vermehrt werden könnte. Die Rübe ist aber heute in der Monarchie eine so hochgezüchtete Pflanze, daß die Steigerung ihrer Leistungsfähigkeit nur mit Mühe und Geduld und unter Anwendung der vollkommensten Züchtungsmethoden möglich ist, wobei sich Fortschritte nur mehr ganz allmählich und in bescheidenem Ausmaße einstellen.

Der Rübenertrag Österreichs auf den Hektar (1913/14 in Böhmen 300,2 q) sowie der Rohzuckerertrag aus den auf einem Hektar gebauten Rüben (1913/14 in Böhmen 50,4 q) kommt im Durchschnitt dem des Deutschen Reiches ungefähr gleich [1]. In Ungarn könnte die Rübenzuckererzeugung nach Mengenertrag und Zuckergehalt noch vergrößert werden. Ob allerdings eine Erhöhung der ungarischen Erzeugung wirtschaftlich gerechtfertigt wäre, ist eine Frage, die sich keineswegs leicht und einwandfrei beantworten läßt.

Die einschlägige industrielle Fachorganisation, der Zentralverein für die Rübenzuckerindustrie, ist eine der ältesten der Monarchie, deren Geschichte bis zum Jahre 1851 zurückreicht. Diese rein fachliche Vereinigung bildete den Ausgangspunkt für wirtschaftliche Vereine und Gründungen verschiedener Art, von denen besonders der Assekuranzverein und das Pensionsinstitut der Zuckerindustrie zu nennen sind. Neben diesen großen, die gesamte österreichisch-ungarische Industrie umfassenden Einrichtungen entwickelten sich lokale Verbände, von denen besonders der Landesverein ungarischer Zuckerindustrieller Bedeutung besitzt. Das Zusammenarbeiten der

[1]) Für Deutschland stellt sich 1913/14 der Rübenertrag auf 315,1 q, der Rohzuckerertrag auf 49,9 q; Mähren fällt dagegen mit 254,8 q, und 38,7 q etwas ab. Weit größer ist der Abstand der für Ungarn und Bosnien ermittelten Ziffern, welche sich auf 218,6 q und 30,3 q stellen.

Industriellen in diesen Körperschaften erleichterte zweifellos die Schaffung und Führung des österreichischen und des ungarischen Zuckerkartells, das vom engeren Standpunkte der in Rede stehenden Industrie sehr vorteilhaft arbeitete. Ein weit verzweigtes Netz von Vereinbarungen hinsichtlich des Rübenbezuges der Fabriken umspannt fast die ganzen Rübengebiete.

Beim Braugewerbe der Monarchie treten die einzelnen Stadien der Betriebsentwicklung in auffälliger Form hervor. Von der Hauserzeugung ausgehend, entwickelte sich dieses Gewerbe später im Kleinbetriebe, um endlich seine höchste Entfaltung in jenen großindustriellen Anlagen zu finden, deren hervorragende Erzeugnisse den Weltruf der österreichischen Brauindustrie begründet haben. Bier.

Die Bierbereitung läßt sich in Österreich schon in der Zeit nach der Völkerwanderung nachweisen, wo die deutsche (bajuwarische) Bevölkerung Steiermarks eine Art Gerstenbier braute, dem die bierähnlichen Produkte der Slaven in Böhmen und Mähren an die Seite zu stellen sind.

Damals stand auf dem flachen Lande das Selbstbereitungsrecht für Bier dem Haushalte jedes Landbesitzers, auch den Unfreien, ungehindert zu. Später ging das Braurecht auf die Grundherrschaft über, bei der der Bauer seinen Bierbedarf decken mußte.

In der Stadt lagen die Verhältnisse anders, da das Bierbrauen zu den Vorrechten der Bürgerschaft gehörte. Kein fremdes Bier durfte ohne Erlaubnis der Stadtobrigkeit eingeführt werden und auf Grund des den meisten Städten in Böhmen, Mähren und Schlesien verliehenen sogenannten Meilenrechtes im Umfang einer Meile von der Stadt kein Bier gebraut, kein Malz erzeugt und keine Schänke aufgemacht werden.

Die Braugerechtigkeit wurde in den Städten mit besonderen brauberechtigten Häusern verknüpft. Die Besitzer derartiger Häuser gingen später von dem häuslichen Betriebe ab und schossen häufig einen Fonds zur Errichtung eines gemeinsamen Brauhauses zusammen. So entstanden in vielen Städten, namentlich in Böhmen, Mähren und Schlesien, die sogenannten „bürgerlichen Brauhäuser". Aus solchen kleinen Anfängen ist auch das Bürgerliche Brauhaus in Pilsen hervorgegangen, wo aber statt der Aktien die brauberechtigten Häuser oder Hausanteile erworben werden müssen, wenn man an dem Unternehmen Anteil gewinnen will.

In Nieder- und Oberösterreich wie in den Alpenländern wirkte der Entwicklung des Braugewerbes die Weinproduktion und der starke Weinkonsum entgegen.

Eine einschneidende Änderung im Brauereibetriebe trat ein, als einige österreichische Brauer, darunter A. Dreher, auf Grund einer Studienreise nach England zum modernen Großbetrieb übergingen, luftige, lichte und weite Räume einrichteten, sowie die Dampfkraft, Fahrstühle, Elevatoren, verbesserte Mühlen und Tennen zur sorgfältigen Malzführung verwendeten. Es erfolgte allmählich die Ausgestaltung der Sudhäuser mit rationellen Rührwerken, die Einführung verbesserter Läuteranlagen, die Anwendung von Zentrifugalpumpen zur Förderung der Dickmaischen und Würzen, der Gebrauch moderner Kühlvorrichtungen, nicht zuletzt die Errungenschaft der Eis- und Kälteerzeugung im Betriebe des Gärkellers und die Heranziehung von planmäßig ausgewählten Heferassen.

So hat sich auch das Bürgerliche Brauhaus zu einem modernen Riesenbetrieb mit allen modernsten Errungenschaften der Technik entwickelt, der jährlich über 1 Million Hektoliter zum Ausstoß bringt.

Hinsichtlich der Menge der Produktion (die allerdings in den letzten Jahren etwas zurückging), reiht sich die Monarchie mit 25 Millionen Hektolitern im Jahre 1912 hinter Deutschland (76 Millionen Hektoliter) und Großbritannien (60 Millionen Hektoliter) ein. Auffällig ist das starke Überwiegen der Kleinbetriebe besonders in Böhmen und den Alpenländern, wo es nach der letzten Betriebszählung immer noch fast tausend Betriebe gab, die nur bis 20 Personen beschäftigten, eine Erscheinung, die ihre Erklärung in der eingangs geschilderten Entwicklung des Braugewerbes findet.

Von Großbetrieben seien außer dem Bürgerlichen Brauhause in Pilsen [1]) die Aktiengesellschaft der vereinigten Brauereien Schwechat, St. Marx, Simmering-Dreher, Mautner, Meichel mit einer Gesamterzeugung von 1½ Millionen Hektoliter angeführt.

In Ungarn bestehen mehrere Großbetriebe, von denen die bedeutendsten, die beiden Brauereien in Steinbruch, jede eine Erzeugung von rund 700000 hl aufweist. Der Bierausfuhr der Monarchie im

[1]) „Pilsener Bier“ ist ähnlich wie „Kognak“ aus einer Orts- zu einer Qualitätsbezeichnung für lichtes, leichtes Lagerbier geworden.

Jahre 1913 im Werte von rund 19 Millionen Kronen steht ein Einfuhrwert von 1,2 Millionen Kronen gegenüber.

Die ausgezeichnete Qualität der meisten heimischen Biere erklärt sich daraus, daß Malz und Hopfen im Inlande in den feinsten Marken gewonnen werden (s. u.), die es in der Welt überhaupt gibt.

Zur Vermeidung von ungesunder Kreditgewährung an Wirte, welche durch die gegenseitige Konkurrenz der Bierbrauereien in den großen Städten hervorgerufen wurde, bestehen Kundenschutzverbände, die den Verbandsbrauereien gewisse Entschädigungen sichern.

Neben der Brauindustrie verdient die mit ihr aufs innigste verknüpfte Malzindustrie besondere Erwähnung. Malz.

Dank der Bodenproduktivität, der tüchtigen kommerziellen und technischen Leitung der Betriebe dieser Branche steht die Malzfabrikation namentlich in Mähren, Böhmen und Niederösterreich auf höchster Stufe. Die vorzüglichen Gerstenqualitäten Mährens (Hanna und die Tiefebene des Marchgebietes), die Provenienzen Böhmens, ferner Ungarns haben den Malzprodukten der Monarchie einen Vorrang gegenüber den Provenienzen anderer Länder gesichert, der seinen Ausdruck in dem großen Export findet, welcher im Jahre 1913 einen Wert von 57 Millionen Kronen erreichte.

Es verlangt auch der berühmte böhmische (Saazer) und steirische Hopfen Erwähnung, an den sich als mittlere Qualitäten die Sorten Oberösterreichs (Mühl- und Hausruckviertel) und die Provenienzen aus Tirschitz in Mähren anschließen. In den hervorragenden Marken findet ein lebhafter Export statt, der im Jahre 1913 einen Wert von 39 Millionen Kronen repräsentierte. Hopfen.

Die Spiritusindustrie der Monarchie steht hinsichtlich ihrer technischen Leistungsfähigkeit auf der Höhe der Entwicklung, die sich in den verschiedenen Stadien [1]) ungefähr gleichzeitig mit dem Auslande vollzog. Spiritus.

---

[1]) Die Entwicklung ist, kurz geschildert, folgende: Erst Erzeugung von Wein- und Getreidespiritus, dann um die Mitte des XVIII. Jahrhunderts aus Kartoffeln; statt direkter Feuerung die Anwendung von Dämpfen, späterhin Anwendung rationeller Zerkleinerungs- und Maischapparte und hochgespannter Dämpfe zur Aufschließung des Materials, Ersatz der alten Brennblasen durch kontinuierlich arbeitende Destillierapparate, welche nach den neuesten Konstruktionen sogar die Gewinnung eines raffinierten Produktes

Die Landwirte erkannten bald, daß der Anbau der Kartoffel und ihre Verarbeitung auf Spiritus, diese Form der Industrialisierung der Landwirtschaft, den Ertrag wesentlich steigere, zumal gewisse, sonst weniger günstig verwertbare Böden für den Kartoffelbau Verwendung finden können.

Weiter stellt die beim Kartoffelbrennen als Rückstand resultierende Schlempe ein wertvolles Futtermittel dar, das die moderne Viehmästung in großem Stile gestattet. So stellt die Spiritusindustrie ähnlich wie die Zuckerindustrie ein Musterbeispiel glücklichen Zusammenwirkens von Landwirtschaft, Industrie und Wissenschaft dar.

In Erkenntnis der Bedeutung der Kartoffelbrennerei für Landwirtschaft und Viehzucht haben die Regierungen der Monarchie die Entwicklung des landwirtschaftlichen Brennereibetriebes nachdrücklich gefördert und durch Gewährung von Bonifikationen diese Betriebe gegen die unter wesentlich günstigeren Bedingungen arbeitenden industriellen Spiritusfabriken zu schützen gesucht [1]).

Im Gegensatz zu den landwirtschaftlichen Brennereien verarbeiten die industriellen Rohspiritusbetriebe außer Rübe und Melasse Getreide usw. (besonders Mais), die Preßhefefabriken Mais, Korn und

---

direkt aus der Maische gestatten, schließlich Verbesserungen durch wissenschaftliche Untersuchungen über den Gärungsprozeß, die Ernährungsverhältnisse der Hefe und durch Einführung der analytischen Untersuchungsmethode im Brennereilaboratorium; statt Führung des Betriebes auf rein empirischer jene auf wissenschaftlicher Basis.

[1]) So gelangten im Jahre 1913 an die landwirtschaftlichen Brennereien der österreichischen Reichshälfte Bonifikationen in der Höhe von 7,7 Millionen Kronen zur Auszahlung, deren Höhe bei den einzelnen Brennereien in umgekehrtem Verhältnis zum Umfang ihres Betriebes steht. (Die Vergütung beträgt K 6,— per hl bei einer durchschnittlich täglichen Erzeugung von 4—7 hl; K 8,— bei 2—4 hl und K 10,— bei einer Erzeugung bis zu 2 hl.)

Der Anspruch auf die Bonifikation ist jedoch neben einer gewissen Beschränkung im Betriebsumfang an die Bedingung geknüpft, daß die Brennerei die Stoffe zur Verarbeitung ausschließlich oder doch größtenteils aus der Ernte der eigenen Landwirtschaft zieht, dagegen die bei der Spirituserzeugung gewonnene Schlempe als Viehfutter oder wenigstens den Dünger, der von dem mittelst dieser Schlempe gefütterten Vieh herrührt, an diese Landwirtschaft abgibt.

Ähnliche, das landwirtschaftliche Brennereigewerbe fördernde Maßnahmen bestehen auch im Deutschen Reiche, das eine Ermäßigung der sogenannten Betriebsauflage vorsieht.

Gerste und in der letzten Zeit auch Melasse mit einem Zusatz stickstoffhaltiger Substanzen.

Schließlich wären außer den weindestillierenden und rübenbrennenden Unternehmungen noch jene kleineren Betriebe und Hausbrennereien zu erwähnen, welche aus zuckerhaltigen Früchten und Trestern Qualitätsbranntwein herstellen.

Je nach der Art und dem hauptsächlichsten Vorkommen der Rohstoffe, die zur Spiritusgewinnung dienen, sind die verschiedenen Brennereigattungen in der Monarchie verteilt. Die landwirtschaftlichen Kartoffelbrennereien finden sich wegen der ausgedehnten Kartoffelkulturen hauptsächlich in Galizien, Böhmen, Mähren, Schlesien und Oberungarn, die Maisbrennereien vorzugsweise in Südungarn, Melasse- und Rübenbrennereien in den Rübengegenden der Monarchie, d. i. in Böhmen, Mähren, Schlesien und Oberungarn.

Die Preßhefefabrikation hat ihren Sitz in der Nähe der großen Städte, ihren natürlichen Absatzgebieten.

Die Produktion der Monarchie steht mit einer Jahreserzeugung von rund 2,76 Millionen hl (1,57 Millionen hl Österreich, 1,19 Millionen hl Ungarn) an fünfter Stelle und wird in der Erzeugung nur von Rußland (7,6), den Vereinigten Staaten (5,6), Frankreich (4,1) und Deutschland (3,75) übertroffen.

Der durchschnittliche Branntweinkonsum, auf den Kopf der Bevölkerung in Litern gerechnet, beträgt in Österreich ungefähr 3,1 gegen 2,8 in Deutschland [1]).

Die Erzeugnisse der Monarchie erfreuen sich im Auslande besonderer Wertschätzung. Die Exportziffern des Jahres 1913 weisen eine Ausfuhr von 187 300 q aus [2]).

Begünstigt wird die Ausfuhr, abgesehen von der Steuerfreiheit,

---

[1]) Deutschlands Branntweinkonsum, der in den letzten 20 Jahren zwischen 3,8 bis 4,4 Liter per Kopf geschwankt hatte, ging im Steuerjahr 1910 um 1,4 Liter zurück, was auf Rechnung des neuen Steuergesetzes sowie der fortschreitenden Enthaltsamkeitsbewegung bei der aufgeklärten Arbeiterschaft zu setzen ist.

[2]) Hier ist die Schweiz allein mit fast 67 000 q beteiligt, ein Umstand, welcher bei den strengen Vorschriften, welche die eidgenössische Regierung bezüglich der Qualität des einzuführenden raffinierten Produktes erlassen hat, doppelt in die Wagschale fällt.

In zweiter Linie findet ein Import nach Deutschland (31 000 q) und nach den Balkanstaaten statt.

noch durch eine vom Staat gewährte Ausfuhrbonifikation (in der Betriebsperiode 1912/13 rund 2 Millionen Kronen)[1]).

Zur besseren Vertretung ihrer Interessen haben die bezüglich des Absatzes ihres Produktes auf die Raffinerien angewiesenen landwirtschaftlichen Brennereien sich in drei Verbänden mit den Sitzen in Prag, Lemberg und Czernowitz zusammengeschlossen.

Diesen Verbänden steht die im Jahre 1911 ins Leben gerufene Organisation der industriellen Brennereien und Raffinerien des westlichen Österreichs und der gewerblichen Spiritusfabriken Galiziens und der Bukowina (das Spirituskartell) gegenüber.

Die Mühlenindustrie.

Die moderne Mühlen-Großindustrie mit dem intensiven Verfahren der weitestgehenden Reinigung des Weizens und der möglichsten Trennung der Mehlprodukte (nämlich bis zu 83½ kg Mehl), nahm von Ungarn ihren Ausgang, wo 1836 in Sopron die erste Dampfmühle entstand und späterhin mit der Erfindung und Einstellung der Walzenstühle eine rasche Entwicklung einsetzte.

Die ungarische Mühlenindustrie übertrifft die österreichische an Leistungsfähigkeit, was eine naturgemäße Folge der agrarischen Produktion ist. Die letztere bringt es auch mit sich, daß die österreichischen Mühlen und besonders jene der Alpenländer und Böhmens ungleich mehr für die Vermahlung von Roggen, die ungarischen von Weizen und Mais eingerichtet sind. Die Mühlenindustrie in Ungarn ist besonders in Budapest, Arad, Temesvar und Esseg vertreten, während in Österreich neben einzelnen Großmühlen in Provinzstädten die Wiener und Prager Mühlen vor der übrigen einheimischen Konkurrenz in Betracht kommen. Mühlen wie die in Budapest zeichnen sich aber nicht nur wegen ihrer Größe, sondern auch wegen ihrer glänzenden modernen maschinellen Einrichtung aus[2]).

Als seinerzeitiger besonders fördernder Faktor für die ungarische Mühlenindustrie kommt der leider im Jahre 1906 aufgehobene Mahlverkehr in Betracht, der die ungarischen Mühlen instand gesetzt hatte, im Veredelungsverkehre von Getreide zu Mehl in größerem Maßstabe russisches und Balkangetreide heranzuziehen, die Anlagen zu ver-

---

[1]) In Deutschland wird neben Erstattung der Verkaufsabgabe eine Vergütung der Betriebsauflage bei Ausfuhr über die Zollgrenze gewährt.

[2]) Die neun großen Budapester Mühlen mit einem Stammkapital von fast 24 Millionen Kronen haben 1906 8½ Millionen q Weizen vermahlen.

größern und die eigene Produktion gleichzeitig zu verbilligen. Zwischen den österreichischen und ungarischen Produzentengruppen besteht ein Streit darüber, daß die ungarischen Mühlen als teilweisen Ersatz für den Verlust des Mahlverkehres in erhöhtem Maße den Absatz nach Österreich für sich in Anspruch nehmen und hierbei durch die im Ausgleichgesetze nominierte (an sich abnormale) Gleichstellung des Frachtsatzes von Getreide und Mehl weitgehend unterstützt werden.

Österreich-Ungarn steht in der Förderung von Stein- und Braunkohle nach den drei Hauptlieferanten der Weltproduktion (Amerika 450, England 264, Deutschland 255 Millionen Tonnen) an der Spitze der Lieferanten mittlerer Bedeutung, indem es 1912 mit 51 Millionen Frankreich, Rußland und Belgien übertraf. Bergwerksproduktion. Kohle.

Die Förderung an Braunkohle betrug im genannten Jahre 34 Millionen t, gegenüber 80 Millionen t in Deutschland, die an Steinkohle 17,1 Millionen t gegenüber 177 Millionen t in Deutschland. Bei Braunkohle besteht im Gegensatze zur Steinkohle der Vorteil, daß sie in zahlreichen Lagern über ganz Österreich verteilt ist.

Während Österreich nach Deutschland mit der Elbe Braunkohle ausführt (70 Millionen q), bezieht es dafür fast die doppelte Menge an Steinkohle[1]) von dorther. Wenn hinsichtlich der Ergiebigkeit vom mittelböhmischen Steinkohlenlager behauptet wird, daß es in 100 bis 150 Jahren erschöpft sein dürfte, ist dagegen die sonstige Förderung an Braun- und Steinkohle noch nicht einmal bei dem größtmöglichen Umfange angelangt. In Österreich und in Ungarn wird sehr über die den Verhältnissen längst nicht mehr entsprechenden Berggesetze geklagt, deren nachteilige Wirkung sich natürlich auf allen Gebieten der Bergwerksproduktion geltend macht.

Im Gegensatze z. B. zu Italien und Schweden, die bekanntlich keine Kohle besitzen, ist demnach die Monarchie mit Material zur Erzeugung aller Art von Kraft reichlich versehen, denn sie verfügt über Kohlenlager und Reservoirs an Wasserkraft.

Was Eisenerze anlangt, gehört die Monarchie zu den eisenerzreichsten Ländern der Welt. Der steirische und der Kladnoer Erzberg Eisenerze.

[1]) Österreich besitzt zwar in den Gruben von Mährisch-Ostrau genügend Gaskohle aber angesichts des großen Bedarfs zu wenig Kokskohle. Der Norden importiert das fehlende Quantum aus Deutschland (Ruhrgebiet), der Süden aus England.

sind Tagbaue von großem Umfang. Vom Standpunkte billiger moderner Verwertung besteht allerdings die Erschwerung, daß sich die zur Verhüttung notwendige Kohle in der Regel nicht, wie in Deutschland, in unmittelbarer Nähe des Eisenerzes vorfindet. Es hat daher das Eisenkartell im Zusammenhange mit den örtlichen Erzvorkommen den Betrieb auf die mit den modernsten Erfordernissen ausgestatteten Hochofenanlagen in Donawitz und Kladno konzentriert. In Witkowitz (Mähren) werden auf Grund des Kohlenvorkommens vorwiegend oberungarische und schwedische, in Servola bei Triest dagegen Eisenerze der verschiedenartigsten Herkunft (so spanische, algerische und griechische) unter gleichzeitiger Benutzung englischer Kohle verarbeitet.

Auch Ungarn (besonders in Reschitza) und Bosnien (Vares) sind reich an Eisenerzlagern.

Dabei besitzt die Monarchie Lager, die wegen günstigerer Vorkommen an anderen Plätzen derzeit noch nicht abbaufähig sind, eine reiche Reserve für die Zukunft.

Von sonstigen Erzen verdienen Quecksilber (Idria), Zink, Bleierze und Pechblende (Radium) hervorgehoben zu werden.

Petroleum. Befriedigt das Bild, das der Reichtum der Monarchie an Kohle und Erz bietet, muß dies in erhöhtem Maße von einigen Spezialprodukten gelten, über welche die Monarchie in Masse verfügt, so zunächst vom Petroleum. Freilich hätte Österreich aus diesem wertvollen Produkt noch ganz andere Vorteile ziehen können, wenn man schon 1853 auf den Chemiker Lukasiewicz gehört hätte, der für die Verwendbarkeit des Petroleums eingetreten war. Man machte sich aber infolge unzureichender Erforschung der Gruben, ungenügenden Interesses und mangelnden Kapitals nicht sofort an die Exploitierung, sondern überließ es Amerika, die damals bis 1878 währende günstigste Konjunktur auszunützen, wo hohe Preise und Riesengewinne zu erzielen waren [1]).

In der Gewinnung von Erdöl, das im internationalen Güteraustausch steigende Bedeutung gewinnt, steht die Monarchie mit Rumänien und Niederländisch-Indien hinter den über 60% der Weltförderung bestreitenden Vereinigten Staaten und Rußland an dritter Stelle.

[1]) Vgl. Dr. K. Hassack, Hervorragende österreichische Industrien, in den „Beiträgen zur Wirtschaftskunde Österreichs“.

Die Gewinnung von Erdöl im Karpathengebiete hat sich noch in den achtziger Jahren sehr langsam und bescheiden entwickelt.

Erst die Einführung des in Kanada gebräuchlichen Bohrsystems, ferner die Erschließung der Öldistrikte von Boryslaw und Tustanowice, sowie der Umstand, daß erst das deutsche und englische, dann allmählich das französische und belgische Kapital [1]) große Investitionen in der Petroleumindustrie vornahm, brachten die bedeutsame Entwicklung der Industrie mit sich.

Die galizische Produktion weist bis zum Jahre 1909 eine konstante Steigerung auf und wuchs [2]) von 6000 q im Jahre 1878 auf über 20 Millionen q im Jahre 1909 an. In den darauf folgenden Jahren trat jedoch ein Rückgang ein, der auf Rechnung der verminderten Ergiebigkeit in den Öldistrikten Boryslaw-Tustanowice zu setzen ist und nur einigermaßen durch die Wiederaufnahme der Arbeit in vielen Schächten, die seinerzeit als nicht lukrativ aufgegeben worden waren, gemildert wurde.

Die Ölgewinnung erfolgt dank der vervollkommneten Bohrtechnik meist im sogenannten dritten Horizont, in einer Tiefe von 1100 bis 1300 m, doch sind auch Bohrungen bis auf einen vierten Horizont vorgetrieben und Tiefen bis zu 1500 m erreicht worden. Die Produktion eines Schachtes schwankt zwischen 300 000 bis 2 Millionen Zentnern jährlich, doch kommen bei manchen Bohrlöchern Tagesproduktionen von 3000 bis 5000 Zentnern vor [3]).

---

[1]) Der Beteiligung des englischen und französischen Kapitals soll es mit zuzuschreiben sein, daß die Russen bei Besetzung der Öldistrikte Galiziens den Besitz der Angehörigen der ihnen verbündeten Länder respektiert und die Naphthagebiete und Raffinerien nur wenig beschädigt haben. Die Produktion war für die Russen während der Okkupation infolge der Mitnahme wichtiger Maschinenteile durch die Österreicher so gut wie unmöglich gemacht worden.

[2]) Nach der Statistik des Galizischen Landes-Petroleum-Vereins.

[3]) Die internationale Produktion hat gegenüber Galizien den Vorteil der weit geringeren Tiefe der Bohrungen, so Baku von nur 330—450 m, die pennsylvanischen von rund 600 m Tiefe, Rumänien von zumeist 250 m Tiefe, ausnahmeweise von 600 m. Die Bohrkosten stellen sich in Galizien je nach Tiefe des Bohrloches auf K 50,— bis K 150,— für den Meter, in Rußland allerdings auf 1000 Rubel (da wegen des Gesteinsnachfalles die Bohrlöcher mit einem Durchmesser von 14—19 Zoll vorgetrieben werden müssen), in Pennsylvanien wegen des weichen Gesteins auf K 25,— bis K 100,—. In Rumänien liegen die Bohrverhältnisse sonst ähnlich wie in Galizien.

Die Öle aus Ost- und Westgalizien ergänzen sich insofern in ihrer chemischen Zusammensetzung, als die ersteren neben viel Paraffin wenig Benzin und hochflammende Schmieröle enthalten, während die letzteren dagegen meist paraffinarm, dafür ungemein reich an Benzin und ziemlich asphalthältig sind. Sie liefern Schmieröle von niedrigem Flammpunkt.

Mit der Raffinade des Rohöles beschäftigten sich in der österreichischen Reichshälfte im Jahre 1912 75 Raffinerien mit einer Produktion für den Inlandskonsum von 1,8 Millionen und einer steuerfreien Erzeugung (für den Export) von 4,8 Millionen Zentnern.

Weiter gibt es in Ungarn und Bosnien etwa 15 Raffinerien.

Ursprünglich waren die österreichischen Raffinerien infolge ihrer auf allzu große Leistungsfähigkeit berechneten Anlagen gezwungen, beträchtliche Mengen Rohöl einzuführen (1895 1,2 Millionen Zentner); doch hatte mit der Steigerung der Inlandsproduktion die Verarbeitung ausländischer Rohöle bis zum Jahre 1909 fast zur Gänze aufgehört, um mit dem Rückgang der Rohölproduktion langsam wieder anzusteigen (im Jahre 1913 191 000 q).

Der Gesamtkonsum Österreich-Ungarns an Petroleum erreichte im Jahre 1913 rund 3,1 Millionen q. Der Verbrauch betrug daher im gleichen Jahre etwas über 6 kg für den Kopf, dem ein Petroleumverbrauch in Deutschland von etwas mehr als 17 kg für den Kopf gegenübersteht [1]).

Der Verkauf des Petroleums nach Nord- und Westeuropa liegt zumeist in den Händen der Aktiengesellschaft für österreichische und ungarische Mineralölprodukte (Olex) und ihrer Tochtergesellschaften in Deutschland, Holland, Schweiz und Belgien, die über große Reservoiranlagen in den Absatzgebieten verfügen.

Die Versorgung der Balkanländer erfolgt teils über die Donau, teils über Triest und Fiume [2]).

In der Petroleumgewinnung als einer ausgesprochenen Groß-

---

[1]) Es hängt dies mit der besseren Volksbildung und dem dadurch bedingten größeren Lichtbedürfnis der Bevölkerung auf dem flachen Lande in Deutschland zusammen (s. o. bei Konsum).

[2]) Der Export der Monarchie betrug im Jahre 1913 an raffiniertem Petroleum 2,8 Millionen q, an Schmierölen 1,5 Millionen q und an Benzin ca. ½ Million q. Davon nach Deutschland rund 1,8 Millionen q, 670 000 und 342 000 q.

industrie war von jeher die Tendenz zur Konzentration vorherrschend. Das österreichische Kartell ist aber im Jahre 1912, nicht zuletzt aus Gründen persönlicher Natur, in die Brüche gegangen. Dagegen kam es mit dem mächtigen amerikanischen Kartell, der Standard Oil Company, zum Kampfe um die Freiheit des österreichischen Produktionsgebietes.

Die Amerikaner trachteten das von ihnen bereits erfolgreich in China, Japan und Indien verwendete Tanksystem einzuführen, das darin besteht, das Petroleum durch Verteilungswagen — ähnlich wie dies z. B. bei der Milch geschieht — direkt an die Konsumenten abzusetzen und so den Zwischenhandel auszuschalten.

Erst tritt eine Verbilligung des Produktes ein. Sobald die Konkurrenz zum Anschluß gezwungen ist und auf Grund des Verkaufsmonopols auch ein Produktionsmonopol geschaffen wurde, steigen dann die Preise.

Als der Tankwagenbetrieb in Voraussicht dieser Taktik durch die politischen und kommunalen Behörden Österreichs verboten wurde und auch der faßweise Absatz an den Kleinhandel mißlang, dann aber von den Amerikanern noch andere Maßnahmen zur Erwerbung des maßgebenden Einflusses versucht wurden, schritt die österreichische Regierung energisch ein. Es wurde unter anderem verfügt, daß die Errichtung von Petroleumraffinerien nur auf Grund besonderer Konzessionen gestattet wird. Die Folge davon war, daß die amerikanische Unternehmung ihre Bemühungen aufgab, daß die ausländischen Raffinerien nach und nach vom Inlandsmarkte verschwanden und dadurch für die inländischen Raffinerien die normalen Absatzmöglichkeiten wiederhergestellt wurden.

Es ereignete sich somit der interessante Fall, daß das sonst den modernen Prinzipien der Gewerbepolitik wenig entsprechende Konzessionssystem — ein Überbleibsel der Prohibitivpolitik früherer Zeiten — sich als überaus wirksames Werkzeug gegen die Einmischung des nordamerikanischen Riesenkartells erwies.

Während Österreich durch den Reichtum an Petroleum und Benzin ausgezeichnet ist, wurden in Ungarn außerordentlich ergiebige Lager an Erdgas erbohrt. So in Kis Sarmas (tägliche Ergiebigkeit eines Bohrloches 864 000 m³ Gas), Mayarsaros, Baaßen und Kis Kapus. Um eine Verschwendung zu verhüten und die zweckentsprechende Erdgas.

Verwertung der angebohrten Lager für den geeigneten Zeitpunkt sicherzustellen, ließ die ungarische Regierung mehrere Schächte nach erfolgter Erschließung wieder sachgemäß vermauern.

Salz. Auch in Salz verfügt die Monarchie über außerordentlichen Reichtum, der schon den Römern bekannt war, und zwar in verschiedenen Teilen der Monarchie, so in Galizien (Bochnia, Wieliczka), in den Alpen (Hallstatt, Hallein, Hall) [1]), in Ungarn und in Bosnien. Der Wert der Produktion belief sich 1913 auf rund 80 Millionen Kronen.

Mineralien und Quellen. Von sonstigen in größeren Mengen vorhandenen Mineralien seien noch Kaolin, Magnesit und Graphit (allerdings minderer Qualität), von Steinen Marmor, Porphyr, Granit und Schiefer hervorgehoben.

Hierher gehören auch die Mineralquellen und Säuerlinge, an denen die Monarchie so reich ist und von denen Karlsbad, Marienbad, Franzensbad, die ungarischen Bäder von Pystian, Trencsin-Teplitz, Mehadias die bekanntesten sind und Weltruf genießen. Das Radium von Joachimsthal ist die neueste Spezialität.

Es liegt also nicht nur in der Landwirtschaft, sondern auch in diesen Belangen, vor allem in Kohle, Eisen, Petroleum, Salz usw., ein außerordentlicher Reichtum an Naturschätzen vor, der die Monarchie schon heute mit in die erste Reihe der bedeutenden Produktionsstätten des Weltverkehres stellt.

Wieviel harrt da noch der Erschließung!

Als eine zweite Gruppe von Industrien wären jene zu nennen, die vorwiegend bodenständiges Material verarbeiten, die Eisenindustrie, das Baugewerbe, die Holzindustrie, die Leder- und Papiererzeugung.

Eisen. Die Eisenindustrie hat sich aus kleinen Anfängen, die weit zurückreichen, zu einer der blühendsten und mächtigsten Industrien der Monarchie emporgearbeitet. Noch zu Beginn der zweiten Hälfte des 19. Jahrhunderts war ihre Produktion eine recht bescheidene. Die Fortschritte der Wissenschaft brachten auch ihr die ersten starken Impulse: das Bessemerverfahren ermöglichte die Überführung des Roheisens in schmiedbaren Eisenguß, das Thomasverfahren die Entphosphoreszierung des Roheisens, das Siemens-Martin-Verfahren

---

[1]) Schon der Name deutet auf den Zusammenhang mit dem lateinischen sal, Salz.

die Herstellung von Stahl durch Verschmelzung von Roheisen mit Schweißeisen. All dies stellte die Erzeugung auf zum Teil ganz neue Grundlagen und ergab früher ungeahnte Produktions- und Verwendungsmöglichkeiten.

Hierzu kommt infolge des Eingreifens starker Persönlichkeiten (Karl Wittgenstein) die Vereinigung in einer großangelegten österreichisch-ungarischen Kartellorganisation. Der erste Ansatz hierzu kam in den siebziger Jahren unter den führenden, größeren österreichischen Werken zustande, als die Eisenpreise durch übertriebene Konkurrenz tief gesunken waren und zu empfindlichen Verlusten geführt hatten. Aus dem ersten Zusammenschluß entwickelte sich dann, teils friedlich, teils unterbrochen durch heftige, aber kurze Konkurrenzkämpfe, jener enge Zusammenschluß, der heute eine glänzend geführte und daher die mächtigste Organisation der heimischen Industrie geworden ist.

Mögen freilich die konsumierenden Industrien über die ungenügende Berücksichtigung ihrer Interessen klagen; die Eisenproduzenten können von ihrem engeren Standpunkt auf die ganz ungeheuren Erfolge hinweisen, die sie der Regierung, dem Parlament und der Öffentlichkeit gegenüber dank ihrem Zielbewußtsein und ihren kommerziellen Fähigkeiten errungen haben. Das Eisenkartell ist ein Musterbeispiel dafür, daß eine Industrie, die sich unter großzügiger Leitung schlagfertig organisiert, die Regierung und das Parlament geradezu zu zwingen vermag, die Interessen dieser Industrie in besonderem Grade zu wahren. Angesichts dieses Beispieles wäre man versucht, zu sagen: Wie das Volk, so die Regierung, wie die Industrie, so ihr Einfluß und demgemäß die Industriepflege des Staates.

Auf der anderen Seite müssen selbst die Gegner des Kartells ihm zubilligen, daß es den hohen Zollschutz zur Konsolidierung der Eisen- und Schwerindustrie geschickt und umsichtig verwendet hat und sich alle Errungenschaften der modernen Technik und Organisation großzügig zunutze machte.

So entstanden große, einheitlich geleitete Werksbetriebe, mit allen hochmodernen Hilfsmitteln ausgestattet, erfolgte die Stillegung veraltet eingerichteter oder solcher Unternehmungen, deren Fortführung aus irgendwelchen anderen Gründen, z. B. wegen Mangels der nötigen Erz- und Kohlenlager, sich nicht länger rechtfertigen ließ. Fehlt auch der Mehrzahl der großen Werke der Monarchie der Vorteil, über

Erz- und Kohlenvorkommen in gegenseitiger Nähe zu verfügen [1]), und müssen auch die größten Werke zumeist das eine oder andere Hauptprodukt auf teurem Wege herbeiführen, so haben doch die großen Erzvorkommen in Steiermark und Böhmen, die reichen Kohlenlager in Böhmen und im mährisch-schlesischen Kohlengebiete die Entwicklung der großen Werke ermöglicht und mächtig gefördert. Auf diesen Grundlagen entwickelten sich Unternehmungen [2]) wie: die Österreichisch-Alpine Montangesellschaft, Prager Eisenindustriegesellschaft (Kladno), Wittkowitzer Bergbau- und Eisenhüttengewerkschaft (32 000 Arbeiter), Österreichische Berg- und Hüttenwerksgesellschaft (Trzynietz), Krainische Industriegesellschaft (Aßling und Servola) [3]), welche heute den Stock der österreichischen Eisenindustrie-Gesellschaften bilden, das Land in der Reihe der eisenerzeugenden Länder weit vorangebracht haben und so ziemlich durchweg mit modernsten elektrischen Anlagen versehen sind.

Auch in Ungarn entwickelte sich, unter zum Teil ähnlichen Bedingungen, diese Industrie allen anderen voran, und Werke wie die Rimamurany Salgotarjani Vasmü R. T. vas és acelgyar Ozd, die Werke der k. k. priv. Staatseisenbahngesellschaft, die Werke Diosgyör und Zolyombrezo, die dem ungarischen Staate gehören (der also indirekt

[1]) Das gilt übrigens auch von der preußisch-schlesischen Eisenindustrie, die an ihrem Sitze nur über reiches Vorkommen von Kohle verfügt, Eisenerz aber einführen muß. Da sie sich nicht nur mit der Roheisenerzeugung, sondern auch mit der mannigfachen Veredlung befaßt, blühen die Betriebe und ergeben sogar eine höhere Dividende als z. B. die westfälischen.

[2]) Ein Vergleich des Erträgnisses der wichtigeren Gesellschaften ergibt folgendes Bild:

| | | Ausgezahlte Dividende: | Gewinn vom Aktienkapital (Tantiemen und Dividenden): |
|---|---|---|---|
| Berg- und Hüttenwerke | 1912 | — | 18,8% |
| Rimanurany-Salgo-Tarjaner | 1912 | — | 22,6% |
| Alpine Montan | 1911 | 21% | 25 % |
| Alpine Montan | 1912 | 26% | 33 % |
| Prager Eisenindustrie | 1911/12 | 40% | 45 % |

[3]) Das Werk ist nahe von Triest am Meer gelegen und bekommt Eisen (aus Spanien und Algerien) und Kohle (aus England) auf dem Meerwege zugeführt (s. o.).

Mitglied des Eisenkartells ist), decken heute nicht nur reichlich den heimischen ungarischen Bedarf, sondern sind auch, wie die österreichischen Betriebe, in erheblichem Maße exportfähig [1]).

Auch die Eisenwerke Bosniens und der Herzegowina blühen auf: das Eisenwerk Vares, welches Roheisen und gußeiserne Rohre, das Eisenwerk Zenica, welches vorwiegend Stabeisen erzeugt.

Die inländische Industrie versorgt heute den ganzen heimischen Bedarf. Roheisen, Halbfabrikate wie Zaggeln, Ingots und dergleichen, Fertigfabrikate wie Stabeisen, Träger, Schienen, Bleche, Drahtstiften, Draht und Ähnliches [2]) werden in großen Mengen und in bester Qualität hergestellt. Die Röhrenfabrikation steht auf moderner Höhe, sowohl was schmiedeeiserne als was gußeiserne Röhren betrifft.

Ebenso sind die Erzeugnisse in Achsen, Rädern, Tyres hervorragend; unter den Blechen nehmen Feinbleche einen bedeutenden Rang ein, und vor allem verdient der österreichische Stahlguß (große Propeller, Steven, Röhren von besonders großem Durchmesser usw.) genannt zu werden, in dessen Herstellung die Witkowitzer Bergbau- und Eisenhüttengewerkschaft in Witkowitz und die Skodawerke in Pilsen an erster Stelle stehen. Auch die vollkommen moderne Anlage zur Herstellung von Panzerplatten im Witkowitzer Eisenwerke ist mustergültig.

Wohl bleiben die Produktionsmengen, insbesondere z. B. des Roheisens, hinter jenen anderer Länder und hinter den Riesenproduzenten, so den Vereinigten Staaten, England und Deutschland, ferner hinter Frankreich und Rußland zurück; aber immerhin kann die Monarchie mit ihrer Stelle als sechstgrößtes Roheisen erzeugendes Land der Welt zufrieden sein. Es deckt vor allem seinen Eigenbedarf, und nur für Gießereien reicht in guten Zeiten die Selbsterzeugung nicht aus, sondern es muß importiert werden.

---

[1]) Sie erzeugten Frisch- und Gießereiroheisen, usw. 1909 im Werte von fast 43 Millionen Kronen. Auf die Rimamuranyer entfallen von der Gesamterzeugung der ungarischen Betriebe mehr als 50%, auf die staatlichen rund ein Viertel.

In Ungarn wird Klage darüber geführt, daß der Verbrauch an Roheisen (per Kopf mit 25 kg im Jahre 1906) so sehr gegenüber den anderen Staaten zurückstehe, noch mehr, daß der Verbrauch z. B. in den Jahren 1896—1906 unverändert blieb.

[2]) Die zahlreichen Erzeugnisse der Eisenindustrie sind zumeist einzeln in Unterverbänden kartellistisch zusammengefaßt.

Die inländische Eisenindustrie kann im Export speziell nach dem Orient und nach Italien erfolgreich mit dem Auslande konkurrieren.

Maschinen. Die Erzeugung von Maschinen hat mit den vom Eisenkartell bestimmten Materialpreisen und dem beschränkten Konsum[1]) zu kämpfen. Der österreichische Maschineningenieur ist allerdings wegen seiner Vielseitigkeit ein sehr geschätzter Mitarbeiter. In Spezialartikeln wie Präzisions-Dampfmaschinen, Zuckerraffinerie- und Petroleumgruben-Einrichtungen, vielen landwirtschaftlichen Geräten ist die Industrie auch exportfähig. Die hohe technische Entwicklung des Lokomotiven- und Waggonbaues darf ebenfalls nicht unerwähnt bleiben. (Der Ausfuhr in allen wichtigeren einschlägigen Erzeugnissen des Jahres 1913 von 97 Millionen einschließlich dem sehr bedeutenden Veredlungsverkehr stand allerdings eine Einfuhr von 155 Millionen gegenüber.)

In diesem Zusammenhange sei auf den hohen Stand der österreichischen Geschützerzeugung hingewiesen, die seinerzeit im staatlichen Betriebe die berühmten Uchatiuskanonen aus Stahlbronze — eine österreichische Spezialität — erzeugte und nunmehr durch die 30,5 cm-Mörser und die 42 cm-Haubitzen der Skodawerke (die im Frieden 10 000 Arbeiter beschäftigen) neuerlich besonders berühmt wurde. Sie, die große Waffenfabrik in Steyr (die Erzeuger des Mannlicher-Gewehres) sowie die Patronen- und Munitionsfabriken betreiben einen großen Export nach allen Teilen der Welt.

Stahl. Einen besonderen Aufschwung in Österreich-Ungarn hat, basierend auf uraltem Handwerksbetrieb, die Stahlerzeugung genommen, die im Jahre 1913 über 2,6 Millionen Tonnen lieferte. Die Industrie ist besonders in hochwertigen Werkzeugstählen leistungsfähig und verfügt über einen großen Export nach Deutschland, England und den Vereinigten Staaten. Sonst seien noch als weltbekannte österreichische Artikel Emailgeschirr, Sensen und Sicheln genannt.

Erstklassige technische Leistungsfähigkeit weist auch die elektrotechnische Industrie auf, deren Großbetriebe zumeist im Einverständnis mit den reichsdeutschen Unternehmungen gegründet wurden, mit denen sie

[1]) Der Konsum der Maschinenindustrie in Österreich (1902) und in Ungarn (1899) charakterisiert sich wohl am besten durch den Vergleich an vorhandenen indizierten Maschinen-HP der verschiedensten Art: Österreich (1902) 1 646 092, Ungarn (1899) 262 070, zusammen 1 908 162 gegenüber Deutschland 3 357 000 (1895), 8 Millionen (1907); beides ohne elektrische Motoren.

in einer Art geistiger Union Vereinbarungen wegen der Verwertung von Patenten und betreffend den Absatz verknüpfen. Sie stehen auch in technischer Beziehung auf gleicher Höhe; nur erzielen sie infolge des geringeren Absatzes eine schlechtere Rentabilität.

Einen besonderen Rang auf dem Gebiete der Maschinenerzeugung nimmt in Ungarn Ganz & Co. ein.

Da von der Holzverwertung schon in anderem Zusammenhange (bei der Forstwirtschaft) die Rede war, sei hier die Holzindustrie mit ihren zahlreichen Branchen (die Sägeindustrie, die Möbeltischlerei, Drechslerei, Böttcherei, die Erzeugung von Fournieren, Parketten usw.) nur der Vollständigkeit halber erwähnt. Holzindustrien.

Eine Besonderheit Österreich-Ungarns ist die Erzeugung der Bugholzmöbel, die zu einem Weltartikel geworden sind. Sie hängt von dem Vorhandensein dichter Jungwälder von Rotbuche ab, deren Stämme sich für das Biegeverfahren besonders eignen. Die sorgfältige Bearbeitung und Politur sowie die gute Konstruktion sichern den Erzeugnissen selbst vor den billigen amerikanischen Massenerzeugnissen weitgehenden Vorzug. Der Export in Bugholzmöbeln belief sich 1913 auf rund 22 Millionen Kronen.

Beachtung verdient, daß trotz der stark und vielfältig entwickelten Möbelindustrie der Monarchie, die seinerzeit in großem Maße z. B. auch nach Deutschland exportierte, nunmehr das Deutsche Reich in steigendem Maße Gebrauchsmöbel mittlerer und besserer Qualität zur Einfuhr nach Österreich bringt. Es sind eben in letzter Zeit draußen leistungsfähige, künstlerisch geleitete Betriebe („Werkstätten") entstanden, die gemäß dem großen Inlandsbedarfe des deutschen Mittelstandes Möbel in sehr gefälliger Form und in gutem, modernem, deutschem Stile nach Typen in solcher Zahl und verhältnismäßiger billig erzeugen, daß sie — dank der großindustriellen Organisation — sogar in das Holzland der Monarchie mit seiner so reich entwickelten Möbelindustrie trotz des bisherigen Zollschutzes eingeführt werden können.

Die Lederindustrie der Monarchie verfügt in reichem Maße über die wichtigsten Roh- und Hilfsstoffe im Inlande, so Rindshäute und vor allem Kalbfelle; ja die Monarchie ist der wichtigste Produzent von rohen Kalbfellen überhaupt. Ferner sind die hochwertigen Hilfsstoffe der Gerbung, wie sie die Qualitätserzeugung braucht, nämlich Fichtenlohe, ferner das edelste Gerbstoffprodukt, die Eichen-(Rinden)Lohe, Lederindustrie.

besonders reichlich vorhanden. Hierzu kommen dann noch die ungarischen Knoppern und der slavonische Eichenextrakt, ein Monopolartikel, der aus den Abfällen von Faßdauben erzeugt wird. Die österreichische Lederindustrie hat die jeweils neuen Verfahren mit Aufmerksamkeit verfolgt und rechtzeitig Studien angestellt oder die Einführung aufgenommen (so statt der Grubengerbung jene in der Flotte oder Versenk, auch die einfache und kombinierte Chromgerbung), ja sie hat sogar auf dem Gebiete der Schnellegrbung im Faß eine führende Rolle erworben. Dieses Verfahren, das mit Anwendung von starken Extrakten und daher besonders rasch arbeitet, bringt ein Erzeugnis von sehr hohem spezifischen Gewicht, allerdings von geringerer Qualität auf den Markt.

Trotz dieser Bemühungen und trotz des reichlichen Rohmaterials hat die Lederindustrie, die eine alte und außerordentlich verbreitete Industrie ist, nur hinsichtlich der Erzeugung von Sohlleder eine große Leistungsfähigkeit auf großindustrieller Basis mit einer Erzeugung von rund 150 Millionen Kronen Wert jährlich errungen, die auch rund ein Quantum von 10 Millionen Kronen, und zwar nach den Balkanstaaten, exportiert.

Die Erzeugung von Oberleder dagegen, die weit überwiegend auf der Verwertung von Kalbfellen beruht, ist nicht, wie man annehmen sollte, ein Monopol Österreichs, sondern Deutschlands geworden.

Es gelang auf diesem Gebiete in Deutschland einigen, allerdings wenigen Betrieben, die Erzeugung auf großindustrieller Basis aufzubauen und sich so mit Ausnahme der auf diesem Gebiet ebenfalls besonders leistungsfähigen nordamerikanischen Industrie geradezu ein Weltmonopol zu sichern. Der Betrieb auf besonders großer Basis ermöglicht nämlich, tunlichst weitgehend spezialisierte und dabei gleichartige Sortimente aus den Massen des Rohproduktes zu schaffen und so den außerordentlichen Verschiedenheiten in der Qualität Rechnung zu tragen, die dem tierischen Produkt anhaftet. Mit dem reichhaltigen, gleichartigen Sortiment hängt aber der leichtere Absatz und die bessere Rentabilität zusammen.

Durch diese Umstände haben die deutschen Betriebe einen kaum einzuholenden Vorsprung erlangt und müssen an Bedeutung noch gewinnen, weil das Publikum mit Ausnahme von geringen Teilen der Landbevölkerung fast nur den leichten gefälligen Schuh aus chromgegerbtem Oberleder verlangt.

In Österreich-Ungarn werden nur rund 5—10% der vorhandenen Kalbfelle verarbeitet.

Hervorhebung verdient auch, daß in der Monarchie angesichts des großen Angebots an inländischen Häuten bedeutend weniger Kipse als in Deutschland verarbeitet werden, und daß namentlich die qualitativ so hochstehende südamerikanische und südafrikanische Haut (in Österreich-Ungarn, wie es heißt, wegen der Wertverringerung durch das Brandzeichen) keine genügend große Nachfrage findet.

Auch die Erzeugung von Galanterieledern hat fast zur Gänze Deutschland durch seine Fabriken am Rhein und Main an sich gezogen.

Während von den verarbeitenden Industrien besonders die Erzeugung des Damengalanterieschuhes eine Wiener Spezialität von Weltruf darstellt, ist dagegen in den letzten Jahren die Einfuhr Deutschlands in Straßenschuhen mit 24 Millionen Kronen rascher gestiegen als die Ausfuhr der Monarchie. In Deutschland hat sich im Hinblick auf den großen Absatz und die leichtere Kapitalsbeschaffung die maschinelle Erzeugung eben früher und rascher als in Österreich entwickelt und verfügt über große, nach dem Export drängende Erzeugungsmengen; in den letzten Jahren ist allerdings auch in Österreich-Ungarn trotz — oder vielleicht gerade wegen — des ungenügenden Zolles eine Reihe höchst modern eingerichteter, leistungsfähiger Schuhfabriken entstanden.

Die alte berühmte österreichische und speziell Wiener Erzeugung von Ledergalanteriewaren, die stark von der Berliner (besonders in Albums) und der Offenbacher konkurrenziert wird, und die österreichische Handschuherzeugung verdienen noch besonders Erwähnung.

Es muß auffallen, daß in Leder und Lederwaren der Import nach Österreich und besonders jener Deutschlands der Jahre 1909 bis 1913 von 68 auf 108 Millionen Kronen, die österreichische Ausfuhr dagegen nur von 66 auf 90 Millionen stieg (Unterschied 40 gegenüber 24 Millionen).

Papierindustrie.

Unter den zahlreichen Zweigen des industriellen Großbetriebes nimmt die österreichische Papierindustrie [1]) einen hervorragenden Platz

[1]) Vgl. Krawany, Die Papierindustrie der Welt, Handelsmuseum 1909.

ein; sie ist dank dem Reichtum an Holz in ihrer Erzeugung vom Auslande vollständig unabhängig. Ja das Ausland selbst bezieht einen großen Teil seines Bedarfs an Rohstoff aus der Monarchie.

Die Gesamterzeugung Österreich-Ungarns wird für das Jahr 1913 dem Fakturenwerte nach auf 282 Millionen geschätzt, von denen nach dem Ausland für 52,5 Millionen Kronen ausgeführt wurden. Die Papierindustrie beschäftigte 1908 rund 41 000 Beamte und Arbeiter und zahlte ihnen an Gehalten und Löhnen rund 55 Millionen Kronen [1]).

Die österreichische Papierindustrie hat schon in den sechziger Jahren des vorigen Jahrhunderts in Ausnützung der Erfindungen, welche die Verwendung von auf mechanischem Wege gewonnenen Holzschliff und von chemisch erzeugter Zellulose ermöglichten, eine beachtenswerte Höhe erreicht und sich in der Zeit vom Jahre 1878 bis zum Jahre 1907 der Erzeugungsmenge nach verdreifacht. Dies ist um so mehr anzuerkennen, als ja die Papierindustrie in engem Zusammenhang mit der Volksbildung und der Entwicklung des Zeitungswesens steht und beides in der Monarchie nicht voll befriedigt. Über den großen Prozentsatz an Analphabeten in der Monarchie und den Mangel eines genügend großen, über ganz Österreich-Ungarn ausgebreiteten Mittelstandes war schon in anderem Zusammenhange die Rede. Das Zeitungswesen in Österreich leidet aber ungemein darunter, daß Österreich im Gegensatz z. B. zu Ungarn, Rußland und der Türkei der einzige europäische Staat ist, in welchem noch immer das Verbot der Kolportage in Kraft steht. Hierzu kommt dann noch die Vielsprachigkeit, die eine Ausgestaltung des Zeitungswesens in großem Stile erschwert [2]).

---

[1]) Ein Vergleich der Arbeitslöhne des Jahresdurchschnittes in Deutschland, Österreich und Ungarn ergibt folgendes Bild:

| | Deutschland | | Österreich | Ungarn |
|---|---|---|---|---|
| 1900 | Mk. 666,15 | K 800,— | | |
| 1908 | Mk. 840,20 | K 1008,— | K 770,— | |
| 1912 | Mk. 981,88 | K 1128,— | K 880,— | K 920 — |

In Galizien, Nordmähren und einzelnen Teilen Böhmens stellt sich der Durchschnittslohn in dieser Industrie auf 690 K, weshalb sich die niedrige Ziffer des Gesamtdurchschnittes erklärt.

[2]) Krawany beziffert die tägliche Auflage von fünf großen Wiener Blättern

Auffällig ist, daß gerade die Alpenländer trotz der so reichlich vorhandenen Wälder und Wasserkräfte, den wichtigsten Vorbedingungen für die Papierindustrie, nur eine geringe Zahl von Betrieben der in Rede stehenden Art aufweisen.

In den letzten Jahren läßt sich leider die Entwicklung der Papierindustrie, wie aus der nachstehenden Tabelle und besonders aus dem Vergleich mit Deutschland hervorgeht, nicht so günstig an, wie man nach der früheren Entwicklung und dem Reichtum an fast allen Rohmaterialien erwarten müßte.

| | Österreich-Ungarn | | | Deutschland | | |
|---|---|---|---|---|---|---|
| | Erzeugungsmenge 1907 | Erzeugungsmenge 1913 | Zuwachs | Erzeugungsmenge 1906 | Erzeugungsmenge 1912 | Zuwachs |
| Papier | 3 716 360 q | 4 279 147 q | 15,1% | 12 632 500 q | 16 112 413 q | 27,5% |
| Pappe | 269 330 q | 501 523 q | 86,2% | 1 794 300 q | 3 695 127 q | 106 % |
| Holzschliff Holzdeckel Zellulose | 4 702 350 q | 5 727 855 q | 22 % | 10 320 600 q | 17 000 000 q | 64,7 % |
| zusammen | 8 688 040 q | 10 508 525 q | 20 % | 24 747 400 q | 37 000 000 q | 50 % |

Die österreichisch-ungarische Industrie hat demnach in 6 Jahren der Menge nach insgesamt einen Zuwachs von 20% (im Jahresdurchschnitt 3,3%), die deutsche Industrie dagegen, trotzdem sie ohnehin ungefähr viermal so groß ist als die österreichische, eine ungleich raschere Steigerung der Produktion, nämlich von 50% (jährlich 8,2%) erzielt.

im Jahre 1915 mit 366 200 gegenüber 397 400 Exemplaren im Jahre 1908 (also ein Rückgang von fast 10%) die von zwei Prager tschechischen Blättern mit 190 000 gegenüber 125 000. Die fünf größten Budapester Blätter haben dagegen eine Tagesauflage von 936 500, also von fast einer Million, fast dreimal soviel als die Wiener, — trotz des größeren Prozentsatzes von Analphabeten in Ungarn. Da liegen die Vorteile der Kolportage in materieller Beziehung — ob sie nicht stark verschlechternd auf die Qualität wirken, ist eine andere Frage — wohl auf der Hand. Dabei ist der Gesamtverbrauch an Papier bei den ungarischen Blättern wegen des geringeren Umfanges allerdings kleiner als z. B. der Wiener mit ihren geringeren Auflagen. Einen gewissen Ausgleich gegenüber dem Mangel der Kolportage bietet in Österreich das weit umfangreichere Inseratengeschäft, das wieder dem ausgebreiteteren Geschäftsverkehr entspricht, und der höhere Preis des Einzelblattes.

Es ist unerfindlich, warum die österreichische Regierung in politischer Beziehung strenger und vorsichtiger sein muß als die ungarische.

Der Wert des österreichischen Exports [1]) ist in der Zeit von 1907 auf 1913 von 55 000 000 auf 52 000 000 Kronen gefallen. (Der Menge nach trat eine Steigerung von 12% ein.) Außerdem weisen die deutschen Aktiengesellschaften der Papierfabrikation eine um ungefähr 3% höhere Verzinsung auf als die österreichischen. Das wichtigste Erschwernis der Entwicklung ist vor allem der geringe Bedarf, der auf die oben erwähnten Gründe zurückzuführen ist. Wenn auch Österreich-Ungarn unter den 37 für die Papiererzeugung in Betracht kommenden Staaten an siebenter Stelle steht, so stellte sich der Papierverbrauch per Kopf im Jahre 1913 in England auf 27,6, in Schweden auf 23,7, in Norwegen auf 22,3, in Deutschland auf 21,3, in Österreich auf 11,5 und in Ungarn gar nur auf 6,1, in Österreich-Ungarn auf 8,8 kg. Wegen des geringen Verbrauches suchen nun die Fabrikanten einen Ausgleich nach der Richtung, daß sie fast ohne jede Spezialisierung [2]) alle möglichen Papiersorten, nämlich Druck- und Packpapier der verschiedenen Sorten sowie Pappe, erzeugen. Der häufige Wechsel verteuert natürlich die Produktion. In kommerzieller Beziehung wird geklagt, daß unter den Firmen keinerlei Organisation betreffend den Absatz bestehe; als ein günstiges Moment ist dagegen außer dem außerordentlichen Reichtum an Holz und Wasser die technische Leistungsfähigkeit zu bezeichnen, wobei die gute Qualität der Ware auch noch durch eine gefällige Aufmachung unterstützt wird, und z. B. der österreichischen Marke im Orient aus diesen Gründen vielfach sogar bei kleinen nachteiligen Preisunterschieden den Vorzug vor der Konkurrenz sichert.

Ein der Menge nach weniger wichtiger, aber doch bemerkenswerter österreichischer Spezialartikel ist das Zigarettenpapier.

---

[1]) 1913 exportierte Deutschland in Papier allein 2,5 Millionen Zentner, Österreich-Ungarn nur 608 000 q, also ein Viertel.

[2]) Die ins Riesenhafte sich entwickelnde amerikanische Produktion, die für die einzelnen Papiergattungen, wie Druckpapiere für Bücher und für Zeitungen, für Seiden- und Umschlagpapier, für Packpapier, für Kunstdruck, für die verschiedenen Arten von Pappe, streng geschiedene Betriebe beschäftigt, hat auch genau geregelte, für jeden einzelnen Artikel bestimmte Usancen und betrachtet als Mindestquantum für normale Aufträge das Gewicht von einer englischen Tonne (907 kg), während in Österreich-Ungarn jedes Quantum von 300 kg aufwärts zur separaten Erzeugung übernommen wird. Die Amerikaner übertreffen an Spezialisierung sogar die deutsche und englische Industrie.

Das Baugewerbe besitzt wegen der zahlreichen ihr zugehörigen Branchen und wegen der weiten Verteilung in den Städten und auf dem flachen Lande sowie wegen des Zusammenhanges mit der industriellen Konjunktur hervorragende Bedeutung in der Volkswirtschaft jedes Staates. Zu den Baugewerben zählen rund 30 verschiedene Branchen, unter denen die Baumeister, Tischler, Schlosser und Zimmerleute die wichtigste Rolle spielen. Die weite Verteilung auf dem flachen Lande hängt mit der Berücksichtigung der lokalen Produktion in Zement, Ziegeln, Stein, Kalk, usw. sowie mit dem behördlichen Verkehr der Ortsbehörden stark zusammen. Was den Umfang des Baugewerbes z. B. in Wien anlangt, so zählt es in normalen Jahren von solchen Arbeitern, die auf dem Baue selbst beschäftigt sind, rund 300 000, welche Zahl bei guten Konjunkturen bis auf 400 000 und darüber steigt. Baugewerbe.

Betreffend den Zusammenhang mit der industriellen Konjunktur macht nur Wien eine Ausnahme. Hier steht nämlich nicht mehr der Fabriksbau in erster Linie, sondern der spekulative Bau von Wohnhäusern, für den das notwendige Kreditkapital nur dann zur Verfügung steht, wenn die Industrie infolge schlechten Geschäftsganges keine Ansprüche von Bedeutung an die Geldquellen des Landes stellt. In Wien folgt also die Baukonjunktur in der Regel der industriellen Konjunktur nach, während die letztere außerhalb Wiens in Stadt und Land maßgebend ist.

Die Industrie klagt sehr über die höheren Baukosten in Österreich gegenüber Deutschland [1]). Es hängt dies zunächst mit den höheren Preisen des Eisenkartells zusammen, welches für Träger und Stabeisen für den Meterzentner in Kronen im Vergleich mit Berlin folgende Preise verlangt [2]):

| | | 1907 | 1908 | 1909 | 1910 | 1911 |
|---|---|---|---|---|---|---|
| Stabeisen | Preise für Wiener Grossisten franko Wien I. Quartal . | 21,50 | 21,50 | 19,50 | 18,45 | 18,85 |
| | Deutscher Preis franko Berlin | 19,29 | 15,16 | 13,98 | 14,69 | 15,28 |
| Träger | Preise für Wiener Grossisten franko Wien I. Quartal . | 22,50 | 22,50 | 21,60 | 21,60 | 21,60 |
| | Deutscher Preis franko Berlin | 17,70 | 16,52 | 15,93 | 15,93 | 15,93 |

[1]) Ein Unternehmen ließ in Deutschland und Österreich den gleichen Fabriksbau aufführen; er kostete in Deutschland 210 000 M., in Österreich 324 000 K.

[2]) Nach den Verhandlungen der österreichischen Kartellenquete, Eisenindustrie, Juni 1912, Seite 461, 465.

Der Zoll wird vom Eisenkartell zwar nicht voll ausgenützt, aber die Differenz dieser beiden wichtigen Massenartikel per Zentner von rund 2¼ bis 3½ Kronen bei Stabeisen und von rund 4½ bis 5½ Kronen bei Trägern fällt natürlich nicht unbedeutend ins Gewicht. Sonst gehen Schätzungen dahin, daß beim Eisenbetonbau der Kubikmeter umbauten Raumes in Süddeutschland rund 10½ Kronen, in Innerösterreich aber 14½ Kronen koste. Ein Vergleich der Ziegelpreise per Tausend loco Baustelle ergibt folgende Unterschiede [1]):

| | | |
|---|---|---|
| Wien ..... | 1912 | 52,10 K |
| | 1913 | 47,76 K |
| Berlin .... | 1914 | 19,5—22 M. |
| Prag ..... | 1914 | 34—40 K |
| Köln ........... | | 19—20 M. |

Die höheren Kosten haben auch in den Bauvorschriften ihren Grund, die strenger als in Deutschland sind, ohne daß dies nach Aussage der Fachleute motiviert wäre. So werden z. B. in Beton und Eisenbeton nur niedrigere Spannungen als in Deutschland gestattet; überhaupt wird über die mit Kosten verbundenen bureaukratischen Forderungen der Behörden, besonders auf dem Gebiete des Bauwesens, Klage geführt. Auch sollen die österreichischen Baufirmen weniger gut mit modernen Behelfen ausgestattet sein wie die deutschen, was wieder mit der verhältnismäßig geringeren Beschäftigung im allgemeinen und mit dem Konservativismus des weniger geschickten Bauhandwerkers zusammenhängt. Während in Österreich eben die Industriefirmen, welche als Besteller Bauten vornehmen lassen, sich besonders peinlich überlegen müssen, wie weit sie angesichts der weniger nachhaltigen Konjunkturen mit Erweiterungsbauten gehen können und lieber die Ausgestaltung auf mehrere Perioden verteilen, kann man in Deutschland wegen der gegenteiligen günstigeren Sachlage weitherziger vorgehen. Aus der daraus für die Bauindustrieunternehmungen sich ergebenden reichhaltigeren Beschäftigung erklärt sich wieder, daß die deutschen Firmen weitgehend mit Typen für die Bauführung arbeiten, was entsprechend billiger kommt. Es fehlt also sogar hier an genügend weitgehender Spe-

[1]) Nach dem Kompaß 1915 II. Bd.

zialisierung, die nur bei den großen Firmen für Heizungs- und elektrische Installationen eingetreten ist.

Als Erschwerungen des Baugewerbes werden im Gegensatze zu Deutschland die höheren Prozentsätze des Baukredits angegeben, die mit normal 10—12% bezeichnet werden, für das ungünstige Jahr 1913 aber z. B. mit 18—20%.

Hervorhebung verdient die weitgehende Beschäftigung von reichsdeutschen, namentlich Münchner Architekten und Bauunternehmern in den Alpenländern und Nordböhmen, denen es gelang, ihren gediegenen Arbeiten einen ausgezeichneten Ruf zu sichern. Hierzu kommt die größere Nähe und bessere Zugsverbindung der Alpengebiete mit München, dann des österreichischen Nordens mit Nürnberg oder Dresden, wodurch der persönliche Verkehr zwischen Auftraggeber und Ausführenden wesentlich erleichtert wird. Nicht nur, soweit es der Zoll zuläßt, sondern auch darüber hinaus finden dabei in nicht unbedeutendem Maße deutsche Baubestandteile der verschiedensten Art in Österreich Verwendung, weil der Architekt an die liefernden Firmen und ihre Ware gewöhnt ist. In den deutschen Sudetengebieten und den Alpenländern werden reichsdeutsche Architekten sogar bei der Vergebung öffentlicher Bauten berücksichtigt. Österreichischen Architekten, auch denen deutscher Herkunft, wird dagegen die Beteiligung in Deutschland verwehrt.

In letzter Zeit ist zunächst bei gewissen staatlichen Bauten unter dem Einflusse der Werkbund- und Heimatschutzbewegung sowie des deutschen Beispiels eine Verbesserung insofern eingetreten, als man sich nicht mehr mit der tunlichst billigen, an den Kasernenbau erinnernden Anlage und der tunlichst billigen Ausstattung von öffentlichen Nutzbauten begnügt, sondern unter Führung des Arbeitenministeriums und des Gewerbeförderungsdienstes auch diesen erhöhte Aufmerksamkeit widmet. Auch wird Sorge getragen, nicht das Landschaftsbild durch stillose oder stilwidrige Bauten zu stören, sondern die Bauten der Landschaft tunlichst anzupassen. (So ist das seinerzeit in Bosnien geübte Heranziehen von maurischen Formen statt der Verwertung der ganz ausgezeichneten Linien des bosnischen Lokalstils längst als ein schwerer Fehler erkannt.)

Übrigens ist der Anteil der österreichischen Hauszinssteuer, dieser Ertragssteuer mit einem ganz ungeheuerlichen Steuerfuß, an der Lahmlegung des österreichischen Baugewerbes genugsam bekannt.

Die Hauszinssteuer stellt sich in Wien, mit den Zuschlägen der städtischen und Landesumlagen, auf 40%, während sie sich in größeren Städten Sachsens z. B. auf nur 8% beläuft. An diesen Ziffern läßt sich leicht ermessen, wie durch eine solche Steuerbelastung die Bautätigkeit, die Lage der Baugewerbe und damit die Wohnungszinse beeinflußt werden [1]).

Chemische Industrie.

Die chemische Industrie Österreich-Ungarns hatte bis um die Mitte des 19. Jahrhunderts einen nur mäßigen Grad der Entwicklung aufzuweisen.

Erst durch die Einführung anderwärts bereits mit Erfolg durchgeführter Vervollkommnungen und Verbesserungen von Verfahrenarten ist in den letzten Dezennien eine ansehnliche Steigerung der einzelnen Produktionszweige der chemischen Industrie herbeigeführt worden.

Diesem fortschreitenden Wachstum entsprechend weisen die Ausfuhrziffern der chemischen Industrie bei rückgehender Einfuhr eine stetige Steigerung auf (Gesamtausfuhr 1913 über 58 Millionen Kronen).

Die Entwicklung der einzelnen Zweige der chemischen Industrie hat naturgemäß in jenen Teilen Österreich-Ungarns die größte Förderung erfahren, wo die an Ort und Stelle vorkommenden Rohprodukte die Gründung bestimmter Industrien von vornherein lukrativ erscheinen ließen, oder wo günstige Eisenbahnverbindungen oder vorhandene Wasserstraßen den Bezug der notwendigen Materialien mit geringen Kosten ermöglichten.

So hat die bedeutende Sodaindustrie der Monarchie eine Produktionsstätte in Ebensee und in Podgorze in der Nähe der großen Salzbergwerke in Lukavac (Bosnien), wo die Sole in einer 14 km langen Rohrleitung aus den Salzschächten von D.-Tuzla hergeleitet wird. Ferner an der Elbe, welche den billigen Bezug von Rohmaterialien aus Deutschland gestattet.

Neben der bereits genannten Soda befaßt sich die österreichische chemische Großindustrie mit der Herstellung der anorganischen Säuren

[1]) Anhangsweise sei bemerkt, daß sich eines der größten Ziegelwerke der Welt bei Wien befindet, nämlich die Wienerberger Ziegelfabriks- und Baugesellschaft, welche die besonders reichen Lager von Ziegelton südlich von Wien der Verwertung zuführt. Das Wiener Ziegelkartell erzeugt in guten Jahren rund 300 Millionen Ziegel.

wie Schwefelsäure, Salpeter- und Salzsäure, der Erzeugung von Glaubersalz, Wasserstoffsuperoxyd, Ätzalkalien, Natriumpräparaten, Pottasche, Chlorkalk, Eisen- und Kupfervitriol, Ammoniumsulfit und schwefelsaurem Ammoniak.

Die Ausnutzung der in der Monarchie vorhandenen Wasserkräfte hat die Entwicklung der Erzeugung von Aluminium, Karborundum, Karbid und in der jüngsten Zeit von Kalkstickstoff wesentlich gefördert.

Weiters verdient die Produktion von Weinsteinsäure, Seignette- und Blutlaugensalz Erwähnung, ebenso die von Farben und Lacken, welche wegen ihrer Haltbarkeit und Beständigkeit auch im Auslande Anerkennung finden.

Die bei der Petroleumraffination sich ergebenden Zwischenprodukte und Rückstände sind Gegenstand einer intensiven Verarbeitung, die sich vorzugsweise auf die Gewinnung von Benzin, Gasolin, Ligroin, Blau- und Treiböl, die verschiedenen Sorten von Schmierölen und das Paraffin erstrecken. Auch das aus dem galizischen Erdwachs gewonnene Zeresin gehört in diese Gruppe.

Die Erzeugnisse der Fettwarenindustrie, wie Margarin, Elain Margarinbutter und -schmalz sowie die Pflanzenfette verdienen Erwähnung. Auch die Erzeugung von Seifen, Kerzen und Toiletteartikeln steht auf einer hohen Stufe (Musterbetrieb der Schicht-A.-G. in Aussig), ebenso die Gewinnung von Glyzerin, für welches neben anderen Verwendungsarten in der letzten Zeit ein erhöhter Bedarf bei der Herstellung von Sprengstoffen besteht. Zur Herstellung von Speiseölen werden Rüb-, Lein-, Sesam- und Erdnußöle verarbeitet.

Weiters wäre die hochentwickelte Zündwarenindustrie anzuführen, welche auf dem Weltmarkte mit den anderen ausländischen Provenienzen erfolgreich in Wettbewerb tritt.

Zum Schluß soll noch der Herstellung der pyrophoren Legierungen, namentlich des Zereisens, gedacht werden, welches als Zündstein bei den Taschenfeuerzeugen ausgebreitete Verwendung gefunden hat, und der aus Österreich hervorgegangenen Herstellung von Präparaten für die Beleuchtungsindustrie, die als „Glühstrümpfe" die ganze kultivierte Erde erobert haben.

Freilich ist die Industrie Österreichs-Ungarn auch heute hinsichtlich der Erzeugung von künstlichen Farbstoffen und Farbenpräparaten vornehmlich vom Deutschen Reiche abhängig. Die reichsdeutschen Betriebe haben sich da, gestützt auf den engen ständigen Wechselverkehr zwischen Universitäts- und Fabrikslaboratorium, rasch zu Spezialbetrieben der Weltproduktion entwickelt, die alle zur Fabrikation benötigten Zwischenprodukte und sich ergebenden Abfallprodukte selbst oder in unmittelbar angeschlossenen Fabriken verarbeiten.

Das geringere Angebot an wissenschaftlichen Mitarbeitern, die sich wegen der besseren Betätigungsmöglichkeit in früheren Jahren lieber nach Deutschland gewendet haben und noch heute namentlich in der Farbenindustrie hervorragende leitende Stellungen einnehmen, hat die Verwertung der Ergebnisse der Forschung erschwert und die Entwicklung der Industrie auf wissenschaftlicher Basis verzögert.

In letzterer Zeit haben auch in Österreich-Ungarn die führenden Unternehmungen das planmäßige wissenschaftliche Studium der für sie in Betracht kommenden Zweige in die Hand genommen und aus eigenen Mitteln dazu beigetragen, das Gebiet der wissenschaftlichen Chemie zu erweitern und auszubauen. Hinsichtlich des engen ständigen Wechselverkehrs zwischen Universität, Technik und Fabrikslaboratorium, wie ihn Deutschland seit geraumer Zeit aufweist, ist uns allerdings der Reichsdeutsche voraus.

Textilindustrie.

Die Textilindustrie ist die wichtigste Großindustrie der Monarchie [1]) und beruht bei der Verarbeitung von Wolle und Flachs auf der Entwicklung früherer Zeiten. Daraus erklärt sich auch die überraschend große Zahl der Hausweber, die es auch heute noch gibt. Der naturgemäß große Bedarf an Textilien hat die Entwicklung der industriellen Erzeugung weitgehend unterstützt, wobei allerdings auch hier dank der Entwicklung der Technik an Stelle der früher maßgebenden Materialien, Wolle und Flachs, die wohlfeilere Baumwolle trat.

Baumwollspinnerei.

Was die Stellung Österreichs in der Baumwollindustrie, deren Anfang in Böhmen auf die Zeit Kaiser Leopolds I. zurückgeht, anlangt, so ergibt sich nach dem Bericht des internationalen Verbandes der

---

[1]) Wenn allerdings alle die verschiedenartigen Branchen zusammengefaßt werden, die zum Baugewerbe gerechnet werden, erweist sich dieses den Gesamtziffern nach als ausgebreiteter.

Baumwollspinner und Weber für die Zeit vom 1. September 1911 bis zum 31. August 1913 folgendes:

| | Verbrauch an Baumwolle für die Zeit vom 1. 9. 1911 bis zum 31. 8. 1913 in tausend Ballen (von 135—230 kg) | | Zahl der Baumwollspindeln am 1. März, in 1000 Stück | |
|---|---|---|---|---|
| | 1911/12 | 1912/13 | 1912 | 1914 |
| Großbritannien ...... | 3 765 | 3 825 | 55 165 | 55 972 |
| Rußland ............ | 2 035 | 1 942 | 8 800 | 8 950 |
| Deutschland.......... | 1 770 | 1 580 | 10 599 | 11 405 |
| Frankreich ........... | 988 | 987 | 7 400 | 7 400 |
| Österreich-Ungarn..... | 864 | 837 | 4 718 | 4 941 |
| Italien ............. | 813 | 744 | 4 622 | 4 600 |

Die Spindeln der Monarchie gehören fast zur Hälfte Firmen, die zunächst für den Bedarf ihrer eigenen Webereien und dergleichen arbeiten, dabei aber den Bedarf ihrer Finalbetriebe durchaus nicht zur Gänze aus den eigenen Spinnereien decken. Es wird zumeist amerikanische und ostindische, aber auch ägyptische Baumwolle verarbeitet.

Die Anzahl der Spindeln hat sich von 1905 auf 1913 um rund 45% vermehrt. Da die Aufnahmefähigkeit des Marktes nicht im gleichen Grade wuchs, wurden durch die außerordentlich gut organisierte Spinnervereinigung wiederholt ganz wesentliche Einschränkungen der Erzeugung durchgeführt, gleichzeitig der Export organisiert. Die Erzeugung betrifft zunächst Garne mittlerer Nummer [1]); die Qualität wird dank den modernen Betriebsanlagen als fast durchwegs etwas höher als jene der deutschen oder englischen Garne stehend bezeichnet.

Auch in diesen Betrieben machen sich die Schwierigkeiten nicht genügender Spezialisierung geltend, da in Österreich gerade infolge des innigen Zusammenhanges mit Webereien auch in kleineren Betrieben stets eine große Anzahl von Garnnummern (noch dazu verschiedener Qualität) hergestellt wird, während sich die Erzeugung der einzelnen Betriebe in England bekanntlich nur auf wenige Nummern beschränkt. Die Engländer nutzen so Maschinen und Arbeitskraft mit der höchsten Intensität aus, was den österreichischen Fabriken bedeutend weniger möglich ist. Hierzu kommt als weiteres Erschwernis das Fehlen des Engros-Zwischenhandels. In letzter Zeit hat man

[1]) Die ungarische Spinnerei erzeugt hauptsächlich die Numern 14—24.

begonnen, große Betriebe zusammenzufassen und auf diesem Wege die Erzeugungsbedingungen zu regeln und zu verbessern.

Baumwollweberei.

Die Baumwollweberei der Monarchie kann sich mit Recht als eine Qualitätsindustrie bezeichnen. Allem Anschein nach hängt hier die höherwertige Nachfrage auch in den weiten Schichten der Bevölkerung mit der früher besonders großen Verbreitung der landwirtschaftlichen Heimarbeit und der damit verbundenen Materialkenntnis zusammen. In den letzten Jahren ist entsprechend der Moderichtung in Österreich die Verwendung feineren Garns gestiegen. Die ungarische Weberei erzeugt vorwiegend gröbere, roh appretierte oder auch unappretierte Ware [1]). Nach den Jahresberichten der Wiener Handelskammer stellt sich die Zahl der Webstühle in den letzten Jahren wie folgt:

| | Österreich | Ungarn |
|---|---|---|
| 1910 | 140 000 | 8 000 |
| 1911 | 145 000 | 8 000 |
| 1912 | 155 000 | 9 000 |
| 1913 | 160 000 | 10 000 |

Den Wert der Erzeugung dürfte man auf gegen ein halbe Milliarde Kronen schätzen können. Hervorhebung verdient, daß nur ungefähr die Hälfte der Stühle Baumwolle allein verarbeitet, während für die übrigen auch noch andere Textilien, wie Wolle, Leinen, Seide, verwendet werden. Schon dieser Umstand läßt auf die außerordentliche Vielseitigkeit in der Erzeugung schließen, was noch mehr aus der großen Zahl der Muster hervorgeht, die große Firmen im Jahre auf den Markt bringen. Es geht dies bis zu 20- und 25 000 Dessins.

Eine nicht unbedeutende Erschwerung des Geschäftsbetriebes liegt darin, daß die Fabriken den Engroshandel — soweit nicht in der Rohweberei die Manipulanten eingreifen — sämtlich in eigener Regie betreiben, da es in der Branche mit ganz wenigen ungarischen Ausnahmen Engrossisten nicht mehr gibt.

Der Bedarf ist angesichts der nationalen, kulturellen, ja auch der

[1]) Die ungarische Spinnerei und Weberei exportiert zu 75—80 % nach Österreich. Ein bemerkenswertes Beispiel ungarischen Großbetriebes der Textilindustrie ist die „Magyar Textilivar" in Rozsahegy (ungarische Slovakei) mit über 3000 Arbeitern und einer jährlichen Erzeugung von 25 Millionen Kronen.

klimatischen Verschiedenheiten des Marktes derart mannigfaltig und individualisiert, daß die Industrie das direkte Arbeiten mit den Detaillisten vorzieht. Sie hat dadurch allerdings den wichtigen Vorteil, in enger Beziehung zu den Auftraggebern und den Wünschen der Detailkundschaft zu stehen und daraus reiche Anregung für die Bemusterung zu schöpfen.

Einen Beweis von der Leistungsfähigkeit der Baumwollweberei liefert die geringe Einfuhr, die 1913 kaum 3 % der inländischen Erzeugung ausmacht, während die Ausfuhr, die sich hauptsächlich nach dem näheren Orient richtet, gegen 70 Millionen Kronen betrug.

Für die österreichische Stickereiindustrie in Vorarlberg spielt der Veredlungsverkehr mit der Schweiz eine große Rolle; die fertige Ware geht durch Vermittlung schweizerischer Exporteure hauptsächlich nach Amerika. Kaum minder bedeutend ist die böhmische Stickereiindustrie; ebenso genießt die böhmische Stickereiwäscheindustrie, die an vielen Orten noch als reine Hausindustrie betrieben wird, ferner die Wirkwarenindustrie und Zeugdruckerei berechtigtes Ansehen.

Auf dem Gebiete der Spitzenindustrie besitzt Österreich einige alte und angesehene Fabriken, welche alle Arten von Maschinenspitzen erzeugen. Im letzten Jahrzehnt wurde von Staats wegen der Heimarbeit, die besonders in Böhmen, Krain und Dalmatien betrieben wird, große Förderung zuteil. Die erzielten Erfolge sind in jeder Richtung befriedigend.

Die Wollindustrie.

Die Wollindustrie Österreichs — aus der Tuchmacherei hervorgewachsen — verfügt über mehrere wichtige Zentren, so in Brünn und Jägerndorf für Modewaren, in Reichenberg für glatte Tuche; für Bielitz sind wieder die breiten Orienttuche kennzeichnend, für die Alpen der Loden, während das jüngste industrielle Zentrum Asch eine besondere Vielseitigkeit aufweist, für den Orient arbeitet und gleichzeitig die feinst ausgeklügelten Stoffe für den Modenmarkt des Westens liefert.

Die Spinnerei und Weberei stehen infolge des ungemein zersplitterten Bedarfs ganz ähnlich wie die Baumwollindustrie unter dem Zeichen außerordentlicher Mannigfaltigkeit, was auch darin seinen Ausdruck findet, daß universelle Maschinen aufgestellt werden müssen, während das Ausland seinen Betrieb ungleich mehr spezialisiert.

In den letzten Jahren haben sich die Betriebe weitgehend modernisiert und erweitert. Mit Rücksicht auf die größere Leistungsfähigkeit der Maschinen und ihre erhöhten Anforderungen an die Geschicklichkeit und Achtsamkeit der Arbeiter sind die Löhne rasch und ausgiebig gestiegen — seit 1890 um 50% und mehr [1]). In vielen Gebieten und Branchen steht der Lohn in der Woll- (auch in der Baumwollindustrie) nicht mehr wesentlich hinter dem in Deutschland gezahlten zurück, da der deutsche nur das in Mark bezahlt erhält, was der österreichische in Kronen bekommt. Dafür wird der deutsche Arbeiter als leistungsfähiger bezeichnet. Dies hängt wohl auch damit zusammen, daß der deutsche Arbeiter angesichts der wesentlich größeren Gleichartigkeit des Bedarfs länger gleichartig fortarbeiten und sich auf die Artikel besser einschulen kann.

Mit der Ausgestaltung der Fabriken und der Verwendung erhöht leistungsfähiger Maschinen ist die Heimarbeit und Hausindustrie rasch zurückgegangen. Hierbei haben auch die gesteigerten Anforderungen, die von der Kundschaft an die Qualität, die Schönheit und Fehlerlosigkeit der Erzeugnisse gestellt werden, mitgewirkt.

Der Wert der Erzeugung der österreichisch-ungarischen Wollweberei wird von der Brünner Handelskammer für das Jahr 1911 auf rund 350 Millionen Kronen geschätzt (gegenüber rund 900 Millionen Kronen in Deutschland); der Wert der Ausfuhr, die sich vorwiegend nach dem Balkan und der Levante richtete, bezifferte sich 1912 auf 62 Millionen Kronen, denen eine Einfuhr von 32 Millionen (vorwiegend aus England) gegenüberstand.

Auch in der Wollindustrie zeigt sich dieselbe Erscheinung wie in anderen Branchen, daß nämlich die Ausfuhr in Stapelware — wobei allerdings die österreichischen Spezialitäten wie glatte Tuche und Strichkammgarne auszunehmen sind — auf Hindernisse stößt, während der Export von Modewaren, wo der Geschmack und nicht die strenge Berechnung auf Heller und Pfennig die Hauptsache sind, sich befriedigend entwickelt. Die Leistungsfähigkeit der Industrie steht also außer Zweifel, und nur die hohen Gestehungskosten (höhere Preise von Maschinen, Materialien usw.) beeinträchtigen die Absatzfähigkeit.

[1]) Nach den Angaben der Arbeiterunfallversicherung sind die Löhne in der Wollindustrie für die Arbeitsschicht in der Zeit von 1904 bis 1911, nach dem Durchschnitte berechnet, von K 2,14 auf K 2,66 gestiegen.

Als Sonderzweige der Wollindustrie verdienen noch die Decken- und Möbelstoffindustrie, ferner die Tücher-, Filz- und Teppichindustrie besonderer Erwähnung.

Die Seidenindustrie. Die Rohseide.

Die österreichische Seidenraupenzucht, die vor der Behandlung der Seidenspinnerei und Seidenweberei ihren Platz finden soll, hat ihren Sitz in Südtirol, im Küstenlande und in Dalmatien, leidet aber wie die übrige europäische Seidenkultur in den letzten Jahren an einer Stagnation. Durch die immer mächtiger werdende Konkurrenz der japanischen und chinesischen Seiden, welche jetzt schon zwei Drittel der gesamten Weltproduktion ausmachen, verliert die europäische Seidenzucht von Jahr zu Jahr an Ertragfähigkeit, und so darf es nicht wundernehmen, daß sich die Landbevölkerung, wo es nur irgendwie angeht, anderen Kulturen zuwendet. Im Jahre 1912 wurden in den österreichischen Ländern, abgesehen von Ungarn, über 2 Millionen kg Kokons fabriziert, welche einen Wert von fast 10 Millionen Kronen repräsentieren. Von den in Österreich erzeugten Seidenkokons werden ungefähr 30% ausgeführt und nur der Rest wird im Inlande versponnen.

Die Seidenspinnerei.

Die Seidenspinnerei (die Herstellung und Verarbeitung der Rohseide mittels maschineller Einrichtungen) entwickelte sich im Zusammenhange mit der Kokonproduktion in den südlichen Ländern der Monarchie. Bis in die ersten Jahrzehnte des 19. Jahrhunderts war die Seidenspinnerei fast ausschließlich eine landwirtschaftliche Industrie. Erst gegen die Mitte des 19. Jahrhunderts entwickelte sich die Seidenspinnerei, wie viele andere Zweige der Textilbranche, zur selbständigen Industrie und erreichte damals auch die höchste Blütezeit. Im Jahre 1855 beschäftigte die österreichische Seidenspinnerei rund 12 000 Personen, im Jahre 1870 aber nur mehr 8300. Diese Zahl ist seither von Jahr zu Jahr weiter gesunken. Die Verfügungen der österreichischen Arbeiterschutzgesetzgebung, welche gemäß den modernen Prinzipien der Sozialpolitik die Arbeitszeit herabsetzten und die Altersgrenze der jugendlichen Arbeiter erhöhten, sowie die Kranken- und Unfallversicherungspflicht einführten, waren für die österreichischen Seidenspinnereien von erheblichem materiellen Nachteil, da sie kein Zoll vor der Konkurrenz der fremden Staaten schützte, von denen gerade die meistbeteiligten, wie Italien, China, Japan, die Erlassung solcher sozialen Gesetze vermeiden, ferner mit weit niedrigeren Löhnen arbeiten als Österreich.

Erst zu Anfang dieses Jahrhunderts besserte sich die Lage der österreichischen Seidenspinnerei, als die Regierung dem Antrag der vereinigten Handelskammern Österreichs dahingehend, daß man der Seidenspinnerei statt des Zolles eine Prämie nach französischem Muster gewähren sollte, stattgab. Gegenwärtig bestehen in Österreich 10 Seidenspinnereien, wovon sich 7 in Südtirol und 3 in Görz befinden. Außer Rohseide wird in Österreich von je einer Firma Florett- und Kunstseide erzeugt.

Die Seidenweberei.

Die Seidenweberei war bis in die siebziger Jahre des vorigen Jahrhunderts, solange sie ihren Standort fast ausschließlich in Wien hatte und in — gemäß den heutigen Anschauungen — beschränktem Ausmaße betrieben wurde, eine derart blühende Industrie, daß der betreffende Wiener Stadtteil den schmeichelhaften Beinamen des „Brillantengrundes" zugelegt erhalten hatte. Um das genannte Jahr herum strebte nun die Seidenweberei nach Ausdehnung, die für sie in Wien schwer möglich schien, wobei die Unternehmer anderswo billigeren Arbeitslohn als in Wien zu finden trachteten. So kam es zu einer fast vollständigen Dezentralisation der Seidenindustrie, die erst in den letzten Jahren insofern wieder zusammenrückt, als die Textilstädte Mährisch-Schönberg und Mährisch-Trübau sowie Römerstadt bei Übersiedlungen oder bei Neugründung von Betrieben bevorzugt werden. Die betreffenden Unternehmer hatten hierbei eine außerordentlich schwierige Pionierarbeit in der Erziehung der Arbeiterschaft zu leisten; sie fanden zwar billigere Löhne, was bei der Zunahme des Konkurrenzdruckes der wichtigsten Weltzentren steigend notwendig geworden war, aber die Dezentralisation — zu der noch hinzukommt, daß sich die Verkaufsorganisation der Firma zumeist immer noch in Wien befindet — bedeutet gerade gegenüber dem konzentrierten Wettbewerb von Lyon, der oberitalienischen Industrie und besonders der reichsdeutschen Konkurrenz, nämlich Krefelds, einen nicht zu unterschätzenden Nachteil. Tritt nämlich für Seide eine Konjunktur ein, und sollten daher bedeutend mehr Arbeiter als zu gewöhnlicher Zeit eingestellt werden, so fehlen sie den Betrieben, weil es an einem großen Reservoir an geschulten Arbeitern mangelt und die Abrichtung neuer Arbeitskräfte oft länger dauert als die Konjunktur. Auch ergänzen sich hinsichtlich der Konjunktur die glatten Seidenstoffe und die Seidensamte, und die Arbeiter finden daher selbst bei getrennter Erzeugung durch verschiedene Betriebe jeweils bei anderen Firmen Verwendung. Nur dieser Umstand und der ungleich größere Inlandabsatz können den ungeheuren Aufschwung der weit jüngeren Krefelder Seidenindustrie erklären, wo man auf Grund des Inlandabsatzes schon lange an die weitgehende Spezialisierung schritt. So teilen sich die deutschen Firmen im wesentlichen in Erzeuger von Kleider- oder Blusen- oder Krawatten- oder Schirmstoffen, von Cachenez und von Samten, während in Österreich auch in dieser Branche (mit geringen Ausnahmen für Krawattenstoffe) fast jeder Betrieb alle Artikel der modernen Seidenindustrie erzeugt, ferner sowohl in Ganz- wie in Halbseidenwaren. Hierzu kommt, daß große deutsche und französische Färbereiunternehmungen zwar in Österreich einen modernen Großbetrieb eingerichtet haben, der die neuesten Verfahren auch in Österreich anwendet, aber trotz steter Fortschritte in manchen Spezialitäten doch erfolgeicher in den Mutterbetrieben arbeitet.

Für die österreichische Seidenindustrie war auch die außerordentlich rasche Entwicklung der nordamerikanischen Industrie insofern schädlich, als damit ein großer Teil des Absatzes an die lokale amerikanische Erzeugung abgegeben werden mußte.

Der Wert der Gesamtproduktion von Seidenwaren in Österreich beträgt ungefähr 100 Millionen Kronen, so daß Österreich unter den Hauptstaaten der Seidenindustrie gegenwärtig die siebente Stelle einnimmt, da es von den Vereinigten Staaten von Amerika, Frankreich, Deutschland, der Schweiz, Rußland und Italien übertroffen wird.

Die Hauptabsatzgebiete der österreichischen Seidenweberei sind Österreich und Ungarn. Nur ein verhältnismäßig geringer Teil der inländischen Seidenwarenerzeugung wird ausgeführt, und zwar hauptsächlich Krawattenstoffe und andere ähnliche Erzeugnisse, bei welchen es auf Geschmack und Erfindungsgeist in der Bemusterung ankommt. Dem Gesamtexport im Jahre 1912 von 16 Millionen Kronen stand ein Import aus der Schweiz, Deutschland und Italien von nicht weniger als 53 Millionen Kronen gegenüber.

Die Leinenindustrie.

Die Leinenindustrie [1]), dieser älteste, edle Zweig der Textilindustrie, der noch heute ausschließlich europäisches Material verarbeitet, befindet

[1]) Vgl. E. v. Stein, Die Leinenindustrie und ihre Gefährdung, in den Schriften des Vereins für Sozialpolitik 1900.

sich in der Monarchie, als Ganzes betrachtet, im Rückgange. Von der Erzeugung (siebenjähriger Felderturnus) und Behandlung des Rohmaterials (dabei unangenehmer, langwieriger Prozeß des Röstens und Brechens) bis in die Spinnerei und Weberei ist hier genaue Schulung und Erfahrung der Beteiligten die Voraussetzung. In den Tagen der Naturalwirtschaft, als die Bauern im eigenen Hause das Flachsmaterial verarbeiteten, waren sie unmittelbar an der Güte des Flachses und der genügend großen Ausbeute interessiert. Seit der Industrialisierung der Weberei sind diese Beziehungen zwischen landwirtschaftlicher Produktion und gewerblicher Verarbeitung weitgehend gestört[1]). So ist die Einschränkung des Flachsanbaues in der Monarchie[2]) trotz zumeist steigender Preise zu erklären. Hierzu kommt, daß beim Flachsbau Fehlernten häufig sind, daß er viel manuelle Arbeit erfordert, die der Bauer immer schwerer aufbringt, und wenig maschinelle Bearbeitung zuläßt. Rußland ist trotz Einschränkung auch seiner Anbaufläche der Hauptlieferant von Flachs geworden.

Der Rückgang der Flachsspinnerei in Österreich ist aber nicht in erster Linie auf den Rückgang des eigenen Anbaus an Flachs zurückzuführen, wie schon der Umstand erkennen läßt, daß die Spinnerei in Deutschland an Umfang gewinnt. Die Hauptschuld ist vielmehr die gegenüber dem Nachbarreiche geringere Kaufkraft in der Monarchie, die sich so weitgehend wie möglich der Verwendung von Textilien aus dem Surrogate der Baumwolle zuwendet. Die Leinenware ist noch mehr als anderswo zum Luxusartikel geworden.

Infolge der geringeren Beschäftigung der Spinnereien fehlt auch der Anlaß zur Erneuerung der maschinellen Anlagen, was wieder die Qualität und die Beschaffung der Garne im Gegensatze zur Auslandskonkurrenz ungünstig beeinflußt. Auch die Stuhlzahl der Webereien hat, in der Gesamtheit betrachtet, kaum zugenommen. Es ist nur an die Stelle der Handstühle die mechanische Weberei getreten.

---

[1]) Dafür ist wieder diese Beziehung z. B. bei der Erzeugung von Zucker und Spiritus eingetreten (s. o.).

[2]) Nach dem Annuaire international de Statistique Agricole, Rome 1914:

| Anbaufläche in ha | 1903 | 1911 |
|---|---|---|
| in Österreich ............ | 66 568 | 38 813 |
| in Ungarn............... | 20 872 | 15 769 |
| im europ. Rußland ...... | 1 559 939 | 1 301 365 |

Die Flachsspinnerei wie auch die Leinenweberei in Österreich, welche — und zwar besonders hinsichtlich der Damasterzeugung — technisch und im Geschmack auf der Höhe steht, sind ausgesprochene Exportindustrien geworden. Den Hauptteil des Exportes an österreichischen Leinendamasten beziehen die Vereinigten Staaten von Nordamerika. Der Mangel an Spezialisierung erschwert auch hier das Geschäft und verringert den Gewinn.

Hervorhebung verdient, daß im Jahre 1879 die seit dem Hubertusburger Frieden teils tatsächlich, teils vertragsmäßig bestehende zollfreie Ausfuhr von Rohleinen aus Österreich nach Orten Preußisch-Schlesiens und Sachsens zur vollständigen Aufhebung kam. Damit wurde hinsichtlich Leinen ein seit alters her bestehendes Gebiet gewerblicher und kommerzieller Union in zwei getrennte Teile zerschnitten.

In einer Gruppe seien alle jene Industrien und Gewerbe zusammengefaßt, bei denen der Geschmack eine besondere Rolle spielt und in denen die österreichische Produktion anerkannt Ausgezeichnetes leistet. Es sind vor allem Erzeugnisse der Mode, wie fertige Kleider, Pelzwerk, Wäsche, Hüte, alles einschlägige Zubehör, wie Blumen, Federn, Fächer, Spitzen. Des Damenschuhes und Handschuhes wurde schon in anderem Zusammenhange gedacht. Die österreichischen Städte, namentlich aber Wien[1]), rühmen sich mit Recht, daß die gesamte Bevölkerung, auch die minder bemittelten und besonders ihre weiblichen Vertreter, auf gefällige Kleidung ihre Aufmerksamkeit richten und bei voller Berücksichtigung der Nützlichkeit selbst mit einfachen Mitteln den Geschmack zur Geltung bringen. Dabei ist der Geschmack viel ruhiger und solider als in Paris, so daß sich die Leistungen Wiens für die Deckung des Bedarfs an Modeneuheiten und Modewaren des germanischen Mitteleuropas besser eignen als die von Frankreich und Paris.

Geschmack.

Mode.

Hierher gehört dann auch das vielfältige Kunstgewerbe, das einerseits unter dem Einfluß tüchtiger Fachschulen (an ihrer Spitze die Wiener Kunstgewerbeschule) steht und in den romanischen Kopierstilen wie neuerdings im modernen deutschen Werkbundstil Ausgezeichnetes leistet. Anderseits empfängt es aus der reichen, weitverbreiteten Volkskunst in den verschiedenen Gegenden mannigfaltige, von richtiger Materialbear-

Kunstgewerbe.

---

[1]) Was speziell die Wiener Industrien und Gewerbe anlangt, vgl. die einschlägige Übersicht von E. Pistor in Guglias „Wien".

beitung ausgehende Anregungen. Die Leistungen des österreichischen Kunstgewerbes auf den letzten Ausstellungen in Deutschland (Köln und Leipzig) haben bewiesen, daß Österreich imstande ist, sich frei von den Übertreibungen der ersten Versuchszeit richtunggebend auf dem Gebiete des brauchbaren und zweckmäßigen modernen deutschen Stiles zu betätigen. Die Ausstellungen haben das Ansehen dieses Produktionszweiges neuerdings gehoben. Hoffentlich erkennen dies die konservativen Kreise wenigstens nach dem Kriege an und werden, was ihre Vorfahren waren, nämlich bei aller Würdigung echter Kunstbetätigung der Vergangenheit, Mäcene auch der originalen Kunst der Zeit, in der sie leben, statt die Künstler und die Kunstgewerbler vorwiegend zur Kopierung romanischer und englischer Vorbilder zu zwingen.

Porzellan, Glas. Was im besonderen die berühmte Porzellanindustrie und die Glasindustrie anlangt, hat die erstere ihren Hauptsitz in der Karlsbader Gegend, während hinsichtlich der letzteren neben den vorwiegend den Inlandsbedarf versorgenden Tafelglasfabriken die Hohlglasindustrie mit dem Hauptsitze in Haida und die Schleifglaserzeugung mit dem Sitze in Steinschönau in Betracht kommt. Auch das Weltzentrum der Glas- und Kurzwarenindustrie Gablonz mit seiner außerordentlichen Mannigfaltigkeit von Waren und Warengattungen gehört hierher, schließlich ein österreichischer Spezialzweig, die Erzeugung elektrischer Glühlampen. Die deutsche Porzellan- und Glasindustrie hat sich in den letzten Jahren dank dem großen Inlandkonsum, der noch dazu infolge der zunehmenden Wohlhabenheit des Mittelstandes steigend hochwertige Waren verlangt, viel rascher entwickelt als die österreichische. Bemerkenswert ist die glänzende Entwicklung der deutschen Porzellanindustrie in Selb, hart an der böhmischen Grenze, wo mit vorwiegend österreichischen Hilfskräften aus österreichischem Kaolin und mit österreichischer Braunkohle ein an Bedeutung stets wachsender Mittelpunkt des einschlägigen Ausfuhrgeschäftes emporblüht.

Die Leistungen auf dem Gebiete der Metallwaren, besonders bezüglich der Verarbeitung von Weißmetallen (Krupp in Berndorf), Bronze, der Holzgalanteriewaren, welche letztere weitgehend in der reichen Volkskunst fußt, z. B. Gröden, näher zu beleuchten, würde zu weit führen.

Ungarische Industrieförderung. Noch ein kurzes zusammenfassendes Wort speziell über die staatliche Industrieförderung in Ungarn.

Sie wird seit dem Jahre 1881 auf Grund von Gesetzen planmäßig unter Gewährung auch von materiellen Zuwendungen [1]) betrieben. Die ungarische Regierung wurde darob von Volkswirten des In- und Auslandes teils belobt, teils heftig bekriegt. In letzterem Sinne wurde betont, daß die Subventionierung mit Geld modernen Prinzipien und denen gemeinsamer Volkswirtschaftspolitik eines Staatsganzen widerstreite. Ohne die theoretische Seite der Frage weiter zu berühren, muß gesagt werden, daß den Bemühungen der ungarischen Regierung um die Entwicklung der eigenen Industrie der Erfolg nicht abzusprechen ist.

Die Entwicklung der ungarischen Industrie wäre angesichts der Überlegenheit der österreichischen Industrie und der größeren Entfernung von den Geld- und Industriezentren des Westens voraussichtlich langsamer gewesen, wenn man auf die unbeeinflußte Betätigung der in- oder ausländischen Interessen hinsichtlich der Gründung von Fabriken gewartet hätte, und wenn nicht die Regierung durch ihre Initiative sowie die moralische und materielle Förderung die Erweiterung des industriellen Besitzstandes beeinflußt hätte. Daß es bei dieser Politik nicht ohne Mißgriffe abging, ist verständlich.

Die Subventionstätigkeit beeinflußt naturgemäß den ganzen Verwaltungsapparat und die industrielle Förderungstätigkeit sowohl des Staates als auch der Gemeinden, was nicht unterschätzt werden darf. Zusammenfassung.

Ein Überblick lehrt also, daß Österreich-Ungarn in einer Reihe von Branchen, die sich mit der Veredlung von Naturprodukten befassen, besonders auf dem Gebiete der Nahrungsmittelindustrie, dann weiters in der Textil-, Leder- und Papierindustrie durch einen

---

[1]) Nach den amtlichen Verlautbarungen waren von 1881—1910 folgende Unterstützungen gewährt:

| | | |
|---|---|---|
| Darlehen ............ | 2,9 | Millionen Kronen |
| Geldzuschüsse .......... | 40,8 | „ „ |
| Maschinensubventionen .. | 4,9 | „ „ |
| Zusammen | 48,6 | Millionen Kronen. |

Von den Barsubventionen waren bis Ende 1910 — es kommen hier 5- — 10-jährige Ratenzahlungen in Betracht — 16,6 Millionen Kronen ausbezahlt.

Mit diesen Aufwendungen wurden Investitionen an Kapital in der Höhe von 147 Millionen erzielt (also das 3—6 fache) und 52 800 Arbeitern Beschäftigung gegeben. Die Jahresproduktion der in Rede stehenden Betriebe wird von der ungarischen Regierung auf 300 Millionen Kronen geschätzt.

belangreichen Export über die Grenzen der Monarchie hinaus seine Leistungsfähigkeit beweist, daß weiters in diesem Sinne besonders alle jene zahlreichen Branchen der Bearbeitung in Betracht kommen, die abgesehen vom Kunstgewerbe hauptsächlich durch geschmackvolle Durcharbeitung und Ausstattung charakterisiert werden.

Die Schwierigkeiten hinsichtlich der Assoziation, des Aktienwesens, der hohen Besteuerung [1]), der reaktionären Gewerbeordnung, vor allem aber der in der Menge beschränkte, durch den niederen Kulturstandard großer inländischer Absatzgebiete beeinflußte Bedarf hindern eine volle große Entwicklung und die Ausnutzung der fast verschwenderisch vorhandenen Schätze an arbeitsfähigem und arbeitswilligem Menschenmaterial sowie an Bodenprodukten und einschlägigen Halbfabrikaten.

Es ist von der österreichisch-ungarischen Industrie trotz der im zu weitgehenden Agrarismus der Regierung, sowie in der stockenden, häufig ganz versagenden volkswirtschaftlichen Gesetzgebung gelegenen Hindernisse Bewundernswertes geleistet worden. Die österreichische Industrie hatte dabei auch noch mit dem zu geringen Entgegenkommen und Verständnis der Verwaltung [2]) zu kämpfen und darunter schwer zu leiden. Aber bei Vergrößerung des Marktes, Erleichterung der Spezialisierung, Hebung des Kultur- und Verdienstniveaus der rückständigen Gebiete ließe sich wohl in absehbarer Zeit das Versäumte nachholen.

Großhandel. Der Großhandel in Österreich-Ungarn zeigt unleugbar eine rückläufige Bewegung. Das gilt vor allem von der Textilbranche, wo der Engrossist früher eine ungleich größere Rolle spielte. Viele von den Textilhandelsfirmen wurden allmählich selbst Fabrikanten, als sie sahen, daß die Fabrikanten steigend das direkte Geschäft pflegten. Dasselbe gilt für die Eisenbranche, wo nur die mit dem Eisenkartell in engerer Fühlung stehenden Firmen übrig blieben. Ihre Zahl dürfte in der ganzen Monarchie 30 kaum erreichen, von denen sich 7 in Wien

[1]) Philippovich weist allerdings in einem Aufsatze (Steuern in Öst. und Deutschl., Ö. Volkswirt 1915, Nr. 35) darauf hin, daß die Besteuerung in Deutschland, nach der Kopfzahl berechnet, nicht derart höher ist, wie die Pessimisten behaupten (z. B. direkte Steuern 1912 in Öst. 48 K., in Preußen 40,55 M.).

[2]) Im Mai 1911 wurde in Österreich eine große Kommission zur Durchführung der Verwaltungsreform eingesetzt, die dann im Kriege (1915), ohne ihre Arbeiten beendet zu haben, aufgelöst wurde. Vgl. auch Dr. Herz, Die Schwierigkeiten der industriellen Produktion in Österreich, Braumüller, Wien.

befinden. Auch der Handel mit unedlen Metallen liegt in den Händen von nur 5 bis 6 großen Firmen, der Drogenhandel in denen von 3 Firmen, obwohl doch hier der Zwischenhandel wegen des Überseeverkehrs eine unbedingte Notwendigkeit darstellt. Im Exporthandel sinkt die Zahl und Bedeutung der Betriebe fast von Jahr zu Jahr, wobei sich auch hier die Überlegenheit von Hamburg, London und Paris [1]) geltend macht, die als Lagerhalter und Vermittler großen Stils den Betrieb des Großhandels in der Monarchie an sich ziehen.

Die rückläufige Tendenz besteht sogar auf dem Gebiete des Handels mit landwirtschaftlichen Produkten. Es hängt dies zunächst mit dem 1903 verfügten gesetzlichen Verbot des Terminhandels in Österreich zusammen. Während nun nach dem zwischen Österreich und Ungarn geschlossenen Ausgleiche vom Jahre 1906 der Terminhandel auch in Ungarn verboten werden sollte, geschah dies bisher nicht, sondern er blüht fort. Die Folge hiervon war, daß die Budapester Getreidebörse den größten Teil des österreichisch-ungarischen Getreideverkehrs an sich zog und auch eine Reihe von Wiener Getreidegroßfirmen nach Budapest abwanderte. Auf der anderen Seite nahmen die landwirtschaftlichen Genossenschaften auf Grund der Parole des Kampfes gegen den Zwischenhandel den Verkauf der Genossenschaftsprodukte in zunehmendem Maße selbst in die Hand.

Dieser Rückgang des Großhandels ist kein günstiges Symptom, namentlich wenn man die Erscheinung mit der Bedeutung des Handels in Deutschland oder gar in England vergleicht, obwohl sich ja auch dort Teile der Großindustrie zunehmend dem direkten Geschäfte zuwenden. Daß der Ruf nach möglichster Ausschaltung des Zwischenhandels von weiten Kreisen erhoben wird, und sogar Teile des Programmes einer politischen Partei in Österreich bildet, kann gewiß nicht eine ausreichende Erklärung für den außerordentlichen Rückgang im Großhandelsbetriebe bilden. Auch daß von gewissen Feinden des Handels behauptet wird, man bringe dem Zwischenhandel wegen übler Erfahrungen, die mit ihm gemacht wurden, zu wenig Vertrauen entgegen, kann sich gewiß nicht auf eine Regel stützen.

---

[1]) Die weitgehende Abhängigkeit der Monarchie von den Nordsee-Häfen machte sich besonders seit Ausbruch des Weltkrieges bemerkbar, weil eine Reihe von Branchen, gewöhnt an die Versorgung durch jene Häfen, ohne genügende Materialmengen dastanden, als Deutschland diese Stoffe für sich selbst beanspruchte.

Gewiß hindert auch die Zersplitterung des Bedarfs, der Wunsch der Fabrikanten, über die Wünsche der Kunden tunlichst unmittelbar unterrichtet zu sein, die Zusammenfassung durch große Zwischenhandelsfirmen. Die richtigste Erklärung dürfte wohl die sein, daß die in Betracht kommenden Umsätze bei aller Größe noch immer zu klein sind, um die Vermittlung des Engroszwischenhandels als dringend notwendig erscheinen zu lassen. Für diese Auffassung spricht wohl auch, daß der Kaufmannsbetrieb der industriellen und gewerblichen Erzeugung, der Groß- und Kleinhandel, der Kommissions- und Agenturbetrieb regellos neben- und gegeneinander arbeiten, ja daß sogar Großbanken ausgesprochene Warenengrosgeschäfte in sogenannten „Warenabteilungen" betreiben. Man geht auf Grund der Beurteilung dieser Tatsachen wohl nicht mit der Behauptung fehl, daß der Mangel eines blühenden, gut organisierten Zwischenhandels, — der doch den Fortschritt der Produktion zu fördern und den Verbrauch zu steigern vermag, — geradezu ein Merkzeichen begrenzter Wirtschaft und Wirtschaftspolitik bedeutet.

Für den Detailhandel ist charakteristisch, daß es in der ganzen Monarchie (mit Ausnahme von z. B. 3 Betrieben in Wien) fast keine Warenhäuser gibt. Die gewerbepolitischen Anschauungen von Behörden und Parteien sind gegen sie; auch das Publikum zieht den Spezialisten im Detailhandel dem zentralistischen Großbetrieb vor.

Dem Großhandel ist in den Banken, deren Einfluß auf die Kartellbildung immer mehr wächst, auch insofern ein wichtiger Konkurrent erwachsen, weil die Kartelle sehr oft den Verkauf den betreffenden Banken übertragen.

Banken. Es herrscht in Österreich-Ungarn im Gegensatze zum Deutschen Reiche fast ausschließlich der Typus der Großbanken vor, während die vorher vorhandenen mittleren Bankunternehmungen, die als finanzielle Mitarbeiter aufsteigender, mittlerer und kleiner Betriebe unleugbar große Bedeutung besitzen, noch rascher als in Deutschland in Rückbildung begriffen sind. Die österreichischen Banken mit einem im Jahr 1911 1295,6 Millionen betragenden Kapitale und Reservefonds in der Höhe von fast 500 weiteren Millionen Kronen stellen, abgesehen von ihren internationalen Beziehungen, einen achtunggebietenden Faktor dar.

Sparkassen. Hierzu kommen dann noch die Sparkassen, deren Kapital für

1912 in Ungarn allein, gemeinsam mit dem der Banken, fast mit 1½ Milliarden und Reservefonds von rund 700 Millionen Kronen angegeben wird. Die Aktiven der österreichischen Sparkassen werden für 1911 mit fast 7 Milliarden beziffert; die Summe der Spareinlagen in Ungarn belief sich auf über 4 Milliarden.

Aus der geschilderten günstigen Sachlage erklärt sich auch, daß die Monarchie trotz der vorherigen großen Auslagen, die die ständige Bedrohung der Südostgrenzen seit 1908 verursacht hatten, die Kriegsanleihen eigentlich leicht aufbrachte.

Ein Symptom dafür, daß sich die Beschränktheit des Marktes selbst in finanzieller Beziehung äußert, liegt ohne Zweifel darin, daß in Österreich-Ungarn auch die Banken das Einlagengeschäft im Stile von Sparkassen betreiben und auf diese Weise das Geld dem Anleihegeschäfte und der industriellen Investition zuführen.

Eine Übersicht über die Tätigkeit der Sparkassen im In- und Auslande stellt sich wie folgt:

| | | Einlagenguthaben in Millionen Kronen überhaupt | | In Kronen auf den Kopf der Bevölkerung | Konti auf je 100 Einwoher |
|---|---|---|---|---|---|
| Deutschland | 1911 | 18 680 | | 352 | 35,02 |
| Österreich | 1910 | 6 275 | zus. 10 388 | 222 | 22,83 |
| Ungarn | 1911 | 4 113 | | 195 | 10,41 |
| Großbritannien | 1910 | 5 301 | | 118 | 30,42 |
| Frankreich | 1909 | 5 149 | | 131 | 34,85 |
| Italien | 1910 | 3 920 | | 112 | 22,05 |

Diese Vergleichsziffern stellen sich für die Monarchie unzweifelhaft sehr günstig.

Die Donaumonarchie weist noch eine bekannte interessante Besonderheit auf, die beiden staatlichen Postsparkassen. Der Umsatz des österreichischen Institutes betrug 1913 257 Milliarden, der Scheckverkehr gegen 34 Milliarden (1914 über 36 Milliarden).

Auf dem Gebiete des Versicherungswesens verdient die Assicurazioni Generali in Triest mit ihrem Versicherungsstand von über 21 Milliarden besondere Hervorhebung.

Charakteristisch für Österreich-Ungarns Verkehrsverhältnisse sind einerseits die ungünstigen hydrographischen, anderseits die oro- Verkehr.

graphischen Verhältnisse. Ihr Einfluß läßt billigerweise kaum einen Vergleich mit dem Verkehrswesen anderer Länder zu.

Eine Ähnlichkeit mit den Verhältnissen in Deutschland liegt aber insofern vor, als hier wie dort der Schwerpunkt der agrarischen Produktion im Osten des Landes liegt. Der Westen ist auf den Import aus den östlichen Reichsteilen angewiesen. Der Eisenbahnverkehr wird wesentlich durch den Donauweg konkurrenziert.

Die nicht genügend günstigen hydrographischen Verhältnisse, der Mangel an billiger Zufuhr von Gütern durch die Kanäle beeinträchtigen natürlich die Entwicklung der Eisenbahnen, wenn auch nicht so sehr wie die orographischen.

In Österreich erhöhen die weiten Gebirgsstrecken die Anlagekosten und auch die des Betriebes. Hierzu kommt, daß infolge der geringeren städtischen und industriellen Entwicklung Waren (und Reisende) weiter transportiert werden müssen als z. B. in Deutschland, wobei natürlich die Frachtbelastung der Waren innerhalb der gegebenen Grenzen gehalten werden muß. Erfreulicherweise haben sich die Erträge des österreichischen Eisenbahnverkehrs in der letzten Zeit sehr gebessert, da die Verzinsung im Jahre 1913 auf 3,53% gestiegen ist. Auf Grund der früheren schwankenden Eisenbahnpolitik des Staates stehen die österreichischen Bahnen teuer, nämlich mit 5260 Millionen zu Buch, was mit einem entsprechend kostspieligen Zinsendienst verbunden ist. Die früheren Privatbahnen trachteten, im Moment der Verstaatlichung die Bahn in einem möglichst ausgenutzten Zustand zu übergeben, was bis vor kurzem außerordentlich große Investitionen verlangte. Angesichts all dieser mißlichen Umstände ist das heutige Erträgnis ohne Zweifel ein sehr befriedigendes zu nennen. Bekanntlich ist das Erträgnis der preußisch-hessischen Bahnen in den letzten Jahren etwas (auf 7,17 %) gefallen.

Österreich-Ungarn steht mit 45 823 km Betriebslänge im Jahre 1912 in Europa hinter Deutschland (mit 62 700), hinter Rußland (mit 62 000) und hinter Frankreich (mit 50 000) an vierter Stelle. Die Zahl der geleisteten Tonnenkilometer betrug in Deutschland 20 Milliarden, in Österreich-Ungarn 12 Milliarden, bei einer durchschnittlichen Einnahme per Tonnenkilometer von 2,55 Pfennig gegen 4,63 Heller. Im Personenverkehr betrug der von einem Reisenden durchschnittlich zurückgelegte Weg in Deutschland 23 km gegen 39 km in Österreich.

Hier zeigt sich deutlich das oben erwähnte geographische Moment. Die Einnahmen aus dem Personenverkehr stellten sich für den Personenkilometer auf 2,53 Pfennig gegen 3,18 Heller. Wird erwogen, daß die Gesamtsumme der zurückgelegten Personenkilometer in Preußen 25 Milliarden gegen 5—7 Milliarden in Österreich betrug, so wird ersichtlich, unter wie ungünstigen Verhältnissen die österreichischen Eisenbahnen arbeiten müssen.

Die österreichischen Eisenbahnen sehen sich also vor die Aufgabe gestellt, verhältnismäßig größere räumliche Entfernungen zu überwinden, als dies im Deutschen Reiche der Fall ist, um ihrer volkswirtschaftlichen Aufgabe zu entsprechen. Ganz besonders gilt dies auch von dem Verkehre des Inlandes mit dem Haupthandelshafen Triest, wo, abgesehen von den Traktionsschwierigkeiten, verhältnismäßig dünn bevölkerte, industriell und agrarisch wenig entwickelte Gebiete durchfahren werden müssen. Aus diesen vorerwähnten Tatsachen ergibt sich, daß die Verhältnisse der österreichischen Eisenbahnen keineswegs, wie es oft geschieht, ohne weiteres mit denen der deutschen Verwaltungen verglichen werden können. Insbesondere ist es nicht richtig, die österreichische Eisenbahnverwaltung allein für die verhältnismäßig geringen Erträgnisse der österreichischen Linien verantwortlich zu machen.

In Ungarn setzte mit dem Jahre 1876 die Periode der Verstaatlichung und das Abgehen von dem schädlichen Prinzip der Privatbahnen mit staatlicher Zinsengarantie ein. 1888 bringt dann Baros mit kühnem Griff seinen Zonentarif zur Einführung, der eine ganz außerordentliche Verbilligung des Nah- und Fernverkehrs in Ungarn und damit eine riesige Verkehrssteigerung mit sich brachte (von 18½ Millionen Reisenden 1890 auf fast 72 Millionen 1911). Die Länge der Staatsbahnen betrug 1911 8123 km, die der Verwaltung des Staates unterstehenden Vizinalbahnen 9498 km, die der Privatbahnen 8367 km.

Die österreichische Seeschiffahrt.

Ende des Jahres 1913 verfügte die österreichisch-ungarische Seeschiffahrt über 269 Dampfer mit rund 580 000 Netto-Tonnen und 900 000 Brutto-Tonnen [1]). Die österreichische Handelsmarine steht

[1]) Die österreichische Handelsmarine besitzt kein einziges Segelschiff weiter Fahrt mehr.

demnach an zehnter Stelle und wird außer von England, Nordamerika, Deutschland, Norwegen, Frankreich und Italien auch von Griechenland, Holland und Schweden übertroffen.

Die genannten Staaten sind entweder solche mit ausgesprochen maritimer Lage, so daß sie nur oder fast nur mit Hilfe des Meerverkehrs erreicht werden können, oder sie sind, gestützt auf reiches Hinterland, mit dem sie schiffbare Flußläufe verbinden, die Vermittler des Import- und Exportverkehrs, oder sie besitzen eben die Flotte aus einer großen Zeit expansiver Kolonialpolitik und haben sie seit jeher gepflegt.

Für den österreichischen Seeverkehr fehlt es fast an jeder dieser Voraussetzungen: Die Zentren der Industrie in Österreich und Ungarn liegen weit ab von der Meeresküste, die Zwischengebiete sind gebirgig und industriell rückständig; die Niederlassung von Industrien an den Meeresgebieten setzte erst in den letzten 10—15 Jahren ein.

Erst das 19. Jahrhundert mit seinen Erfindungen in Dampfschiffahrt und Eisenbahnverkehr, diesen Mitteln hochmoderner Verkehrspflege und Verkehrsorganisation, hat besonders für Triest die Grundlage der vollen Entwicklung gebracht.

Die Einflußsphäre von Triest hinsichtlich der Fracht reicht nunmehr bis in die Gegend von Prag und dank der Tauernbahn bis in die Gegend von Nürnberg und Mannheim. Damit hat Triest nicht nur für Österreich-Ungarn, sondern auch für Deutschland an Bedeutung gewonnen; es ist auch hinsichtlich der Landverbindungen ein internationaler Hafen geworden.

Es zeigt sich, daß Triest, erst nur im Mittelmeere bedeutend und Südfrüchte- und Kolonialwarenhandel aus dem näheren Oriente betreibend, erst auf Indien übergreift, in den letzten 15 Jahren aber eine rasche Entwicklung hinsichtlich des weiteren Überseeverkehrs überhaupt nimmt. Hierbei ist ihm Fiume, energisch von der ungarischen Regierung gefördert, stetig nachgefolgt.

Triest kam im Jahre 1912 hinsichtlich der Import- und Exportmengen ungefähr Havre gleich. Von 1912 auf 1913 ist die Ziffer um rund 14% gestiegen [1]).

[1]) Die Güterbewegung (Ein- und Ausfuhr) stellt sich nach dem Bericht der Handelskammer in Triest für das Jahr 1913 in Mill. q wie folgt: Marseille 98, Genua 74, Bremen 71, Triest 34,5, Venedig 26,7, Fiume 20,98.

Einen wichtigen Wendepunkt der österreichischen Schiffahrt und einen Beweis ihrer Entwicklung stellt die im Jahre 1906 verfügte Teilung des Verkehrs zwischen dem österreichischen Lloyd und der jungen, mit der Hamburg-Amerika-Linie und dem Bremer Lloyd in enger Verbindung stehenden Austro-Americana dar.

Die letztere übernahm den Verkehr nach Nordamerika, während betreffs Südamerikas eine Teilung vereinbart wurde. Dagegen blieb dem österreichischen Lloyd der Linienverkehr nach dem näheren und ferneren Osten bis China und Japan.

Der österreichische Lloyd hat in der letzten Zeit eine sehr günstige Entwicklung genommen, die sich auch in der Dividendenzahlung ausdrückt; die letztere bezifferte sich 1913 auf 7½ %[1]).

Der österreichische Lloyd hat sich trotz der wachsenden Konkurrenz der italienischen und griechischen Handelsflotte als der weitaus wichtigste, geachtetste Schiffahrtsfaktor im östlichen Becken des Mittelmeeres für den Verkehr mit Kleinasien und Ägypten behauptet. Die Ausgestaltung des Eildienstes mit Indien in einen einwöchentlichen, mit China und Japan in einen 14tägigen, wurde allerdings durch den Krieg aufgehalten.

Die Austro-Americana kann sich dank der kaufmännischen Tüchtigkeit ihrer Leitung rühmen, eine Rekordentwicklung hinter sich zu haben, indem sie in den Jahren ihres Bestandes (1904—1913) den Wert ihrer Flotte von 1½ auf 30 Millionen Kronen hob, und den Gesamtverkehr an Gütertonnen von 230 000 t auf über 1 Million (Lloyd 1½ Millionen)[2]).

Mit der Ausgestaltung der Austro-Americana, besonders mit der modernen Einrichtung der Verkehrsroute nach New-York hat Triest auch für den Auswandererverkehr nach Nordamerika Bedeutung gewonnen, der sich bisher aus den österreichischen und ungarischen Auswanderungsgebieten weit überwiegend über Hamburg und Bremen bewegt hatte. Die bestehenden Kartellvereinbarungen des Schiffahrtpools hatten Triest, von dem man annehmen mochte, daß

[1]) Der Lloyd verfügt dermalen über eine Flotte von fast 70 Schiffen mit rund 300 000 Bruttotonnen, die Austro-Americana über fast 40 Schiffe mit rund 150 000 Bruttotonnen.

[2]) Durch den Krieg wurde auch die Eröffnung der neuen Linie der Austro-Americana nach Chile (durch den Panamakanal) gestört.

es auf lange Zeit keine belangreiche Rolle im Personenverkehr mit Nordamerika spielen dürfte, ein Kontingent von 4% zugebilligt.

In Würdigung des Wertes loyaler Konkurrenz für jede wirtschaftliche Aktion, namentlich für den Hafenverkehr, sowie im Interesse der Ausdehnung des Liniennetzes, nahm die österreichische Regierung das Angebot der Canadian Pacific an, die 1913 eine Dampferlinie zwischen Triest und Montreal einrichtete und gleichzeitig äußerst strenge Kontroll- und Fürsorgemaßnahmen betreffend den österreichischen Auswandererverkehr auf sich nahm.

Der darauffolgende heftige Kampf mit dem unter Führung von Hamburg und Bremen stehenden Schiffahrtskartell endigte im wesentlichen damit, daß betreffs der Linie eine Vereinbarung zwischen der Canadian und der Austro-Americana hergestellt wurde, während der Pool zustimmte, daß das Triester Auswanderer-Kontingent erst auf 7 und allmählich auf 10% gebracht werden soll. So wurde die Stellung Triests erfolgreich gegenüber der internationalen (nach dem Gebote der Sachlage auch gegenüber der deutschen) Schiffahrt zur Geltung gebracht, seine Bedeutung als Aus- und Einfallstor österreichischen und reichsdeutschen Handels gehoben und auch für die Zukunft die Entwicklungsmöglichkeit der heimischen Schiffahrt sichergestellt. Mit der Beendigung der geplanten Arbeiten der Ausgestaltung des Triester Hafens — namentlich was die Kohlenverladung modernen Stils, die Verbreiterung der Riven und die Vermehrung der Moli durch riesige Anschüttungen (von rund einer Million $m^2$ an Oberfläche) usw. betrifft — muß Triest weiter aufblühen.

Von den 12 anderen österreichischen Schiffahrtsgesellschaften sei die Gesellschaft D. Tripcovich und die Navigazione libera Triestina hervorgehoben.

Zwischen Österreich und Ungarn bestehen hinsichtlich der Seeschiffahrtspolitik Abmachungen, die von Zeit zu Zeit erneuert und ergänzt werden.

Ungarn verfügt über 6 Seeschiffahrtsgesellschaften. Der Staat hat die Gesamtsubvention für Schiffahrtszwecke auf 11 Millionen Kronen erhöht, wodurch die Erneuerung des Schiffsparkes der Adria, die Verdichtung ihrer Linien nach Marokko und Tripolis sowie die Ausgestaltung des Liniennetzes der Ungaro-Croata gesichert ist.

Die Levante-Gesellschaft hat neue Linien nach Australien und Holländisch-Indien eingerichtet.

Dringend notwendig für die weitere Hebung der österreichischen Seeschiffahrt ist die zeitgemäße, seit 1840 vergeblich geforderte Reform der rechtlichen Grundlagen: für das öffentliche Seerecht gilt auch heute noch das von Maria Theresia, der eifrigen Förderin Triests und der heimischen Schiffahrt, im Jahre 1774 erlassene und seinerzeit mustergültige Navigationsedikt, für das Privat-Seerecht das II. Buch des Code de Commerce Napoleons aus der Zeit der französischen Okkupation des Küstenlandes. Beide Grundlagen sind natürlich ganz veraltet; nur so ist es möglich, daß das wirtschaftlich schädliche Karatsystem noch immer gilt, während es eine Seehypothek nicht gibt. Das Marineförderungsgesetz vom Jahre 1907 hat überwiegend günstige Erfolge erzielt [1]).

Die volkswirtschaftliche Bedeutung der Donau wird durch die Schwierigkeiten der Schiffahrt sehr beeinträchtigt. Diese Schwierigkeiten wurden erst durch die moderne Technik teilweise beseitigt. In dieser Beziehung kommen die ausgedehnten kostspieligen Flußregulierungen in Betracht und hier vor allem jene zur Schaffung des Eisernen Tor-Kanals, der auf dem Berliner Kongreß beschlossen worden war und 1896 eröffnet wurde [2]). Die Möglichkeit des Baues von Zufuhrkanälen ist beschränkt, da weder der Donau-Oderkanal noch der Donau-Moldaukanal sich angesichts der hohen Kosten kaum je rentieren würde. Dagegen verspricht allerdings die Verbindung der Donau mit dem Rhein eine Erhöhung der Bedeutung der Donau als Wasserweg, weil dann eine wichtige, billige Durchgangsroute für den Güteraustausch von Osten nach Westen geschaffen wäre. Bei der Länge der in Betracht kommenden Distanzen ist aber für die Monarchie eine Vorbedingung, daß hier wie auf der Elbe die

Binnenschiffahrt.

---

[1]) Vergleiche auch Dr. P. Schreckenthal: Die österreichische Seeschiffahrt und die österreichische Schiffahrtspolitik in den Beiträgen zur Wirtschaftskunde Österreichs.

[2]) Früher konnten die Schleppkähne bei niederem Wasserstande nicht oder nur bei seichtem Tiefgange durch die Donau-Katarakte remorkiert werden, weshalb sie oft und lange in Turn-Severin auf günstigen Wasserstand warten mußten. Vor der Regulierung konnte daher ein Schlepper die Fahrt von Galatz nach Regensburg und zurück im Jahre ein- bis zweimal machen, jetzt fünf- bis sechsmal. Die Passagiere wurden früher in der Kataraktstrecke mit der Achse befördert, weil große Passagierdampfer schon mit einem Tiefgang von 1,4 m die Strecke nur bei günstigem Wasserstand passieren konnten.

garantierte Freiheit von Schiffahrtsabgaben erhalten und damit auch das staatliche Schleppmonopol abgewehrt bleibt.

Jedenfalls ist für die Donau mangels der Verbindung nach Westen und der noch lange nicht genügenden Entwicklung des Verkehrs mit den Balkanstaaten und dem näheren Orient die Zeit der vollen Ausnutzung noch nicht gekommen. Der Vollständigkeit halber sei hervorgehoben, daß für den Verkehr auf der Donau 3 Schiffahrtsgesellschaften zur Verfügung stehen, die 1830 gegründete Donaudampfschiffahrtsgesellschaft [1]), die Ungarische Fluß- und Seeschiffahrtsgesellschaft [2]) und die von früher her die bayrische Flagge führende Süddeutsche Donaudampfschiffahrtsgesellschaft [3]). Sie wurde 1910 von der österreichischen Regierung aufgekauft, um eine den Frachtenverkehr schädigende Kartellierung der Donaugesellschaften zu verhindern. Von dem Frachtenverkehr auf der Donau besorgt die ungarische Gesellschaft rund 40 %.

Der Elbeverkehr mit rund 33 Millionen q Fracht ist der Menge nach trotz ungünstiger Wasserverhältnisse fast demjenigen Triests gleich.

Fremdenverkehr.

Alle diese Verkehrsorganisationen kommen für den Fremdenverkehr, dem die Schweiz und Italien so reiche Einkünfte schon heute verdanken, weitgehend zugute.

Eine Verbilligung der Lebensführung, besonders hinsichtlich der Lebensmittelversorgung (wobei besonders das benachbarte Bayern als Vorbild zu dienen hätte), würde ohne Zweifel den Fremdenverkehr auch der mittleren Klassen (und sie wirken gerade durch ihre Massen) wesentlich fördern.

Wohl steht schon heute auf dem Gebiete des Fremdenverkehrs der Besuch aus Deutschland an erster Stelle, aber es läßt sich wohl annehmen, daß er nach dem gemeinsam geführten Kriege einen namhaften weiteren Aufschwung nehmen wird. Kein Teil der Alpen, überhaupt keine der hohen Gebirgsketten in Europa ist derartig planmäßig erschlossen wie die österreichischen, kaum ein Gebiet ist so reich an Gegensätzen zwischen der schneebedeckten Hochgebirgswelt einerseits

---

[1]) Aktienkapital 60 Millionen Kronen, rund 150 Dampfer und 870 Schlepper, Ausdehnung des Liniennetzes für den Güterdienst 4240 km.

[2]) Kapital 10 Millionen, rund 50 Dampfer und 275 Warenboote.

[3]) Die Gesellschaft betreibt nur den Güterverkehr. Kapital 3 Millionen Mark, 12 Dampfer, 3 Motorfrachtkähne (System Bolinder) und 115 Schleppkähne.

und den nördlichen oder südlichen Kalkalpen, besonders den Dolomiten, andererseits. Der berühmten Heilquellen in Österreich und Ungarn und ihrer berechtigten Anziehungskraft wurde schon in anderem Zusammenhange gedacht.

Ein Zweig ganz eigenartigen Reisens, das auf dem kulturpolitischen Studium der so verschiedenartigen, zumeist ungemein malerischen, kunstfertigen und folkloristisch so interessanten Völker Österreichs und vielleicht noch mehr Ungarns (zum Beispiel Besuch eines magyarischen Erntefestes, slovakischer oder rumänischer Kirchenfeste), Bosniens und der Herzegowina zu beruhen hätte, ist unbegreiflicherweise bis heute nicht entwickelt, obwohl diese Art des Reisens wegen der starken, wechselvollen Eindrücke aus Ebene und Gebirge, aus Stadt und Land, aus tausendjähriger Geschichte und reizvoller, natürlicher Ursprünglichkeit eine sonst kaum in ähnlicher Weise zu gewinnende Belehrung, Anregung und angenehme Erinnerung bietet.

---

## Die wichtigsten Bilanzen.

Ein Vergleich des Außenhandels von Österreich-Ungarn (Ein- und Ausfuhr) mit den wichtigsten Staaten ergibt für 1913 in Millionen folgendes Bild: Handelsbilanz.

| | |
|---|---|
| Großbritannien | 28 644,7 |
| Deutsches Reich | 22 530,0 |
| Vereinigte Staaten von Amerika | 17 971,2 |
| Frankreich | 12 307,0 |
| Niederlande (1912) | 11 210,0 |
| Belgien | 6 924,1 |
| Rußland (1912) | 5 811,7 |
| Österreich-Ungarn | 5 233,8 |
| Italien | 4 913,3 |

Die Gesamtziffer der Ein- und Ausfuhr von rund 5,2 Milliarden zeigt zunächst die Stellung Österreich-Ungarns im internationalen Güteraustausch, die die Monarchie (wenn man Holland und Belgien außer acht läßt, deren große Exportziffern weitgehend auf den Durchfuhrverkehr zurückzuführen sind) zwischen Rußland und Italien placieren, wobei wieder Rußland von England, Deutschland, den Vereinigten Staaten und Frankreich übertroffen wird.

## Handelsbilanz der Monarchie

(einschließlich des Veredlungsverkehrs in Millionen Kronen).

| | 1903 | 1905 | 1906 | 1907 | 1908 | 1909 | 1911 | 1912 | 1913 |
|---|---|---|---|---|---|---|---|---|---|
| Einfuhr ... | 1936 | 2213 | 2411 | 2587 | 2467 | 2821 | 3275 | 3670 | 3509 |
| Ausfuhr... | 2236 | 2391 | 2598 | 2658 | 2389 | 2475 | 2583 | 2927 | 2988 |
| Überschuß der Einfuhr | — | — | — | — | 78 | 346 | 692 | 743 | 521 |
| Überschuß der Ausfuhr | 300 | 178 | 187 | 71 | — | — | — | — | — |

Die Handelsbilanz der Monarchie, die vorher aktiv gewesen war, zeigt knapp nach Beginn der letzten handelspolitischen Ära (Anfang 1906) eine langsame, aber deutliche Zunahme der Passivität, die schließlich zwischen 500 und 750 Millionen schwankt.

Eine nähere Untersuchung ergibt schon für die Zeit von 1902 bis 1911 eine ungefähre Verdoppelung in der Einfuhr der Roh-, Halb- und Ganzfabrikate [1]). Die Ausfuhr ist demgegenüber ungleich weniger gestiegen, nur um rund 25%. Beide Momente sprechen allerdings auch für die Zunahme des inländischen Konsums.

Das ungünstige Bild in der Ausfuhr ist wesentlich dadurch bedingt, daß zwar die Ausfuhr der Erzeugnisse der Industrie und des Bergbaues um rund 50% gestiegen ist, daß aber die der Landwirtschaft sogar zurückging.

Zwischenverkehr Österreichs und Ungarns.

Ein Blick auf den Verkehr zwischen Österreich und Ungarn im letzten Jahrzehnt, den Werten nach betrachtet, zeigt die Bedeutung, welche diese zwei Gebiete als Produzenten und Abnehmer füreinander besitzen.

---

[1]) Wert der Einfuhren in Millionen Kronen:

| | Rohstoffe | Halbfabrikate | Ganzfabrikate |
|---|---|---|---|
| 1902 | 1 003,5 | 249,1 | 467,7 |
| 1911 | 1 831,1 | 484,7 | 875,9 |

## Zwischenverkehr Österreich-Ungarns in den Jahren 1903—1913 (in Millionen Kronen).

(Ausschließlich des Verkehrs in edlen Metallen und Münzen.)

| Jahre | Ein- und Ausfuhr | Einfuhr aus Ungarn | Ausfuhr nach Ungarn | Mehreinfuhr aus Ungarn | Mehrausfuhr nach Ungarn |
|---|---|---|---|---|---|
| 1903 | 1848 | 944 | 903 | 41 | — |
| 1904 | 1967 | 993 | 974 | 19 | — |
| 1905 | 1992 | 988 | 1003 | — | 15 |
| 1906 | 2272 | 1082 | 1190 | — | 108 |
| 1909 | 2592 | 1286 | 1306 | — | 20 |
| 1910 | 2691 | 1294 | 1396 | — | 102 |
| 1911 | 2909 | 1377 | 1532 | — | 155 |
| 1912 | 3040 | 1457 | 1582 | — | 125 |
| 1913 | 2863 | 1380 | 1483 | — | 103 |

Der Gesamtumsatz schwankt in den letzten Jahren zwischen 2,8 bis über 3 Milliarden Kronen, und das Wesentliche ist, daß die beiden Staaten mit Unterschiedschwankungen von 100—150 Millionen Kronen, was ungefähr 3½ bis 5% von der Gesamtsumme entspricht, und daher nicht ins Gewicht fällt, fast zu gleichen Teilen partizipieren.

Die Ausfuhr Ungarns nach Österreich ist in der Zeit von 1903 bis 1913 von 944 auf 1380 Millionen, d. i. um 46,2% gestiegen, wobei allerdings dreimal ein Rückschlag eintrat. Die Ausfuhr Österreichs nach Ungarn ist dagegen in der genannten Zeit unausgesetzt gestiegen und zwar von 903 auf 1483 Millionen, d. i. um 64,2%, also bedeutend rascher. So erklärt sich, daß für Österreich die Zwischenverkehrsbilanz von 1905 auf einmal eine aktive wird und trotz gewisser Schwankungen, die mit den Ernten zusammenhängen, aktiv bleibt. Was die Warenmengen anlangt, übertrifft allerdings die ungarische Einfuhr noch immer die österreichische, obwohl die Ziffer der ersteren seit 1900 fast konstant fällt, weil der Eigenkonsum Ungarns steigt.

Ungarns Einfuhr besteht über die Hälfte aus Rohstoffen, die Österreichs zu rund 70% aus Ganzfabrikaten. Zur näheren Erklärung sei beigefügt, daß sich im Jahre 1913 die Einfuhr aus Ungarn in Getreide, Malz, Hülsenfrüchten, Mehl und Mahlprodukten, sowie Reis [1]) auf 507 Millionen bezifferte, in Schlacht- und Zugvieh auf fast

[1]) Das Erzeugnis der großen Fiumaner Reisschälfabrik.

300, in tierischen Produkten und in Getränken auf je rund 50 Millionen Kronen, in Baumwollgarnen und Waren dagegen auf 32, in Leder und Lederwaren auf 28 Millionen Kronen.

Österreichs Ausfuhr nach Ungarn bestand dagegen 1913 hauptsächlich aus folgenden Industrieprodukten:

| | |
|---|---|
| Baumwolle, Garn und Waren daraus ..... | 257 Mill. K |
| Wolle, Wollgarne und Wollwaren ......... | 140 Mill. K |
| Konfektionswaren ....................... | 113 Mill. K |
| Leder und Lederwaren.................. | 115 Mill. K |
| Eisen und Eisenwaren .................. | 97,5 Mill. K. |

Aus den in Betracht kommenden Waren ergibt sich, daß Ungarn eben seine vorwiegende Agrarproduktion nicht so rasch gesteigert hat und steigern konnte, wie Österreich die Leistungsfähigkeit seiner Industrie, die daher auch wachsend nach Ungarn importiert[1]).

Verkehr mit dem Ausland.

Ein Vergleich des Verkehrs der Monarchie mit den wichtigsten Auslandstaaten liefert für 1912 und 1913[2]) (Wert in Millionen Kronen) folgendes Bild:

| | 1912 | | | 1913 | | |
|---|---|---|---|---|---|---|
| | Einfuhr n. Österr.-Ungarn | Ausfuhr a. Österr.-Ungarn | Zusammen | Einfuhr n. Österr.-Ungarn | Ausfuhr a. Österr.-Ungarn | Zusammen |
| Deutschland ...... | 1 405 | 1114 | 2519 | 1366 | 1110 | 2476 |
| Großbritannien .... | 245 | 257 | 502 | 217 | 270 | 487 |
| Ver. Staaten...... | 349 | 64 | 413 | 323 | 70 | 393 |
| Rußland ......... | 228 | 91 | 319 | 202 | 102 | 304 |
| Italien ........... | 163 | 239 | 402 | 169 | 216 | 385 |
| Brit. Indien ...... | 199 | 63 | 262 | 233 | 95 | 283 |

Verkehr mit Deutschland.

Aus dieser Zusammenstellung ergibt sich, daß der Staat, mit dem die Donaumonarchie schon jetzt handelspolitisch am engsten verknüpft ist, weil mit ihm der Austauschverkehr der Donaumonarchie weitaus die größte Rolle spielt, bekanntlich Deutschland ist[3]).

[1]) Analog wie Deutschlands Industrie nach der Donaumonarchie.

[2]) Ohne Veredlungsverkehr, Edelmetalle, Münzen.

[3]) Österreich-Ungarn ist nach der reichsdeutschen Statistik der zweitgrößte Abnehmer Deutschlands, das 1913 der Monarchie für 1104,8 Mill. Mk. Waren lieferte, und nur England mehr, nämlich für 1438 Mill. Mk.; an dritter Stelle steht Rußland mit 880, an vierter Frankreich mit 780 Mill. Mk. Was den Import nach Deutschland anlangt, ist allerdings der der Vereinigten Staaten

Die nachstehende Tabelle gibt Aufschluß über die Entwicklung des Austauschverkehrs zwischen der Donaumonarchie und Deutschland, sowie über die Aktivität und Passivität dieses Verkehrs:

## Handelsverkehr zwischen Österreich-Ungarn und Deutschland[1]) 1902—1913 (in Millionen Kronen).

| | 1902 | 1903 | 1904 | 1905 | 1906 | 1907 | 1908 | 1909 | 1910 | 1911 | 1912 | 1913 |
|---|---|---|---|---|---|---|---|---|---|---|---|---|
| Einfuhr aus Deutschland | 659 | 706 | 775 | 820 | 923 | 993 | 1010 | 1082 | 1169 | 1282 | 1441 | 1397 |
| Ausfuhr nach Deutschland | 937 | 1024 | 974 | 1041 | 1053 | 1085 | 974 | 972 | 992 | 977 | 1141 | 1143 |
| Gesamtverkehr | 1596 | 1730 | 1749 | 1861 | 1976 | 2078 | 1984 | 2054 | 2161 | 2259 | 2582 | 2540 |
| Überschuß der Einfuhr aus Deutschland | — | — | — | — | — | — | 36 | 110 | 177 | 305 | 300 | 254 |
| Überschuß der Ausfuhr nach Deutschland | 278 | 318 | 199 | 221 | 130 | 92 | — | — | — | — | — | — |

Die Tabelle zeigt zunächst, daß der gesamte Verkehr mit Deutschland von rund 1596 Millionen (1902) auf 2540 Millionen (1913), also um 59%, gestiegen ist. Dabei ist interessant, daß innerhalb dieser 11 Jahre der Export der Donaumonarchie nach Deutschland mit 1—1,1 Milliarden gleichblieb, während Deutschlands Einfuhr nach der Monarchie von 695 auf 1397 Millionen, also auf mehr als das Doppelte, stieg.

Der Wendepunkt fällt mit der neuen Vertragsära zusammen, wo die Monarchie in der Hoffnung auf große Agrarexporte beim Abschluß des Handelsvertrags mit Deutschland [2]) und der Schweiz Opfer hinsichtlich des Zollschutzes der eigenen Industrie brachte. Der öster-

(1700 Mill. Mk.), Rußlands (1400 Mill. Mk.) und Englands (870) größer als der der Monarchie (827 Mill. Mk.). Dank der Bedeutung der deutschen Hafenstädte für Österreich-Ungarn (s. o.) kommt allerdings ein Teil des Ex- und Imports der Donaumonarchie im Verkehre mit Deutschland nur als Durchfuhrgut in Betracht.

[1]) Einschließlich des Veredelungsverkehrs, aber ohne Münzen und Edelmetalle.

[2]) Abgeschlossen am 25. Januar 1905, in Kraft seit 1. März 1906.

reichisch-ungarische Überschuß im Verkehr mit Deutschland ging schon im Jahre 1906 auf die Hälfte zurück, um im Jahre 1908 dem nunmehr ständig bleibenden Passivum Platz zu machen.

Diese Umkehrung im Aktivum und Passivum der Bilanz hängt aber gewiß nicht nur mit der für Deutschlands Exportindustrie vorteilhafteren Gestaltung des Handelsvertrages zusammen, sondern auch damit, daß Deutschlands wachsende Industrie die gebotenen Aussichten weitestgehend ausnützte, und zwar namentlich in schlechteren Inlandjahren.

Eine Durchsicht muß in der Ein- und Ausfuhr die in der nachstehenden Tabelle auf S. 126 und 127 aufgeführten und einander gegenübergestellten Waren als wichtig herausgreifen.

Wenn man die wichtigeren Ausfuhrgüter des österreichisch-ungarisch-deutschen Verkehrs zusammenzählt, so ergibt sich, daß die Exportgüter der Land- und Forstwirtschaft sowie des Bergbaues, also die einschlägigen Rohstoffe und Halbfabrikate, mehr als die Hälfte der ganzen österreichischen Ausfuhr ausmachen. In diesem weitgehenden Maße liefert die Donaumonarchie der deutschen Industrie Material, statt es selbst zu verarbeiten. Aus Deutschland werden zwar für fast 200 Millionen Kronen Steinkohle und Koks eingeführt, und durch Vermittlung des deutschen Überseehandels Baumwolle und Wolle im Werte von rund 130 Millionen Kronen, aber der Rest von mehr als 1 Milliarde sind Industrieartikel[1]).

Die wirtschaftliche Überlegenheit Deutschlands gegenüber der Donaumonarchie geht aus diesen Ziffern am schlagendsten hervor.

Die Bedeutung der deutschen Industrie ist das Ergebnis der besonderen Tüchtigkeit, des rastlosen Fleißes und der Organisationsfähigkeit der deutschen Unternehmer, die einerseits den (auch ihrerseits emsig und zielbewußt vorwärts strebenden) Arbeitermassen und allen mit der Produktion sonst zusammenhängenden Schichten der Bevölkerung Verdienst und mit dem Verdienst der Gesamtheit den erhöhten Konsum verschafften, damit aber die Auswanderung geradezu zum

---

[1]) Zwischen Deutschland und der Donaumonarchie einerseits, Österreich und Ungarn (s. o. Zwischenverkehr) anderseits kommt jeweils dem industriell entwickelteren Teile die leichtere Ausgestaltung der industriellen Produktion gegenüber der Urproduktion zugute, nur daß Deutschland diesen Vorteil ungleich nachhaltiger ausnützt.

Stillstand brachten. Die vorhandenen Quellen und Möglichkeiten der Volkswirtschaft wurden tunlichst weitgehend ausgenutzt. Mit dem Güter und Vorteile schaffenden Kreislauf einer blühenden Volkswirtschaft, mit der Steigerung der Löhne, der Heranziehung auch des letzten Mannes zur Betätigung, der allmählich fortschreitenden Verkürzung der Arbeitszeit, der an Intensität zunehmenden Volksbildung, nicht zuletzt dank dem nationalen und staatlichen Selbstbewußtsein heben sich Kultur und Konsum. Die deutsche Industrie aber wird so hinsichtlich der Deckung des Inlandsbedarfes immer leistungsfähiger, auf dem Weltmarkte immer überragender und unwiderstehlicher an Einfluß werden müssen. Das ist ja auch der Grund gewesen, warum England gewahr wurde, daß es mit seinen veralteten Geschäftsprinzipien und seiner dank persönlicher Überkultur nachlassenden Arbeitsintensität auf wirtschaftlichem und technischem Gebiete von Deutschland überflügelt sei; deshalb entschlossen sich die Kriegsfreunde in England, das doch militärisch für einen Landkrieg nicht die genügende Leistungsfähigkeit besaß, durch eine Entente mit den Landmächten einen Weltkrieg zu wagen und ihn nach langer Vorbereitung zum Entflammen zu bringen.

Was im Vergleich zur reichsdeutschen Industrie die österreichische und ihre Entwicklung betrifft, muß man in Berücksichtigung ziehen, daß die Industrie in Österreich — wie schon aus einigen oben angeführten Umständen hervorgeht — mit nicht zu unterschätzenden Schwierigkeiten zu kämpfen hat.

Die größte Schwierigkeit ist, wie die Beschreibung der einzelnen Industriezweige gezeigt hat, die Beschränktheit des Marktes, die in dem geringen Wohlstand der Bevölkerung, ja in der Armut und Kulturrückständigkeit ganzer Völker oder wenigstens von Volksteilen, besonders der agrarischen, begründet ist, je weiter östlich sie liegen.

Dieser beschränkte Bedarf wird noch durch seine Zersplitterung beeinträchtigt, weil Österreich-Ungarn infolge gehemmter wirtschaftlicher und kultureller Entwicklung, infolge der Bodengestaltung und infolge der Geschichte über zu wenig große und mittlere Städte sowie über genügende Verkehrswege verfügt, und die Bevölkerung in ganz ungewöhnlich hohem Maße national und regional verschieden ist. Der zahlreiche wohlhabende Mittelstand mit mehr oder weniger einheitlichen modernen Bedürfnissen, der für Deutschland,

## Die wichtigsten Waren des Verkehrs zwischen

| Warenbenennung | Einfuhr nach Österreich-Ungarn aus Deutschland<br>Wert in Millionen Kronen | | |
|---|---|---|---|
| | 1905 | 1908 | 1912 |
| I. Agrar- und Forstprodukte | | | |
| Felle und Häute, roh | 11 | 16 | 25 |
| Flachs, bearbeitet, Flachswerg | 9 | 9 | 8 |
| Sämereien, n. b. b. | 9 | 11 | 14 |
| Summe I | 29 | 36 | 47 |
| II. Bergwerksprodukte | | | |
| Steinkohlen, Koks | 95 | 157 | 196 |
| Summe II | 95 | 157 | 196 |
| Summe I und II | 124 | 193 | 243 |
| III. Überseeisches Textilmaterial u. Industrieprodukte | | | |
| Baumwolle | 28 | 50 | 41 |
| Wolle | 66 | 66 | 85 |
| Baumwollgarn und Baumwollwaren | 12 | 18 | 29 |
| Wollgarne und Wollwaren | 27 | 36 | 43 |
| Seide und Seidenwaren | 24 | 28 | 38 |
| Konfektionswaren | 9 | 8 | 13 |
| Papierwaren | 22 | 17 | 20 |
| Leder | 24 | 34 | 51 |
| Lederwaren | 6 | 7 | 23 |
| Zugerichtete Pelzwaren | 13 | 14 | 24 |
| Holz- und Beinwaren | 7 | 10 | 23 |
| Glas und Glaswaren | 2 | 5 | 7 |
| Tonwaren | 4 | 6 | 9 |
| Eisen und Eisenwaren | 25 | 56 | 89 |
| Unedle Metalle und Waren daraus | 53 | 59 | 72 |
| Maschinen und Apparate | 41 | 62 | 144 |
| Gold- und Silberwaren | 21 | 49 | 42 |
| Chemische Hilfsstoffe und Produkte | 44 | 28 | 41 |
| Bücher | 66 | 45 | 56 |
| Summe III | 494 | ·98 | 850 |
| Gesamtsumme von I, II, III | 618 | 791 | 1093 |
| Gesamteinfuhr | 803 | 993 | 1441 |

[1]) Quelle: Österr. Statistik des auswärtigen Handels 1912 (IV). — [2]) Vermittelt durch den duktion. — [4]) Rückläufige Tendenz der Ausfuhr infolge wachsenden Verbrauches in Österreich. —

## Österreich-Ungarn und Deutschland.

| Warenbenennung | Ausfuhr aus Österreich-Ungarn nach Deutschland [1] | | |
|---|---|---|---|
| | Wert in Millionen Kronen | | |
| | 1905 | 1908 | 1912 |
| **I. Agrar- und Forstprodukte** | | | |
| Gerste | 66 | 43 | 37 [2] |
| Malz | 30 | 23 | 17 [3] |
| Kartoffeln | 4 | 3 | 2 |
| Äpfel, Birnen, Pflaumen usw., frisch | 16 | 11 | 12 |
| Schlachtvieh und Pferde | 107 | 54 | 39 |
| Geflügel, lebend und tot | 15 | 17 | 14 [4] |
| Geflügeleier | 85 | 99 | 129 |
| Bettfedern | 21 | 17 | 17 |
| Felle und Häute, roh | 49 | 43 | 67 |
| Holz | 125 | 105 | 114 |
| Flachs | 5 | 5 | 5 |
| Hanf | 3 | 3 | 35 |
| Sämereien | 12 | 16 | 32 |
| Summe I | 538 | 439 | 490 |
| **II. Bergwerksprodukte** | | | |
| Steinkohlen | 11 | 12 | 7 |
| Braunkohle, Lignit | 63 | 88 | 76 |
| Erze | 9 | 8 | 8 |
| Erd- und Mineralstoffe | 12 | 14 | 17 |
| Mineralöle | 5 | 18 | 40 |
| Summe II | 100 | 140 | 148 |
| Summe I und II | 638 | 579 | 638 |
| **III. Überseeisches Textilmaterial u. Industrieprodukte** | | | |
| Baumwolle | 6 | 6 | 9 |
| Baumwollgarne und Baumwollwaren | 4 | 6 | 15 |
| Seide und Seidenwaren | 7 | 11 | 11 |
| Leinengarn und Leinenwaren | 15 | 12 | 14 |
| Papierwaren | 2 | 3 | 3 |
| Leder | 4 | 4 | 6 |
| Lederwaren (Schuhwaren, Handschuhe, lederne) | 17 | 14 | 14 |
| Kürschnerwaren | 3 | 5 | 8 |
| Holz und Holzwaren | 12 | 14 | 20 |
| Glas und Glaswaren | 12 | 14 | 15 |
| Tonwaren | 6 | 6 | 7 |
| Eisen und Eisenwaren | 6 | 7 | 11 |
| Unedle Metalle und Waren daraus | 17 | 22 | 38 |
| Maschinen und Apparate | 4 | 5 | 7 [6] |
| Gold- und Silberwaren | 36 | 21 | 84 |
| Chemische Hilfsstoffe und Produkte | 19 | 21 | 28 |
| Bücher | 21 | 17 | 14 |
| Summe III | 191 | 188 | 304 |
| Gesamtsumme von I, II, III | 829 | 767 | 942 |
| Gesamtausfuhr | 1020 | 958 | 1141 |

dutschen überseeischen Handel. — [2]) Rückläufige Tendenz infolge der Erstarkung der deutschen Pro-
[5]) Ziffer zeigt die Überlegenheit. — [6]) Ohne elektr.

Frankreich, England eine so wichtige Rolle spielt, ist es vor allem, der in der Monarchie nur bei den Deutschen und Italienern, bei den Tschechoslawen teilweise, sonst aber wenig oder gar nicht vorhanden ist.

Die Zersplitterung des Bedarfs hindert auch die so notwendige Spezialisierung, die die englische Industrie vor allem auszeichnet, sie trotz Freihandels befähigt, dank der Herstellung von Typen in einer Reihe von Fabrikszweigen eine tonangebende Rolle auf dem Weltmarkte zu spielen und die auch der deutschen Industrie zu so großem Erfolge verholfen hat.

Vor allem also dadurch, daß Deutschland der große, aufnahmsfähige innere Markt zur Verfügung steht, daher mehr und billiger erzeugt wird, ist es zu erklären, daß Deutschlands Einfuhr auch nach Österreich-Ungarn trotz der Zollerhöhungen, die in vielen Artikeln im Jahre 1906 stattgefunden haben, so sehr gestiegen ist.

Daß bei dem großen Einfluß der Agrarier in der Monarchie die Industrie, das Gewerbe und der Handel eine ungleich geringere Berücksichtigung finden als die Landwirtschaft; daß die Wünsche der letzteren nach möglichster Absperrung und Hochhaltung der Preise weitaus im Vordergrund stehen (obwohl der Getreidekonsum der Monarchie nur in normalen Zeiten im Inlande gedeckt werden kann und dasselbe bezüglich der Fleischprodukte in einigen Jahren ebenfalls eintreten dürfte); daß bisher die Handelspolitik, namentlich jene gegenüber den Balkanstaaten vorwiegend unter dem Gesichtswinkel der Berücksichtigung der Landwirtschaft, und zwar der Wünsche der einflußreichen Großgrundbesitzer, betrieben wurde; daß nicht nur die Hauptlast der Steuern auf den Schultern der Industrie ruht, sondern vor allem die Aktienbesteuerung nach kurzsichtiger Auffassung gehandhabt und so die notwendige Assoziation des Kapitals im modernen Stil gehindert wird: all diese Mißstände sind gegenüber den geschilderten Erschwernissen, wenn sich auch die Wirkung jedes einzelnen Umstandes geltend macht, nur solche von geringerer Bedeutung.

Wenn man die mannigfachen tiefgegründeten Hindernisse in Erwägung zieht, die bisher der vollen wirtschaftlichen Entwicklung in der Monarchie entgegenwirkten, kann man nach den obigen Ausführungen den Leistungen der Volkswirtschaft in Österreich und Ungarn — absolut betrachtet — die Anerkennung nicht versagen.

Anders muß das Urteil lauten, wenn man das Ergebnis der

Entwicklung mit der anderer Staaten vergleicht, ferner wenn man den Reichtum, ja Überfluß an Talenten und an Arbeitskräften in Österreich — wo fast alle Völker eine weitgehende schöpferische Begabung aufweisen —, wenn man weiter die Eignung des Landes für eine mannigfaltige, intensive Landwirtschaft[1]), den Reichtum an Mineralschätzen, Wasserkräften usw. in Erwägung zieht.

Wenn man dann noch den allzu langsamen Aufschwung vieler Völker der Monarchie und die damit zusammenhängenden steigenden Auswandererziffern, schließlich die unbefriedigende Handelspolitik und die wenig günstige Entwicklung des Exportes betrachtet, kann nach Überzeugung vieler Kenner der Stimmung der erwerbenden Kreise das Gefühl der Befriedigung, der vollen Zuversicht für die Zukunft nicht zur Geltung kommen[2]).

Von dieser Grundlage ausgehend, steht die Frage zur Beantwortung, wie die weitere Entwicklung aussehen dürfte, ob und wie sie im günstigen Sinne nachhaltigst zu beeinflussen wäre.

---

[1]) Karl Keller, Ein deutsch-österreichisch-ungarischer Zollverein (Schmoller, 39. Jahrg. 2. H. 1915), weist mit Recht darauf hin, daß das Steppenklima der ungarischen Tiefebene in guten Jahren und bei entsprechend intensiver Bewirtschaftung kein Hindernis hohen Ernteertrags bilde, weil z. B. auf der Staatsdomäne von Mezöhegyes auf dem Hektar auch 22 q Weizen erzielt werden.

[2]) Dr. J. Bud vom ungarischen Handelsministerium spricht sich betreffend Ungarn wie folgt aus: „Zum richtigen Verständnis muß man vor allem die wirtschaftliche Depression kennen, welche den letzten Jahren des XIX. Jahrhunderts ihr Gepräge gab und die stete Abnahme der Unternehmungslust, eine allgemeine Wirtschaftsstockung und einen dauernden, stets zunehmenden Verfall in den meisten Produktionszweigen herbeiführte, der sich nicht nur in die ersten Jahre des XX. Jahrhunderts hinüberzog, sondern vielfach zu dieser Zeit noch drückender wurde. Die Krise wurde noch verschärft durch unser wirtschaftliches Verhältnis zu Österreich, welches Jahre lang ungeregelt blieb, durch die gleichzeitig herrschende vollkommene Unsicherheit auf dem Gebiete der Handelspolitik wie der internationalen Verträge und durch den mit geringen Unterbrechungen Jahre lang wütenden politischen Kampf." (Aus „Ungarns Bevölkerung", in Wirtschaftliches und Kulturelles aus Ungarn.) — Während der Ära der letzten Handelsverträge hat sich die Sachlage gewiß noch mehr verschlechtert.

# Die Zukunft.

„Möge uns der Geist von 1914/15 erhalten bleiben!"

Hindenburg.

Der Weltkrieg und die Weltwirtschaft.

Die Beurteilung der Zukunft von Österreich-Ungarns Volkswirtschaft nach dem Weltkrieg muß sich auf eine kurze Charakterisierung [1]) des Krieges mit spezieller Betonung seiner tiefgehenden weltwirtschaftlichen und handelspolitischen Ursachen und Tendenzen stützen.

Der Weltkrieg hat seine Hauptursache in dem Neid und der Sorge der Feinde wegen des raschen und mächtigen Aufblühens der Volkswirtschaft Deutschlands, wegen seines wachsenden, handelspolitischen und kommerziellen Einflusses auf die Weltwirtschaft.

Das geistige Deutschland hatte zwar um die Wende des 19. Jahrhunderts der Weltkultur eine Blütezeit höchster geistiger Entwicklung geschenkt und das deutsche Volksbewußtsein hatte in den Freiheitskriegen von 1813 bis 1815 einen weiteren kräftigen Impuls erhalten; aber auf volkswirtschaftlichem Gebiete hatte der Aufschwung erst um die Mitte des 19. Jahrhunderts eingesetzt [2]). Als dann 1871 mit der Reichsgründung eine vollkommen gefestigte und genügend breite Basis der Entwicklung gesichert war, begann auf dem einstigen Gemengsel von Mittel- und Kleinstaaten, dank glänzender Organisation größten Stiles unter der Führung von Wissenschaft und modernster Technik Deutschland als ein wirtschaftlicher Faktor emporzublühen, der geistig und wirtschaftlich seinen gebührenden Anteil an der Weltwirtschaft begehrte.

So sahen sich England und Rußland gezwungen, zu Deutschlands Entwicklung und Zukunft Stellung zu nehmen — England vom Standpunkt der Erhaltung seiner Weltmacht, Rußland von dem des vollständigen Ausbaues seiner Macht nach dem Westen und

---

[1]) Detailliertere Ausführungen mögen der Broschüre des Dr. Frh. v. Stengel, Zur Frage der wirtschaftlichen und zollpolitischen Einigung, bei Callway, entnommen werden.

[2]) Es ist interessant, wie Friedrich List, der Vorkämpfer gegen England und sein Freihandelssystem, um die Wende der vierziger Jahre von der Überlegenheit der österreichischen Industrie gegenüber jener des Zollvereins spricht.

nach Vorderasien, wobei auch der freie Zugang zum Mittelländischen Meere und damit nach dem Atlantischen Ozean sicherzustellen war.

Als Vertreter des Romanentums, nahm auch Frankreich zur Frage Stellung, in seinem Stolz von Anfang an von Revanchegedanken geleitet. Die Donaumonarchie und die Türkei spielten bei den Erwägungen der Gegner nur eine Rolle geringerer Wichtigkeit, da man beide Mächte offenbar in ihrer militärischen und wirtschaftlichen Widerstandsfähigkeit vollkommen unterschätzte.

König Eduard versuchte zunächst durch eine vollständige Einkreisungspolitik Deutschland zu umklammern und es zu erdrücken, um allem Anscheine nach auf diese Weise gegebenenfalls einen Weltkrieg zu vermeiden. Der Einkreisungsplan wurde aber dadurch nicht unwesentlich gestört, daß Kaiser Franz Josef, ritterlich und treu, die an ihn gestellten Zumutungen der Beihilfe in energischer, keine Deutung zulassender Weise ablehnte.

England entschied sich nun im weiteren Verlauf trotz allen Entgegenkommens Deutschlands nicht für die friedliche Auseinandersetzung, die so leicht in unblutiger Weise zur einverständlichen Regelung der Machtsphären, wenn nötig auf dem Gebiete der gesamten Welt- und Weltwirtschaftspolitik, hätte führen können, sondern für eine gewaltsame Austragung. Das Ziel der Entente, der Zweck des Weltkrieges und seiner jahrelangen eifrigen Vorbereitung war also die Zertrümmerung des allzu unbequem gewordenen Deutschland und in zweiter Linie des für Rußland geographisch und wegen seiner deutschen und magyarischen Basis, sowie wegen anderer Gründe hinderlichen Österreich-Ungarn. Gleichzeitig wollte man die bisherige Orientierung der Weltwirtschafts- und Handelspolitik im Sinne der Entente beibehalten und eine Änderung durch die Einmischung der beiden zentralen Kaiserreiche für die Zukunft endgültig ausschalten.

Das Tempo der Weltentwicklung sollte eher verlangsamt, es sollte dem Geschmack des behäbig und technisch leistungsschwach gewordenen England im Westen und den russischen Anschauungen im Osten angepaßt werden, wenn nur die überseeische Macht ungeschmälert bei England verblieb. Eher waren England und Frankreich bereit, die Weltkultur der schaffenden Kraft eines großen Volkes und Staates zu berauben, sowie weite Gebiete Österreich-Ungarns, die durch mehr als ein Jahrtausend gegen den Osten erfolgreich verteidigt worden waren, Rußland preiszugeben und möglichst weitgehend in Zentraleuropa eine balkanartige Kleinstaaterei einzuführen, als sich dem neuen, von Deutschland angestrebten Kurs der Weltpolitik und Weltwirtschaft anzupassen! —

Die drei Kaiserreiche dürfen sich schon mit den bis zum Oktober 1915 erzielten Erfolgen — von denen ein gut Teil auf die Leistungs- und Anpassungsfähigkeit der Industrie Deutschlands und Österreichs entfällt — als siegreich betrachten und könnten sich damit zufrieden geben, wenn nicht militärische Rücksichten ein weiteres Vordringen verlangen: haben sie doch trotz der fabelhaften Übermacht der zahlreichen Feinde ihre eigenen Gebiete von den Angreifern befreit, ja den Krieg nach drei Richtungen weit in das Feindesland getragen. Schon die erzielten Erfolge bilden, abgesehen von dem errungenen Kraftgefühl und dem erhöhten Glauben an sich selbst, sowie dank der unausbleiblichen Bewunderung und dem Vertrauen der Außenwelt zu dieser bewährten, wahrhaft außerordentlichen Leistung der Zentralstaaten die Grundlage für ein noch wirksameres Programm, als vielleicht in moderner Zeit durch eine kriegerische Aktion überhaupt erzielt werden kann: nämlich für das Programm der friedlichen, kulturellen und wirtschaftlichen Entfaltung der siegreichen Mächte selbst und der befreundeten Staaten, sowie der gegenseitigen Durchdringung. In diesem Sinne müssen die drei Kaiserreiche und Bulgarien zunächst das Bündnis, das sich derart bewährte, weiter ausgestalten und darauf gestützt ihrerseits die von England geleitete Politik der Entente in dem Sinne verfolgen, daß nunmehr sie die Weltpolitik und den Gang der Weltwirtschaftspolitik maßgebend zu beeinflussen trachten. Dies hätte allerdings mit dem großen Unterschiede zu geschehen, daß sie nicht wie die Ententemächte aus Gründen des Machtgeizes Kultur und Fortschritt hemmen, sondern im Sinne deutscher Weltanschauung fördern, daß sie die Völker und Staaten, die sich den Zentralmächten anschließen und anvertrauen, nicht unterdrücken und beherrschen, sondern sie unterstützen und entwickeln[1]).

Weltpolitik, Weltwirtschaft und Weltkultur haben in diesem Sinne durch den Krieg eine andere Achse und andere Ziele erhalten, wobei

[1]) Frühere feindliche Gebiete sind natürlich vom Macht- und militärischen Standpunkt aus zu behandeln.

die wirtschaftliche gegenseitige Unterstützung und Ergänzung (besonders hinsichtlich des Balkans und der islamitischen Gebiete) wie überhaupt die volkswirtschaftlichen Momente zukünftig noch in erhöhtem Maße zur Geltung kommen müssen. Es ist dies eine weltwirtschaftliche Riesenaufgabe, die zur Durchführung die Anspannung aller Kräfte, aller ideellen und materiellen Macht- und Hilfsmittel erfordert und die volle Ausnutzung des errungenen Sieges bedeutet, des Sieges, der vor der Welt noch mehr als in den gewonnenen Schlachten in der Schwächung der Meeresherrschaft Englands, in der Mattsetzung seiner Flotte als militärischen Faktors und in der Zertrümmerung des Ruhmes der riesigen russischen Landmacht als einer unbesiegbaren, unaufhaltsamen Eroberungsmaschine liegt.

In diesem Sinne handelt es sich — abgesehen von strategischen Forderungen und innerhalb der Grenzen dieser — nicht um die Anhäufung von eroberten Gebieten (was schon zur Zeit Napoleons angesichts der allzu weit vorgeschrittenen Individualität der Staaten und Völker von kurzer Dauer war), sondern um die Schaffung großer, gemeinsamer Entwicklungssphären von Kultur, Wirtschaft und darauf fußend von politischer Macht nach innen und außen.

In Österreich-Ungarn muß aber baldigst ungleich mehr als bisher der Drang nach der Welt zur Betätigung gelangen, es muß zur vollwertigen Mitarbeit gebracht werden, soll nicht der richtige Zeitpunkt auf immer versäumt werden.

Der Friedensbeginn.

Mag es nach dem Kriege mit der Konjunktur für den Warenabsatz besser oder schlechter gestellt sein, es ist eher anzunehmen, daß er angesichts des Wiederaufbaues der verwüsteten Gebiete, der riesigen Ergänzungen von Material bei Heer und Flotte, ferner wegen des so lange gedrosselten Zivilbedarfes und wegen des wieder in Betrieb kommenden Weltverkehrs, wenigstens für 2—3 Jahre ein günstiger sein wird[1]).

[1]) Möglicherweise tritt nach Friedensschluß eine Spannung im kaufmännischen Verkehr zwischen Deutschland und Österreich-Ungarn einerseits und England, Frankreich und deren Kolonien anderseits ein, was eine gewisse Einschränkung des Absatzes zur Folge hätte. Man braucht aber dafür auf beiden Seiten eine Reihe von Waren feindlicher Herkunft so notwendig, daß der Ausfall nicht allzu groß sein dürfte; auch werden sich die Zentralmächte beim Friedensschluß gegen Boykotte und Vexationen zu schützen wissen. Nach dem Kriege von 1870/71 setzte fast unmittelbar nach dem Friedensschluß ein lebhafter Handelsverkehr zwischen Deutschland und Frankreich ein.

Es wird nun vermutlich die alte Erscheinung Platz greifen, daß Deutschland kraft seiner weitreichenden Beziehungen und der ihm zur Verfügung stehenden Basis von hochstehender, unternehmender Bevölkerung und leistungsfähiger Produktion an den besseren oder schlechteren Absatzchancen einen unvergleichlich größeren Anteil nimmt, als die Monarchie, wie es sich z. B. im Jahre 1906 zeigte. Hier erreichten gerade noch die letzten Wellen der Weltkonjunktur die Volkswirtschaft Österreich-Ungarns, viel später als im sonstigen Ausland; natürlich dauerte auch die günstige Beeinflussung viel kürzer. Ein solcher Ausblick kann den österreichischen Volkswirt kaum befriedigen und gerade jetzt, wo die alte Donaumonarchie in diesem Weltkriege, dank dem Opfermute und der Begeisterung seiner Bevölkerung, eine Kraft bewiesen hat, die es einer glücklicheren Zukunft als Vergangenheit würdig erscheinen ließe, müßte doch die Regierung, das Unternehmertum und das Volk alles daran setzen, um bessere Grundlagen zu schaffen und vor allem die Monarchie aus ihren, im Verhältnis zu anderen Großstaaten bescheidenen Verhältnissen und Beziehungen zum internationalen Verkehr und Handel herauszureißen, das Reich enger an den Weltverkehr, die Weltkonjunkturen und die damit verbundene günstigere Verteilung der Risiken zu knüpfen. Nur mit einer kleinen Änderung in der Steuerung unserer Volkswirtschaft, begleitet von liebenswürdigen Gesten und Worten gegenüber Deutschland wird sich dieser notwendige Umschwung in den Grundlagen der Volkswirtschaft und ihren Beziehungen nicht herbeiführen lassen. Große Wirkungen entstehen nicht ohne große Ursachen, und große Versäumnisse lassen sich nicht durch ein Handumdrehen gut machen. Nur zu oft hat man bisher in Österreich-Ungarn dem Staat, der Regierung und den Einzelnen vorgeworfen, daß sie nach einer großen Tat oder Aufwendung sich nur zu bald mit den betreffenden Leistungen zufrieden gaben und die weiters notwendige Energie zur vollen Ausnützung der Leistungen nicht immer aufbrachten. Auf dem Gebiete der Wirtschaftspolitik dürfte dies in Zukunft nach den im Weltkrieg gebrachten Opfern nicht mehr der Fall sein!

Es ist aber eine grundlegende Änderung des Kurses um so notwendiger, als möglicherweise nach der wunderbaren Windstille, die während des Krieges und unter dem militärischen Regime in den nationalen und politischen Kämpfen der Monarchie eingetreten ist, angefacht wie von einer Windsbraut, der alte politische Hader in erhöhtem Maße wieder emporwächst, mit seinen lähmenden Wirkungen alle wirtschaftlichen Entwicklungstendenzen überspinnt und so die Bestrebungen der Expansion weitgehend hemmt. Da kann nur der Blick auf Weltschicksale und Weltverkehr, auf gesteigerte Einflußnahme hieran den Völkern Österreich-Ungarns jene Energie des Zielbewußtseins geben, die zur Regeneration von Staat und Volkswirtschaft notwendig ist, die zu den bewundernswerten, für den Krieg gebrachten Opfern freiwillig und freudig neue Opfer wie für einen zweiten großen Krieg fügt, um den erzielten Erfolg wirtschaftlich voll auszunützen, um Österreich-Ungarn neben Deutschland zu stellen, um auch unserem Vaterlande aus diesem Kampf um die Weltherrschaft und um den Einfluß auf seine zukünftige Entwicklung den gebührenden Anteil zu sichern. Als dieses Mittel der Neuorientierung Österreichs in Außen- und Innenpolitik, sowie in seiner Volkswirtschaft, kommt nur das viel erörterte Instrument der wirtschaftlichen Verständigung mit Deutschland in Betracht.

Welt-wirtschaftlich. Mitteleuropäischer Wirtschaftsverband.

Es ist nun zu untersuchen, welchen Aufgaben und Bedingungen die Verständigung zu entsprechen hätte, weil sich darnach der Grad der gegenseitigen Annäherung bestimmt. Im Verfolge der obigen weltwirtschaftlichen Ausführungen wäre es ohne Zweifel dringend wünschenswert, wenn die Verständigung zwischen Deutschland und der Donaumonarchie die Basis eines mitteleuropäischen Wirtschaftsverbandes bildete, demnach als Attraktionszentrum für andere Staaten diente, die ihr mit um so größerem Vertrauen bezüglich der politischen Integrität ihres Staatsgebietes beitreten könnten, je mehr unabhängige Staaten der Vereinigung angehören. Es sollte sich also die Möglichkeit ergeben, von der Nordsee bis zum Schwarzen Meer und von der Ostsee, ja vielleicht sogar von weiter nördlich ausgehend bis zum Mittelländischen Meere ein wirtschaftlich geeintes europäisches Zentralgebiet zu schaffen, das wie ein zentrales, europäisches Kartell für den Einfluß auf die Weltwirtschaft alle Vorteile moderner Organisation im großen besäße! Vier große Wirtschaftsgebiete bestehen bereits in der Welt, das Britische Reich, Frankreich mit seinen Kolonien, Rußland und die Vereinigten

Staaten von Nordamerika, von denen die beiden letzteren einheitliche geschlossene Wirtschafts- und Zollgebiete darstellen. Im Britischen Reiche stehen dem freien Handel des Mutterlandes und seiner auf Flotte, Handel und Verkehr begründeten Macht in den Kolonien selbständige Zollgebiete mit mehr oder weniger wirksamen Preferenzzöllen gegenüber, wie solche auch zwischen Frankreich und seinen Kolonien gelten. Doch arbeiten bekanntlich die imperialistischen Kolonialpolitiker seit Chamberlain in- und außerhalb Englands an einer Änderung des bisherigen Systems und einem engeren handels- und zollpolitischen Zusammenschluß, Bestrebungen, die möglicherweise der Kriegsausgang maßgebend fördern wird.

Japan strebt danach, sich zum fünften großen Wirtschaftsgebiet herauszubilden.

Soll irgend eine andere europäische Macht weltwirtschaftlich gegenüber diesen Riesenorganisationen maßgebend zu Worte kommen und am Worte bleiben, so kann dies nach menschlicher Voraussicht nur geschehen, wenn zwischen Deutschland und Österreich-Ungarn eine analoge Organisation der gegenseitigen Unterstützung und Ergänzung in wirtschaftlicher Beziehung für Zentraleuropa geschaffen wird: der Ausgangspunkt der Vereinigten Staaten von Mitteleuropa[1]) (natürlich unter voller Wahrung der Souveränitäten).

Selbst das große, nach dem Kriege noch mächtiger aufblühende Deutschland wäre allein für die vollständige Durchführung der in Rede stehenden Riesenaufgabe nicht groß genug. Ein loyales Zusammenwirken mit den geeigneten benachbarten Faktoren wird dagegen die Wirkungsfähigkeit der vergrößerten Grundlage entsprechend zur Geltung bringen.

Wenn es den Anschein hat, als ob die nordamerikanische Union und Rußland bisher außerhalb ihrer Wirtschaftsgebiete geringen oder überhaupt keinen Einfluß nahmen, so trügt eben, besonders was Rußland anlangt, der Schein. Rußland hat dank der Schwäche seiner geographischen Nachbarn, aber gestützt auf den kolossalen Umfang seines Reiches ein Nachbargebiet nach dem anderen eingesteckt

[1]) Vgl. Naumann, Mitteleuropa, bei Georg Reimer, Berlin.

und brauchte sich mit „Einflußnahmen" nach außen nicht zu begnügen [1]).

Aus all diesen Erwägungen heraus hat also auch Deutschland ohne Zweifel ein Interesse daran, daß die Donaumonarchie sich im Hinblick auf die Weltwirtschaftspolitik mit ihm verständigt, ferner daß auch andere Staaten im Vertrauen auf Deutschlands und Österreich-Ungarns Loyalität einer solchen wirtschaftlichen Union beitreten. Das Interesse müßte dann ein erhöhtes sein, wenn die Entente nach dem Friedensschlusse den Krieg in handelspolitischer Beziehung fortsetzen wollte, oder wenn zu bald eine ungünstige Konjunktur einträte, die eine weitgehende gegenseitige Unterstützung [2]) der befreundeten Zentralstaaten doppelt wünschenswert erscheinen ließe.

Nach diesen vorwiegend weltwirtschaftlichen Betrachtungen wenden wir uns der Prüfung der Verständigungsidee vom Standpunkte der Außen- und Militärpolitik zu.

Es wird wohl keines weiteren Beweises bedürfen, daß heute ebenso wie zu allen Zeiten die politische Macht und das politische Selbstbewußtsein der Staaten die Grundlage ihrer wirtschaftlichen Entwicklung bildet. Doch müßte ein Staat, der nur Machtpolitik betreibt, ohne sich um die Förderung seiner Volkswirtschaft zu kümmern, sehr bald seine maßgebende Stellung verlieren, weil voraussichtlich seine Volkswirtschaft die Kraft eingebüßt hat, die Mittel, die zur Außenpolitisch und militärisch.

---

[1]) Ging doch Rußland bei dieser Erweiterung seiner Grenzen so rasch vor, daß es selbst, wenn der nunmehr tobende Weltkrieg und sein Ausgang der Expansionskraft Rußlands im Westen eine Schranke gesetzt haben wird, Jahrzehnte brauchen wird, bis es imstande ist, diese Gebiete vollwertig zu entwickeln und den dortigen Bedarf zu decken. (Zunächst wird es allerdings mit der voraussichtlich nach dem Kriege ausbrechenden Agrar- und Wirtschaftsrevolution fertig zu werden haben, die möglicherweise auch auf die Pläne der Agrarreform der Weststaaten Einfluß gewinnen wird.) Wohl ist Amerika ebenfalls mit der Deckung seines Riesenkonsums wirtschaftlich weitgehend in Anspruch genommen; aber es waren doch vor allem wirtschaftliche Momente, welche die Vereinigten Staaten von Amerika zur Eroberung Kubas und der Philippinen drängten, den Bau des Panamakanals und die Errichtung der dortigen souzeränen Republiken veranlaßten. Es wird sich weiters wohl kaum umgehen lassen, daß das weitgehende finanzielle und wirtschaftliche Engagement der Vereinigten Staaten in Mexiko schließlich dort zu politischen und militärischen Maßnahmen führt.

[2]) Die Schwarzseher sprechen freilich für diesen Fall nur von einseitiger Ausnützung und Übervorteilung.

politischen Stellung eines modernen Weltwirtschafts-Großstaates gehören, beizustellen. Es stehen eben Außenpolitik, Wirtschaftspolitik im Innern und Handelspolitik nach außen im unmittelbaren Zusammenhang und können vernünftigermaßen nur nach demselben System betrieben werden. Nur ein starker Staat, noch besser mehrere starke Staaten wirksam zur Durchsetzung großer Ideen und weitgehender Programme vereinigt, können eine wirkungsvolle Handelspolitik gegenüber dem Auslande zur Geltung bringen, oder gar voll maßgebend in die Weltwirtschaft eingreifen. Aber ihre Außenpolitik wie die innere Wirtschaftspolitik müssen auf die Gemeinsamkeit und das gleiche Programm abgestimmt sein, soll nicht zur Freude der äußern und innern Gegner bei der ersten Belastungsprobe die Verständigung in die Brüche gehen.

Es steht nun außer Zweifel, daß Deutschland und Österreich zur Ausgestaltung ihrer politischen Macht auf dem Kontinente Vereinbarungen betreffend die Außenpolitik und mit Rücksicht hierauf in militärischer Beziehung[1]) treffen müssen. Die Erfüllung der militärischen Vereinbarungen wird natürlich auch für Österreich-Ungarn mit großen militärischen Aufwendungen verbunden sein, welche seine Volkswirtschaft aufzubringen haben wird. Die Einhaltung der notwendigen, weitreichenden Zusagen wird aber nur dann von den Erwerbskreisen ertragen werden können, wenn die Volkswirtschaft der Donaumonarchie aufblüht und die fruchtbare Basis für die Entnahme der Kosten für diese militärischen Maßnahmen und Aufwendungen bildet. Es liegt also selbst in Deutschlands militärischem Interesse, Österreich-Ungarn groß und blühend und damit investitionsfähig an seiner Seite zu wissen. Hiervon hängt der Wert der Flankendeckung durch Österreich-Ungarn gegenüber dem Osten und Süden,

[1]) Von den Erfolgen der gegenseitigen Unterstützung der beiden Mittelmächte in militärischer Beziehung, von dem klaglosen Zusammen- und Ineinanderarbeiten der Heere und Heeresteile sind selbst die notorischen Miesmacher begeistert, obwohl auf militärischem Gebiete die Mischung der Truppen, noch mehr die Verteilung des jeweiligen Befehlsrechtes viel heiklere Dinge sind als die gemeinsame Durchführung wirtschaftlicher Probleme. In letzterer Beziehung aber sind die Miesmacher überzeugt, daß sogar die „Souveränität" in Gefahr gerate, lediglich, weil ihnen dies in das Konzept der Verhinderung um jeden Preis paßt.

die Sicherung des direkten Weges nach Asien und nach dem Mittelländischen Meere, die volle Durchführung des oben skizzierten Weltkultur- und Weltwirtschaftsprogrammes, ja geradezu die Dauer des künftigen Weltfriedens ab, den Deutschland nur im Verein mit einer starken Donaumonarchie zu schützen und zu behaupten vermag.

Wenn im vorigen Jahrhunderte die von Österreich vorgeschlagene wirtschaftliche Verständigung, und zwar in Form einer Zollunion, gerade wegen des Widerstandes von Preußen nicht zustande kam, so hatte dies in den ungeklärten politischen Verhältnissen zwischen den beiden Staaten seinen Grund und in der Erkenntnis, daß sie sich im Zustande scharfer politischer Konkurrenz befanden. Diese Fragen beschäftigen uns glücklicherweise heute nicht mehr, sie sind erledigt. An die Stelle der Konkurrenz ist eine in den geographischen, kulturellen und politischen Ursachen begründete Freundschaft und Allianz getreten. Deutschland ist ein nationaler Einheitsstaat geworden. Österreich-Ungarn hat mit nicht zu leugnender Überlegenheit des Deutschtums diesseits und einer maßgebenden magyarischen Majorität jenseits der Leitha in den beiden Reichsteilen die schwierige Aufgabe durchzuführen, alle Völker im Gebiete der Monarchie politisch, kulturell und wirtschaftlich zu entwickeln, sie in diesem Sinne ebenfalls zu leistungsfähigen Vorposten westlicher Kultur zu machen und so gegenüber dem Vordringen Rußlands abwehrfähig vereinigt zu halten. Es ist dies ein politischer und kulturpolitischer Kampf, der sich mit dem Kampf in den Halligen gegen die Macht des Meeres vergleichen läßt: Drei Viertel des Gebietes der Monarchie gehören geographisch, klimatisch und nach den sie bewohnenden Völkern zu Osteuropa (s. o.), und nur die erhöhte Kultur und Kulturentwicklungsfähigkeit des Westens haben diese Gebiete trotz sich immer wiederholender Forderungen des Ostens behauptet und für seinen Einfluß, seinen Stil der Volksvertretung und Verwaltung bei sich festgehalten. Es ist dies eine Aufgabe von solcher Schwierigkeit und Eigenart, daß sie gewiß nur übernimmt, wer sie infolge der Macht der Tatsachen übernehmen muß. Und es ist, ganz abgesehen von der aufrichtigen Freundschaft der beiden Herrscher und ihrer fürstlichen Häuser, nicht daran zu glauben, daß Deutschland danach gelüstet, sich irgendwie einmal mit dieser schwierigen Aufgabe direkt selbst belasten zu wollen. Um eine solche Aufgabe der Ralliierung osteuropäischer Völker verständnisvoll und nur unter dieser Bedingung erfolgreich durchzuführen, muß man selbst seit Jahrhunderten in engster Fühlung mit diesen Völkern und ihrem Wesen stehen, wie die Regierung und die Bewohner der Donaumonarchie, für welche die bitteren Lehren schwerer Vergangenheit ein achtenswertes Besitztum für die Maßnahmen der Zukunft bedeuten. Dagegen hat Deutschland als Freund und Bundesgenosse ohne Zweifel ein großes Interesse daran, daß diese Aufgabe so vollständig und einwandfrei wie nur möglich gelöst wird, schon weil es sich selbst riesigen Aufwand an Kriegs- und anderen Abwehrkosten erspart.

Inner-politisch. Wenden wir uns nunmehr den innerpolitischen Gesichtspunkten zu, die bezüglich Österreich-Ungarns in Frage kommen und an deren voller Berücksichtigung auch Deutschland deshalb weitgehend interessiert ist, weil es, wie schon in einem anderen Zusammenhange ausgeführt, den größten Anteil daran nehmen muß, daß nicht auch in Zukunft innerpolitische Streitigkeiten die außenpolitische und wirtschaftliche Machtentfaltung und Entwicklung, sowie die maßgebende wirtschaftliche Mitarbeit der Donaumonarchie hemmen. Nur ein innerpolitisch geordnetes und beruhigtes Österreich-Ungarn kann seiner natürlichen Bestimmung als Grenzwacht an der Donau vollkommen genügen und besser als bisher gleichen Schritt mit der Entwicklung des Westens und Deutschlands halten. Läßt sich doch schwer vorstellen, wie weitgehend in Österreich die innerpolitischen Streitigkeiten die Verwaltung und die Volkswirtschaft beeinträchtigt und gehemmt haben! Mit Recht und mit voller Klarheit hat Graf Tisza in seiner denkwürdigen Rede nach Ausbruch des Krieges das Deutschtum Österreichs darauf verwiesen, daß die normale und daher gesündeste und kräftigste Basis des politischen Aufbaues beider Teile der Monarchie darin zu erblicken sei, daß das Deutschtum die Hegemonie in Österreich, das Mayarentum in Ungarn besitzt, und daß die Sprachen dieser beiden Völker als Staats- und Verkehrssprachen in den beiden Gebieten zu dienen hätten. Er knüpfte damals daran das Bedauern, daß die Deutschen es bisher schlecht verstanden hätten, sich die ursprüngliche Hegemonie auch tatsächlich zu erhalten. Mag auch das Magyarentum in mancherlei Beziehungen bei seinen Bestrebungen zur Schaffung einer magyarischen Hegemonie zu weit gegangen sein und mag auch dem Deutschtum in Ungarn mancher Eintrag geschehen sein, so ist doch das Prinzip der Hegemonie eines Volksstammes tatsächlich ein richtiges und muß schon deshalb angenommen werden, weil es die einzige Grundlage vernünftiger konsequenter Entwicklung darstellt. Eine Magyarisierung im Sinne der Vernichtung des Nationalbewußtseins der nichtmagyarischen Völker in Ungarn wird bei vernünftigem und gerechtem Vorgehen gemäß dem Nationalitätengesetz von 1868 und gemäß der Auffassung Deaks, aber auch wegen der Beschaffenheit dieser Völker gewiß nicht eintreten. Die Bevölkerung wird sich eben in Ungarn außer der Muttersprache als Staats- und Vermittlungssprache des Magyarischen bedienen. Gefährdet sind nur die Deutschen wegen ihrer Neigung zur Assimilierung. Die Deutschen werden aber, wenn man sie national ausleben läßt, bei Kenntnis des Magyarischen gewiß nicht in die Hinterhand kommen, sondern im Gegenteil kraft ihrer Tüchtigkeit in steigendem Maße politisch und wirtschaftlich eine führende Rolle einzunehmen vermögen.

In Österreich ist allerdings von der Grundidee der Hegemonie des Deutschtums unter jenen bisherigen Regierungen, die über kein anderes Prinzip als das des Divide et impera gegenüber den nationalen Parteien verfügten, bereits ziemlich viel verloren gegangen. Aber es steht außer Zweifel, daß die Regierungen der Zukunft einsehen müssen, daß mit der Beeinträchtigung der Stellung des Deutschtums überhaupt und des Deutschen als Vermittlungssprache die Hoffnung auf Beruhigung der nationalen Kämpfe sinkt, nicht aber daß sie steigt. Heer und Eisenbahnverwaltung bedürfen, wie der Krieg erneut bewies, unbedingt der Deutschen und des Deutschen. Da also die Befreiung der Reichspolitik der Monarchie von der Einmischung nationaler Streitigkeiten unzweifelhaft im Interesse der Dynastie und der Entwicklung beider Reichsteile liegt, so folgt daraus, daß sich nicht nur die vernünftige Förderung des Magyarentums in Ungarn, sondern (in Zukunft) auch die ungeschmälerte Erhaltung der Bedeutung des Deutschtums als des wichtigsten Staatselementes auf das dringendste empfiehlt. Nach den Leistungen dieses Krieges darf wohl das deutsche Volk Österreichs in Anspruch nehmen, daß es von den zisleithanischen Völkern ebenso die größten Opfer an Blut und Gut gebracht hat, wie die österreichische Volkswirtschaft, Wissenschaft, Kunst und der Kulturfortschritt im Frieden hauptsächlich auf seinen Schultern ruht.

Nicht daß die Deutschen in Österreich anscheinend so wenig, nein, daß sie angesichts ihrer Minderzahl so maßlos viel für die Gesamtheit zu leisten vermochten und vermögen, kennzeichnet ihre Bedeutung und rechtfertigt ihre Bevorzugung.

Die engere außenpolitische, militärische und wirtschaftliche Verständigung mit Deutschland sollte ohne Zweifel auch den Nebenerfolg haben, daß das Deutschtum in Österreich nicht nur gemäß den Wünschen der deutschen Bürger Zisleithaniens, sondern auch der führenden Kreise in Ungarn gehoben und tunlichst weitgehend wiederhergestellt wird.

Die nationalpolitische Spekulation in Österreich, die bisher auf Kosten der ruhigen Entwicklung des Reiches, einer machtvollen Außenpolitik und einer stetigen wirtschaftlichen Entwicklung betrieben wurde, muß aufhören, um so mehr, als die Gefahr droht, daß sie, wie oben ausgeführt, nach dem Kriege in erhöhtem Maße in die Halme schießt. Es wäre kurzsichtig, wenn die nichtdeutschen Völker Österreichs gerade aus dem Grunde der Erhaltung des Deutschtums als wirksamen und einigenden Faktors in Staat, Heer, Kultur und Volkswirtschaft, gegen eine wirtschaftliche Verständigung mit Deutschland Front machten. Die nichtdeutschen Stämme sind am Aufblühen der Monarchie ebenfalls am meisten interessiert; die Donaumonarchie ist der Rahmen auch für ihre eigene Entwicklung. Von Väterchen Zar hätten sie nie etwas Gutes zu erwarten gehabt (man vergleiche die Lage der Ukrainer in Rußland, die Politik Rußlands auf dem Balkan usw.). Da die Hegemonie des Deutschtums, deutscher Kultur und Sprache einen wesentlichen Faktor für den Aufschwung der Monarchie darstellt, sollten die Nichtdeutschen vernünftig genug sein, hiergegen im eigenen Interesse nicht anzukämpfen. Überdies steht die Masse des Volkes der nichtdeutschen Stämme dem parlamentarischen und politischen Hader und der Verhetzung vollkommen fern, und auch sie wünscht eine Beseitigung der bisherigen nationalpolitischen Schwierigkeiten. Die Forderung ist eine allgemeine und brennende, daß das österreichische Parlament endlich seiner Aufgabe gerecht werde und die Tätigkeit der Regierung zielbewußt fördern möge, statt auch die wirtschaftlichen Regierungsvorlagen durch Vermehrung der Schwierigkeiten immer wieder zu Fall zu bringen und sich so am Stillstand der legislativen Entwicklung in den wichtigsten Belangen mitschuldig zu machen, oft sogar der Hauptschuldige zu sein. Mit dem in der nahen Zukunft zunehmenden Gewichte sozialer und wirtschaftlicher Rücksichten wird sich der Wille der Massen nach Ruhe und Frieden, nach besser lohnendem Erwerb kräftiger äußern und nach Geltung drängen. Es wird aber auch das Deutschtum im Gegenteile um so mehr bereit sein können, berechtigte Wünsche der aufstrebenden nichtdeutschen Nationen in politischer und wirtschaftlicher Beziehung zu erfüllen, ja sie direkt in ihrer Evolution zu unterstützen, wenn Zisleithanien im Interesse klagloser Arbeitsfähigkeit des Parlamentes und der Verwaltung, sowie der ungestörten Entwicklung der Volkswirtschaft auf die legitime deutsche Grundlage gestellt wird.

Ordnung, hindernisloses Funktionieren der zentralen Gewalt auf Grund des Deutschtums in Österreich und des Magyarentums in Ungarn, gleichzeitige politische, wirtschaftliche und soziale Entwicklung aller Völker in ihren geschlossenen Gemarkungen (gegebenenfalls durch Autonomie der nationalen Gebietsteile in kulturellen und territorialen Fragen) müssen die Grundsätze der künftigen inneren Entwicklung bilden. Diese Grundsätze lassen sich auch vollkommen praktisch durchführen und müßten durch die bloße Tatsache der genügend weitgehenden Verständigung mit Deutschland maßgebend gefördert werden, ohne daß man eine Vormundschaft oder sonstige Einmischung Deutschlands zu fürchten brauchte, an die Deutschland schon aus Gründen der Staatsklugheit nicht denkt.

Allerdings müßte auch den Bestrebungen gewisser Parteien in Ungarn nach weiterer Lockerung des Zusammenhanges innerhalb des Dualismus Einhalt getan werden.

Wenden wir uns nunmehr den national-wirtschaftlichen Gesichtspunkten zu. Ganz analog wie auf dem Gebiete der äußeren und inneren Politik die Steigerung der Kräfte, die Fähigkeit des vollen lebenskräftigen Impulses nach außen und innen den Ausschlag geben, so gilt dies in erhöhtem Maße von der Volkswirtschaft. Die wirtschaftliche Allianz müßte in erster Linie die gegenseitige Erweiterung des Marktes und damit für den leistungsfähigen Betrieb die Vergrößerung des Absatzes bringen. National-wirtschaftlich.

Gewiß nimmt auch in Österreich vor allem dank der fortschreitenden

Industrialisierung der Konsum in raschem Tempo zu. Aber wieviel mehr ist dies der Fall in Deutschland aus dem Grunde, weil eben hier die Durchschnittskultur und deshalb die Industrialisierung weiter fortgeschritten ist. Es würde also für den hinsichtlich bestimmter Waren leistungsfähigen Betrieb in Österreich mit einem Male die Möglichkeit der Ausnutzung eines großen, aufnahmefähigen und unübersehbar entwicklungsfähigen Marktes erschlossen werden. Hierzu kommt, daß dank der größeren Wohlhabenheit und dem hohen Kulturstandard der außerordentlich verbreiteten Mittelschichten in Deutschland ein größerer Bedarf an besseren Qualitäten vorliegt als in Österreich-Ungarn, daß also der Produktion Österreich-Ungarns in noch erhöhterem Maße als bisher die Tendenzen nach Produktionsverbesserung mitgeteilt würden. Bekanntlich wird aber an höherwertigen Artikeln ungleich mehr verdient, als an der billigen Ware. Hinsichtlich bestimmter Waren würde natürlich ein ähnlicher Vorteil auch Deutschland zufallen. Unsere heimischen Betriebe würden es hier mit einer scharfen, in gewissen Fällen aufs äußerste gespannten Konkurrenz zu tun haben: Dies ist aber innerhalb vernünftiger Grenzen vom Standpunkte der Volkswirtschaft und des Konsums zu wünschen; auch kann man natürlich nur Vorteile bei einem Geschäfte — und das ist ja auch der wirtschaftliche Allianzvertrag — nicht eintauschen.

Deutschland und Österreich-Ungarn hätten dann sofort an die Riesenaufgabe heranzugehen, die unbefriedigend entwickelten Völker des Ostens innerhalb der Monarchie der modernen Entwicklung in Erwerb, Bildung und Konsum zuzuführen — ein lohnendes Milliardenunternehmen, das alle Investitionen mit unmittelbar ermöglichtem Konsum und Absatz lohnen müßte!

Hierzu sind vor allem riesige Kapitalien notwendig. Wer nun außer Deutschland wird nach dem Kriege genug Kapital besitzen und gleichzeitig ein Interesse haben, gerade Österreich-Ungarn bei seiner weiteren wirtschaftlichen Entwicklung zu unterstützen?[1])

---

[1]) Steht nicht, falls eine genügend weitgehende wirtschaftliche Verständigung mit Deutschland ausbleibt, zu befürchten, daß die heimischen Arbeiter ungleich mehr als bis jetzt von der wachsenden Produktion Deutschlands angezogen werden? Wenn Deutschland bei dem Fortschritte seiner wirtschaftlichen Entwicklung im Stile Amerikas in absehbarer Zeit an etwas Mangel leidet, so sind es vermutlich die Arbeitskräfte, selbst trotz Eroberung von Teilen Polens. Gibt es ein anderes

An Stelle des beschränkten Marktes, dieses Grundübels der Entwicklung der Produktion in Österreich seit seinem Bestande, hätte also der erweiterte Markt zu treten, statt der beschränkten und Kleinwirtschaft die moderne Großwirtschaft. Beides würde dann aber ein weiteres bisheriges Grundübel beseitigen helfen, das der mangelnden oder ungenügenden Spezialisierung[1]). Im großen Wirtschaftsgebiet liegt eben auch für spezialisierte Betriebe ein genügend großes Absatzgebiet vor. Die Möglichkeit, sich spezialisieren zu können, muß den Kreis der leistungsfähigen Interessenten an einer wirtschaftlichen Verständigung mit Deutschland bedeutend vermehren.

Es würde sich also um die Einleitung des Betriebes von Wirtschaft im großen handeln, worin zu gleicher Zeit einzig und allein in letzter Stunde die Möglichkeit des Ausgleiches der Leistungsfähigkeit vor allem mit Deutschland liegt. Ein energischer Impuls müßte alle wirtschaftlichen Interessenten erfassen und würde diejenigen, die wegen der ungünstigen Erzeugungsbedingungen oder sonstigen Umstände im Falle der weitgehenden Verständigung mit Deutschland geradezu um ihre Existenz kämpfen, weil die deutsche Industrie allzu mächtig in ihr bisheriges Absatzgebiet eindringt, zwingen, sich durch Aufgebot aller Kraft und kommerzieller Erfindungsgabe zu behaupten. Dieser Impuls würde uns, wie er in staatlicher und nationaler Beziehung Ausrichtung nach weltpolitischen Zielen, Klarheit und die möglichst ruhige Entwicklung schafft, mit einem Male aus der Stickluft, die uns umgibt, befreien und von vornherein die Opfer, die die energische Anspannung kostete, für die Allgemeinheit bezahlt machen. Er müßte zahllose Talente, die bisher vergeblich auf einen weiteren Kreis der Betätigung hofften[2]), der Betätigung im Inlande zuführen, kurz

---

Hindernis dieser Wanderung — noch dazu des geschulten Arbeiters — als die Entwicklung der eigenen Industrie? Und muß nicht, da wir zu wenig Kapital und Unternehmungsgeist besitzen (und bisher einen zu kleinen Markt besaßen), um eine raschere Entwicklung aus uns selbst herbeizuführen, das Ausland gewonnen werden, hierbei mitzuwirken? Damit es aber kommt, namentlich das deutsche Kapital und der deutsche Unternehmungsgeist, müßte wohl erst die entsprechende Erweiterung des Marktes geschaffen sein. Möglich, daß schon damit für das heimische Kapital der Anreiz zu größeren Investitionen vorhanden ist.

[1]) S. o. die zahlreichen Nachweise bei den einzelnen Produktionszweigen.

[2]) Auf den Gebieten der Technik und des Kunstgewerbes suchen sie in großer Zahl schon jetzt Deutschland auf.

es würde in ungeahnter Weise zur Erschließung all der Reichtümer an Menschenmaterial und Gütern in Land- und Forstwirtschaft, in Industrie, Gewerbe und Handel kommen, die bisher keine volle Verwertung fanden. Der Impuls, das Aufblühen der Volkswirtschaft und ihre wachsende Bedeutung müßte auch auf den Geist unserer Verwaltung belebend und regelnd wirken, müßte schließlich für Wissenschaft und Kunst den notwendigen, erhöht ertragfähigen Nährboden nach der materiellen Seite schaffen. Beim Eintritt all dieser günstigen Momente würde vor allem das die Kraft so ungemein lähmende Schwanken und Zweifeln an der Möglichkeit des Aufschwunges, an der Bedeutung und den Aufgaben der Monarchie endlich zertrümmert werden, was weite Kreise österreichischer Intelligenz in der Friedenszeit bedauerlicherweise niederdrückt und lähmt und sie vom Drange nach der Welt abschnürt.

Export-politisch. Es kommt aber nunmehr die wichtige Frage des Exportes und des Außenhandels in Betracht. Seit Jahrzehnten wird in Österreich-Ungarn, besonders aber in Österreich über die zu geringe Entfaltung des Exportes, ja über den Niedergang besonders der Exporthandelsbetriebe geklagt, weil sie stets mit den größten und steigenden Schwierigkeiten zu kämpfen hatten.

Es sei daran erinnert, daß auch die verschiedenen, selbst mit Privilegien ausgestatteten Exportgesellschaften der früheren Jahrhunderte immer wieder nach kurzer Lebenszeit verschwanden (s. o.). Unternehmer und Behörden sind sich klar, daß der normale und gesunde Export nicht um seiner selbst willen betrieben werden kann, sondern daß er im Prinzip nur die Verwertung jener Produktionsmengen darstellt, die über die Aufnahmefähigkeit des Inlandmarktes hinausreichen. Der eigentliche Produktionsgewinn muß beim Absatz auf den Plätzen des Inlandes erzielt werden. Beim Export genügt es sogar unter Umständen, wenn die Ware zum Selbstkostenpreis abgestoßen wird (Dumping-System), weil schon in der Verwertung der größeren Regie (größerer Einkauf, größere Spezialisierung und besseres Sortiment usw.) ein großer Vorteil liegt. Jeder Teil eines Perzentes an besseren Preisen ist beim Export ein Mehr, das unter Umständen schon mit großer Befriedigung eingeheimst wird. Bei dieser Sachlage ist es klar, daß der Export dann um so größer sein kann, je leistungsfähiger die betreffende Industrie oder der betreffende Betrieb — selbst nach internationalen Begriffen gemessen — ist, je größer seine Erzeugung und im Verhältnis dazu je größer das Quantum ist, das im Inlande verbraucht wird. Auf Grund der Verständigung mit Deutschland und darauf fußend der Vergrößerung des Marktes sowie der besseren Spezialisierung müßte allmälich eine derartige Vergrößerung der Produktion der leistungsfähigen Branchen und Betriebe eintreten, daß auf dieser Basis der bisher nicht voll befriedigende Exportverkehr dank dem großen Zuge im Wirtschaftsleben und in der industriellen Produktion von selbst einen ganz anderen Umfang annähme. Es hätte also die Vorsorge für das Zustandekommen einer entsprechend aufgebauten Allianz die wirksamste Maßnahme zur Förderung des heimischen Exportes zu bilden. Welche Bedeutung aber der Export für den Güteraustausch in materieller, aber auch sonst durch die enge Verbindung mit dem nahen und ferneren Ausland in wirtschaftlicher und kultureller Beziehung hat, bedarf an dieser Stelle keiner näheren Erläuterung.

Jedenfalls müßte und könnte uns die wirtschaftliche Allianz mit Deutschland und der gekräftigte Exportverkehr auch dem näheren und ferneren Orient näher bringen, sowie uns praktischen Anteil größeren Stiles an der Erschließung der islamitischen Länder nehmen lassen. Wir würden bei der weitgehenden Parallelität unserer Interessen um so mehr Aussicht auch auf selbständige Aktionen im Orient haben, wie wir im Gegenteil ohne Anlehnung an Deutschland und ohne Verständigung gerade in ihm den größten, weil überlegenen Konkurrenten hätten. Zu unseren Gunsten spricht dagegen die günstigere geographische Lage, der ältere und engere wirtschaftliche Verkehr.

Wie auf dem Gebiete der Außenpolitik so müßte auch auf dem der Handelspolitik, dieser wichtigen Voraussetzung des Exportbetriebes, die Vereinbarung mit Deutschland so beschaffen sein, daß sie die Monarchie von den bisherigen Hemmungen auf diesem Gebiete befreit. Handelspolitisch.

Trotzdem in den letzten Handelsvertragsperioden die Verhandlungen von der Monarchie immer gründlicher, ja musterhaft vorbereitet wurden, befriedigte das Ergebnis hinsichtlich des Schutzes der heimischen Produktion und der Erschließung von Absatzmöglichkeiten immer weniger.

Es ist dies auf das Überwiegen des Agrarismus, auf das Überwiegen der Schutztendenzen gegenüber den Expansionstendenzen, auf die Vermischung mit politischen Strömungen gegenüber dem Balkan und schließlich auf die zielbewußte Konkurrenz Deutschlands auf dem Gebiete der Handelspolitik zurückzuführen, das kraft seiner wirtschaftlichen Stellung stets mehr zu bieten hatte und daher auch mehr fordern konnte.

Es verdient nun gewiß Hervorhebung, daß Caprivi im Jahre 1892 in hochanerkennenswerter Ausdehnung der Bundesidee vorschlug, ein Abkommen zur gemeinsamen Vorbereitung der Handelsverträge und des gemeinsamen Abschlusses gewisser Verträge zu treffen.

Es sollte die Konkurrenz der beiden Staaten in den Verhandlungen mit Rußland, Belgien und Italien ausgeschlossen werden und ein Vertrag der beiden Staaten mit den eben genannten nur zustande kommen, wenn erst beide Alliierten einig geworden wären. Es wäre dies also ein handelspolitisches Schutz- und Trutzbündnis unter gegenseitiger Unterstützung gewesen.

Die Vereinbarung kam nicht zustande; es bleibe dahingestellt, durch wessen Schuld. Deutschland ging dann und auch späterhin seine eigenen Wege und schloß z. B. in der letzten Ära seinen ersten Vertrag mit Rußland ab. Österreich mußte sich diesen Abmachungen anbequemen, geriet ohne Abkommen eher noch mehr als mit einem solchen unter den Einfluß Deutschlands und hat überhaupt 1906 nicht gut abgeschnitten.

Man erkaufte vom Auslande niedrige Einfuhrzölle für die Landwirtschaft mit Zugeständnissen für die erleichterte Einfuhr in Industrieprodukten, obwohl die Landwirtschaft nicht mehr exportfähig im alten Stile war, gab also industrielle Interessen nutzlos preis.

Die weitere Folge war, daß (s. o.) der Import Deutschlands nach der Donaumonarchie von 1906—1913 um 51,1 %, der Export Österreichs nur um 12,2 % stieg.

Mit den Balkanstaaten hinderte ebenfalls vor allem der Agrarismus das Zustandekommen der Verträge, so daß sich der Abschluß mit Rumänien bis 1909, mit Serbien bis 1910, mit Bulgarien bis 1912 hinauszog.

Eine der wichtigsten Bedingungen — und Hoffnungen —, denen eine wirtschaftliche Verständigung mit Deutschland zu entsprechen hätte, wäre also die Vereinbarung wegen gemeinschaftlicher Handelspolitik und des Vorgehens als einem geschlossenen Block, der die gegenseitige Konkurrenz auf diesem heiklen Gebiete als bündnisunwürdig ausschaltet und gemeinsam mit dem Auslande verhandelt, trotz aller dermaligen Verschiedenheit in der Entwicklung der Industrie der beiden Staaten.

Trotz dieses verschiedenen Grades der Entwicklung, ist doch nicht nur die schutzzöllnerische Grundlage bei beiden Staaten die gleiche, sondern es hat sich auch durch den Weltkrieg herausgestellt, daß die beiden Staaten ihre Landwirtschaft und Industrie so schützen und entwickeln müssen, daß sie selbst einer zukünftigen mehrjährigen Kontinentalsperre durch England ohne Gefahr und Sorge entgegensehen können; die beiden Staaten müssen sich also auch für die wirtschaftliche Unterstützung in einem zukünftigen Weltkriege weitblickend und weitherzig sichern. Dies wird gemeinsam mit dem Ausbau der militärischen und politischen Machtstellung das beste Schutzmittel gegen eine Wiederholung des Weltkrieges bilden, also auf das wirksamste den Frieden sichern.

Soll aber nicht gegebenenfalls durch den Einfluß einer mächtigen Erwerbsgruppe in einem der beiden Staaten oder durch politische Beeinflussungen im entscheidenden Momente ein das Zusammengehen hindernder Gegensatz zur Geltung kommen, müßte jedenfalls dafür gesorgt sein, daß die grundlegenden Abmachungen keine derart losen sind, um irgend einmal das wirksame und großzügige Zusammenarbeiten in Frage zu stellen.

Ein wichtiger handelspolitischer Grund für die Verständigung, nicht gegen sie, ist vor allem, daß der Import Deutschlands trotz der in vielen Artikeln verfügten Erhöhung des Schutzzolles in Österreich in steigendem Maße zunimmt. Es ist dies eine Folge des größeren Absatzes im reichsdeutschen Inlande und der darauf beruhenden hohen Entwicklung der Industrie, deren Entwicklungstempo nach dem Durchlaufen der verschiedenen Zwischenstufen auch in Zukunft noch zunehmen muß. Was würde im Falle des Nichtzustandekommens einer Verständigung bei den nächsten Handelsvertragsverhandlungen mit Deutschland geschehen? Es würden die Zölle entweder gleichbleiben (und dank der günstigen Produktionsbedingungen Deutschlands die Einfuhr auch so noch weiter steigen), oder es würde Deutschland seinerseits in wichtigen Ausfuhrartikeln Österreichs nur dann von einer Zollerhöhung absehen, wenn ihm die Herabsetzung österreichischer Schutzzollpositionen zugestanden würde — das würde dann den Import noch weiter erleichtern.

Bei der an Betrieben bedeutend reicheren und einer rascheren Entwicklung fähigen deutschen Industrie würde die Zahl der deutschen Artikel, die die österreichische Schutzzollmauer zu überspringen vermögen, also in jedem Falle weiter wachsen. Die Lage Österreich-Ungarns gegenüber Deutschland würde möglicherweise stets ungünstiger werden, der Einfluß der deutschen Industrie auf das österreichische und ungarische Absatzgebiet zunehmen, nicht aber gleichzeitig — wegen des Mangels an der entsprechend großen Basis des inneren Absatzes — zum Austausch das Umgekehrte eintreten. Schließlich würde die gegenseitige Spannung womöglich einmal mit einem Zollkriege endigen. Ist es da nicht besser, sich gegen die Öffnung des eigenen Marktes einen Anteil an jenem Markte zu sichern, dessen großer Bedarf, dessen billige Halbfabrikate und Behelfe die deutsche Industrie schon bisher so leistungsfähig gemacht haben? Für den Schaden in gewissen Artikeln würde dann eben der große Vorteil der tunlichst ungehinderten freien Ausfuhr nach dem höherwertigen Markte erkauft werden, an Stelle regel- und rücksichtslosen Kampfes die Verständigung von vornherein treten.

Konsum-politisch.

Auf eines dürfte die moderne Volkswirtschaftspolitik in Zukunft besonders und steigend Rücksicht zu nehmen gezwungen sein, auf die Konsumpolitik im Interesse der Bevölkerungsmassen. Schon in den letzten Jahren, bei den handelspolitischen Kämpfen hinsichtlich der billigeren Lebensmittelversorgung (Forderung nach Herabsetzung der Getreidezölle, nach Einfuhr von gefrorenem Fleisch usw.), wurde von den Vertretern der Unternehmer gleichwie der Arbeiterschaft mit zunehmender Energie darauf hingewiesen, daß in Österreich die Preise der Lebensmittel[1]) und die Wohnungszinse, also die Kosten der Lebenshaltung, in ein sich stets verschlechterndes Verhältnis zum Lohnertrag der Arbeitnehmer treten. Das Mißverhältnis führt

[1]) Die Sachlage wurde durch den Krieg bedeutend verschlechtert. So berechnete die Wiener Kriegskommission für Konsumenteninteressen die Verteuerung durch den Krieg für den Oktober 1915 im Durchschnitte in: England auf 34, in Deutschland auf 65,4, in Österreich auf 121,3 %.

entweder zur Verschlechterung der Lebenshaltung, zur Auswanderung (vorwiegend in reichsdeutsche Industriegebiete oder nach Amerika) oder zur ausgiebigen Lohnsteigerung und damit wieder zur Verteuerung der Industrieartikel.

Es soll an dieser Stelle kein Urteil darüber versucht werden, ob sich angesichts der vermehrten Erkenntnis vom Werte und der Bedeutung leistungsfähiger nationaler Landwirtschaft die konsumpolitischen Reformen für die nächste Zeit in der Richtung der Herabsetzung der vor dem Krieg gültigen Getreidepreise und Getreidezölle werden bewegen können oder nicht. Man wird vielleicht angesichts des erhöhten Verbrauches von Vieh im Kriege die Einfuhr von überseeischem Fleisch für die minderbemittelte Bevölkerung, gegebenenfalls die zollfreie Einfuhr von gewissen, zum menschlichen Genuß unbrauchbar gemachten Futtermitteln für die Erleichterung der Viehzucht durchsetzen; aber eine Reduktion der Getreidezölle dürfte auf allzu große Schwierigkeiten stoßen.

Es würde also dann vermutlich zu Lohnerhöhungen kommen, wie sie ja der Krieg angesichts des Arbeitermangels namentlich für die ungeschulte Taglöhner- und Frauenarbeit schon gebracht hat. Es würde wie bisher die Industrie, als die leichter anpassungsfähige und ausgestaltbare Wirtschaftskraft des Staates, die Hauptlasten der Verbesserung der Lage der Arbeiterbevölkerung auf sich nehmen müssen. Sie kann aber diese Lasten nicht dann leichter tragen, wenn sie innerhalb des usuellen Absatzgebietes höher geschützt wird — also beim status quo des Zollgebietes mit Erhöhung der Zölle —, weil sich analog ihre Material- und Investitionsspesen erhöhen, die rein industriellen Regiespesen jedoch nicht verringern. Auch bleibt der Anreiz bestehen, die wegen irgendwelcher Mängel unrentablen Betriebe (z. B. wegen ungünstigen Standortes) aus Konservatismus fortzuführen, trotzdem dies konsumverteuernd wirkt. Ein solcher Betrieb ist natürlich auch beschränkt leistungsfähig. Wegen der Zunahme der Erzeugungskosten und wegen der auch sonst weniger günstigen Absatzverhältnisse wird die Errichtung von Konkurrenzbetrieben langsamer vor sich gehen, als wünschenswert. Wenn dieses Prinzip aber in einer Reihe von Branchen zur Anwendung kommt, muß der Konsument, ob bäuerlicher oder Industriearbeiter, seine Bedarfsartikel immer höher bezahlen, die Preissteigerung hält also an und damit die Forderung nach höheren Einkünften, besonders nach höheren Löhnen.

Hier wird der andere Weg mehr den Absichten moderner Konsumpolitik entsprechen, der natürlich auch in Zukunft das nur für England brauchbare System des Freihandels beiseite läßt, aber innerhalb vernünftiger Grenzen eine Stellung der Volkswirtschaft, besonders der industriellen Erzeugung, auf die Grundlage des erweiterten Inlandmarktes wünscht, damit sich die Industrie die Verbilligung ihrer Erzeugung, die Erzielung auskömmlichen Gewinns für den Unternehmer und bessere Lohnzahlung für den Arbeiter aus der Vermehrung des Bedarfes und aus der Verbilligung der Produktion hole. Die möglicherweise erhöhte Konkurrenz hat im Interesse des Konsums preisregulierend zu wirken. Im größeren Wirtschaftsgebiet wird die größere Konkurrenz nur die bestbillige Erzeugung bestehen lassen. Dank der Konkurrenz, dank der vermehrten Produktion werden alle Erzeugnisse trotz erhöhter Zölle und trotz höheren Ertrages für den Unternehmer billiger, nicht teurer sein. Kurz, das größere Produktionsgebiet hat trotz eventuell erhöhten Zollschutzes die Tendenz der Preiserniedrigung für die Produkte, ohne Arbeitgeber oder Arbeitnehmer schädigen zu müssen.

Man möge aber nicht im unklaren darüber bleiben, daß die Forderung moderner Konsumpolitik, die auf die Erzielung eines befriedigenden Lebensstandard der Masse, auf Hebung von Kultur und Bildung abzielt, von den Massen selbst in allernächster Zeit mit ganz anderer Intensität vertreten und wahrscheinlich auch durchgesetzt werden dürfte, als bisher.

In der österreichisch-ungarischen Monarchie läßt dies schon die langsam fortschreitende Umschichtung in der Bevölkerung nach der industriellen Seite vermuten. Mit dem vollzogenen wirtschaftlichen Aufschwung der vielen rein demokratischen Nationen in der Monarchie (s. o.) müssen diese Tendenzen eine weitere Unterstützung erfahren. Vor allem wird dies aber der Krieg bewerkstelligen.

Die Freiheitskriege der Jahre 1813—15 konnten seinerzeit nur deshalb siegreich zu Ende geführt werden, weil man in Österreich und Deutschland die Volksmassen durch Gründung und Heranziehung der Landwehr zu Hilfe rief. Die Ergebnisse des Jahres 1848 und 1849 sind die Folgen davon, daß die Reaktion nicht die zum Bewußtsein erwachten demokratischen Kreise durch Gewährung von Volksvertretungen befriedigen wollte. Damals allerdings haben zunächst vorwiegend die besitzenden Klassen in Stadt und Land ihren Anteil erhalten. Die weiteren Kreise waren hierfür vielleicht nicht einmal reif gewesen.

Der nunmehrige Welt- und Völkerkrieg, als Kampf der Millionenmassen gegeneinander, mit seinen riesigen zu vollbringenden Leistungen wird auch hier wieder Machtgefühle der Massen auslösen, nur mit dem Unterschied, daß ihnen nunmehr Führer mit voller parlamentarischer Schulung und die Vorbilder fortgeschrittener Organisationen zur Verfügung stehen. Eine vernünftige, leistungsfähige Konsumpolitik, die den gerechten Ausgleich mit einer die Expansion fördernden Produktionspolitik suchen und finden muß, wird der Wahlspruch aller zu erwartenden Aufschwungsbewegungen der Massen sein, wird aber auch schließlich ihre Befriedigung durchsetzen.

Jedenfalls ist bei den einschlägigen Untersuchungen nicht von einem der erörterten Standpunkte allein der in Rede stehende Fragenkomplex zu behandeln, sondern nur von einer Vereinigung aller maßgebenden Gesichtspunkte aus.

Eine Zusammenfassung der obigen Ausführungen ergibt, daß das Schwergewicht in der wirtschaftlichen Verständigungsfrage auf die Neuordnung der Weltpolitik und Weltwirtschaft, auf die äußere und innere Politik, auf Macht und Prestige und die Abwehr der Ententemächte, besonders aber der russischen Übermacht für die Zukunft, schließlich auf eine wirksame gemeinsame Handelspolitik und eine zeitgemäße Konsumpolitik zu legen ist. Das Geld- und Erwerbsinteresse des Einzelnen hat bei diesem wirtschaftlichen Umbildungsprozesse ganz wie im Waffenkriege in zweiter Linie zu stehen.

Bemerkenswert ist die Äußerung des englischen Kolonialpolitikers Johnestone, der 1903 die Frage eines deutsch-österreichisch-türkischen Wirtschaftsbündnisses behandelte (Deutsche Kolonialzeitung 1915, Seite 41) und sich ganz im Sinne der vorstehenden Ausführungen wie folgt aussprach: „Wäre ich ein Deutscher, so würde ich in meinen Zukunftsträumen ein deutsch-österreichisch-türkisches Reich sehen mit vielleicht zwei Handelshäfen, der eine Hamburg, der andere Konstantinopel. Ein Reich, das seinen Einfluß durch Kleinasien und Mesopotamien bis über die Bagdadbahn geltend machen sollte. Dieses ununterbrochene Imperium, das von der Elbe bis an die Ufer des

Euphrat und Tigris reichen würde, wäre doch gewiß ein stolzes Ziel, wie es eine große Nation nur anstreben könnte."

Bismarck.

Zum Schlusse sei die Auffassung Bismarcks angeführt, der sich zwar 1863 (Gedanken und Erinnerungen I. Bd., 17. Kap.) aus naheliegenden Gründen gegen die Zollunion ausgesprochen hatte (s. o.), sich aber 1884, also fünf Jahre nach dem Abschlusse des Bündnisses mit Österreich, dem Reichstagsabgeordneten K. Braun (Wiesbaden)[1] gegenüber wie folgt äußerte:

„Was beiden Teilen (Österreich und dem Deutschen Reiche) nützlich sein würde, das wäre eine dauernde organische Verbindung, welche weder eine wirtschaftliche und finanzielle Gemeinschaft noch eine wechselseitige Einmischung in innere Fragen und territoriale oder partikuläre Differenzen anstrebt, sondern alles das auf das bestimmteste und strikteste ausschlösse, welche aber den beiderseitigen, gegenseitigen Besitzstand garantierte und sich zur Aufrechterhaltung des mitteleuropäischen Friedens, zu Schutz und Trutz mittels bleibender Institutionen verpflichtete. Damit wäre nicht ausgeschlossen, sondern vielmehr mit inbegriffen eine Reihe von Vereinbarungen zu gleichheitlichen Einrichtungen auf den Gebieten der Rechtspflege, der Gesetzgebung, der Verwaltung sowie der wirtschaftlichen und sozialpolitischen Dinge, eine Zusammenwirkung, welche ohne Zweifel sehr segensreich sein könnte zwischen zwei Gemeinwesen, welche so sehr berufen sind, einander zu ergänzen."

Für denjenigen, der Bismarcks begreiflicherweise vorsichtige Ausdrucksform verstehen will, enthält diese vor fast 30 Jahren gemachte Äußerung die vollkommen richtige Festlegung der hauptsächlichsten Gesichtspunkte für die notwendige und mögliche Verständigung mit Deutschland, nämlich: volle uneingeschränkte Souveränität, Ablehnung eines Zollparlamentes, Verständigung zu Schutz und Trutz und über den Besitzstand, wirtschaftliches Bündnis.

Form und Grad der wirtschaftlichen Verständigung.

Es kommt nun darauf an, den Grad und die Form der wirtschaftlichen Verständigung zu behandeln. Ohne auf die mannigfachen Variationen, die möglich sind, einzugehen, seien die folgenden Hauptformen herausgegriffen:

---

[1] Vgl. Dr. F. Schmitt, Düsseldorf, Die Zollvereinigung. Soziale Kultur 1915, 4. Heft, und Braun, Unterhaltungen mit dem Fürsten Bismarck. Deutsche Revue 1885, Januarheft.

## Wirtschaftliche Verständigung.

I. Weitestgehende Form, die volle Zollunion, und zwar:
 1. mit gemeinsamer Handelspolitik,
 2. mit einheitlichem, gemeinsamem handelspolitischem Organ (weitestgehende Form dieses Organes wäre ein gemeinsames Zollparlament),
 3. mit gemeinsamem Zolltarif,
 4. mit ungeteiltem Wirtschaftsgebiet.

II. Erleichterte Form, eine möglichst weitgehende Einheit, und zwar:
 1. mit gemeinsamer Handelspolitik aber mit der Möglichkeit, formell selbständige Handelsverträge zu schließen,
 2. mit einheitlichem, gemeinsamem Verwaltungsorgan auf Basis der Richtlinien eines Verständigungsvertrages unter Kontrolle der Parlamente,
 3. mit zwei gleichlautenden Zolltarifen und Zuschlagszöllen,
 4. mit ausgleichenden Zwischenzöllen.

III. Sehr beschränkte Form mit möglichster Erhaltung des status quo, und zwar:
 1. mit nur einverständlicher Handelspolitik,
 2. ohne ein gemeinsames Exekutivorgan,
 3. mit selbständigen Außenzolltarifen,
 4. mit durch gegenseitige Preferenz reduzierten Zöllen im Zwischenverkehr.

Es gibt maßgebende Stimmen unter den Volkswirten und in den Kreisen der Industrie, die sich nur von der vollen Union auch den vollen Erfolg versprechen. Nur diese Form sichere die gemeinsame Handelspolitik, sichere das gemeinsame Auftreten gegenüber dem Auslande, vermehre damit die Aussicht, bei Handelsverträgen in gegenseitiger Unterstützung volle Erfolge zu erzielen.

Nur durch eine Zollunion ohne Zwischenzölle werde der Hauptzweck, das gemeinsame große Wirtschaftsgebiet, vollständig und damit der großzügige Ausgleich innerhalb desselben erzielt. Besonders für die Donaumonarchie würden die Deutschland zuzugestehenden Zollerniedrigungen (in Form von ermäßigten Zwischen- oder Preferenzzöllen) nur wie ein schlechter Handelsvertrag wirken, dessen Schwächen Deutschland dann noch mehr ausnützen werde als die des jetzt bestehenden. Österreich-Ungarn dagegen als der schwächere Exportstaat werde von den deutschen Zollerniedrigungen ungleich weniger Nutzen ziehen können.

Man müsse also den Mut aufbringen, die volle Zollunion durchzusetzen und nicht durch den Versuch, mit Halbheiten auszukommen, Schaden anstiften, nämlich von vornherein das wirtschaftliche Zusammenwirken der beiden Staaten auf einem falschen System aufbauen und damit ad absurdum führen.

Die Anhänger der sehr beschränkten Form (hier als III bezeichnet) erklären einen zu weitgehenden Apparat hinsichtlich der Handelspolitik nicht für nötig; die Vereinbarung von gewissen Grundsätzen genüge, so daß die verantwortlichen Faktoren im gegebenen Falle zu Beratungen zusammentreten, um für einen Handelsvertrag das Nötige vorzukehren. Die Unterschiede in der Produktion und ihren Bedingungen seien in beiden Staaten mittelbar und unmittelbar derart groß, daß die Gleichstellung der Tarife in Schema und Höhe kaum durchführbar sei. Die selbständigen Tarife hätten daher so wie die im Wesen selbständige Handelspolitik weiter zu bestehen; doch könnte im Hinblick auf gewisse Wünsche der Industrie für gewisse Positionen (nach einem Prozentsatz oder individuell verschieden) gegenseitig eine Herabsetzung in Form der Preferenz eintreten, die also dem Auslande nicht zugewendet werden könnte.

Das letztere System (in der geschilderten Form noch das weitestgehende von den Systemen dieser Art) muß wohl als ein überaus protektionistisches bezeichnet werden, das im Sinne vorwiegend industrieller Interessenvertretung tunlichst den status quo aufrecht zu erhalten strebt[1]). Man hört zwar die Stimme des Volkes nach der weitgehenden Verständigung und Allianz mit Deutschland, den dringenden Wunsch nach grundlegender Änderung der bisherigen Wirtschaftspolitik, sucht sich aber mir möglichst wenig einschneidenden Maßnahmen aus dem Dilemma zu ziehen.

Mit dieser Form wäre, behaupten die Gegner mit Recht, wenig geleistet. Die Verständigung über die gemeinsame Handelspolitik wäre mangels genügend einheitlicher Zollpolitik so lose und locker

---

[1]) Namentlich die Schwerindustrie, besonders die mächtige Eisenindustrie in Österreich-Ungarn, sieht in diesem Vorschlag ungefähr das Höchstmaß möglichen Entgegenkommens.

aufgebaut, daß es schließlich gewiß wie in der Caprivizeit im entscheidenden Momente zu nichts käme, indem z. B. der widerstrebende Teil einfach erklärte, er werde mit den Vorarbeiten nicht rechtzeitig fertig und könne daher nicht gemeinsam unterhandeln. Die Preferenzen würden vor allem von Deutschland und seiner spezialisierten Exportindustrie ausgenützt werden können, also mehr in der Art eines ungünstigen Handelsvertrags wirken (s. o. ad I).

Die Klagen der sich für benachteiligt haltenden österreichisch-ungarischen Industrie über die ungünstige neue Ordnung würden mangels Änderung der Grundlagen in den nächsten Jahren stetig zunehmen — bis auch die Preferenz abgeschafft wird und alles richtig wieder beim alten bleibt.

Das wollen ja von ihrem engeren, begreiflichen, wenn auch nicht gerade die Allgemeinheit genügend berücksichtigenden Standpunkte die Vertreter der opponierenden Industrien und ihre Zirkel.

Nicht zu übersehen wäre auch der Druck, den die übrigen Mächte bei jedem einzelnen Handelsvertrage auf den Zweibund wegen deren Preferenz ausüben würden, so daß es fraglich erschiene, ob wegen des wenig wichtigen und wenig wirksamen Instrumentes der Preferenz wirklich vernünftigerweise eine Erschwerung der sonstigen Vertragsverhandlungen herbeigeführt werden sollte.

Das Preferenzsystem kommt daher für weitere Verhandlungen, die den oben auseinandergesetzten Zielen und Absichten entsprechen sollen, nicht in Betracht. Sie sind ein nicht zu empfehlendes Nebengeleise.

Angesichts der heftigen Angriffe, die gegen die reine Zollunion erhoben wurden, und da auch in Deutschland gegen die Eingehung eines so engen Verhältnisses, das sich vielleicht doch nicht in allen Folgen übersehen läßt, maßgebende Bedenken laut wurden, entwickelte sich als Vorschlag, der der Zollunion am nächsten kommt, die als II bezeichnete Variante der „erleichterten" Form wirtschaftlicher Allianz.

Sie hält die gemeinsame Handelspolitik als obersten Grundsatz fest und verlangt zu diesem Zwecke die Schaffung eines Delegiertenkollegiums von reichsdeutschen, österreichischen und ungarischen Beamten der beteiligten Ministerien. Dieses Kollegium hätte im Rahmen der Bestimmungen des Zollbundgesetzes die Handelsverträge gemeinsam vorzubereiten, die Verhandlungen zu führen und abzuschließen. Die Ratifizierung und damit die oberste Kontrolle obliegt dann wieder den Parlamenten der drei Staaten. Zur Erleichterung des Verfahrens, der Übersicht, des Ausschlusses von Umgehungen erstellen beide Staaten in Schema und Positionen gleichlautende Tarife[1]), die aus einem Maximal- und Minimal-Tarife bestehen. Sollte der eine der Vertragsstaaten mit einer Position des Maximal- oder Minimalzolles zum Schutze seiner Produktion nicht das Auslangen finden, so wird ein Zuschlag festgesetzt, der aber über den status quo ante des früheren autonomen Tarifes des Staates nicht hinausreichen sollte[2]).

Es ist damit ein höherer Zollschutz nach außen über den sonst gleichlautenden Maximal- und Minimal-Tarif hinaus ermöglicht.

Für den gegenseitigen Verkehr wird an Stelle des bisherigen Zollverkehrs eine Zwischenzollinie[3]) errichtet, aber mit einer tunlichst umfangreichen Liste von zollfreien Gütern.

Hier wird es möglich sein, daß ein Staat seine Produktion mehr schützt als der andere, wenn ihm das Recht zusteht, sowohl den gleichen Zuschlag, den der Außentarif enthält, auch in der Zwischenzollinie einzuheben, als auch zum Ausgleiche der Produktionsbedingungen sich besondere Zuschläge für den Zwischenverkehr auszubedingen[4]).

---

[1]) Das Prinzip der Form von „gleichlautenden" Tarifen liegt ja schon dem Zolltarife des letzten Ausgleiches zwischen Österreich und Ungarn zugrunde.

[2]) Eine Erhöhung der bisher geltenden Zollsätze müßte tunlichst vermieden werden, um sich nicht damit den Abschluß von Handelsverträgen zu erschweren.

[3]) Von den energischen Vertretern der Unionsidee wird eingewendet, daß der Staat, wenn er sich einmal im Prinzip auf die Zwischenzollinie eingelassen, trotz aller Vereinbarungen, Zwischenfälle nur in den Fällen äußerster Notwendigkeit zu benutzen, den Ansturm derjenigen nicht werde abwehren können, die einen Zwischenzollschutz für sich verlangen. Es sei natürlich allen angenehm, einen besonderen Schutz zu genießen.

Dem ist entgegenzuhalten, daß sich die Staaten beim Vertrage auf ein beschränktes, unüberschreitbares Maximum von Zwischenzollpositionen einigen könnten, z. B. 15—25 % der Zahl der Positionen.

[4]) Es kann also sein, daß eine Ware bei der Einfuhr von Holland nach Deutschland 100, nach Österreich aber 150 an Zoll zu bezahlen hat, weil 50 der Zuschlag wäre. Andrerseits würde für diese Ware bei der Einfuhr aus Österreich-Ungarn nach Deutschland 30, von Deutschland nach Österreich-Ungarn aber 30 + 50, also 80 gezahlt werden, wenn 30 der Zwischenzoll und 50 der einheitliche Zuschlag wäre.

Während der Vertrag zwischen den Alliierten auf 20 bis 30 Jahre zu schließen wäre, hätte hinsichtlich der Zwischenzölle ein allmählicher automatischer Abbau nach Prozentsätzen zu erfolgen.

Sichert ein Staat zu, die Waren der Verbündeten nicht schlechter zu behandeln als die Englands, Frankreichs, Italiens, Rußlands und der Vereinigten Staaten, so kann ihm ohne weiteres der Minimaltarif eingeräumt werden. Es wäre demnach, wenn dies gewünscht werden sollte, selbst die Gewährung der „Meistbegünstigung" möglich.

Was die Handelspolitik betrifft, würde durch ein Rahmengesetz hinsichtlich der Grundsätze die Tätigkeit einer Delegiertenkonferenz ermöglicht, damit aber, ohne in die Schwierigkeiten eines Zollparlamentes sich zu verstricken, die Schlagfertigkeit der gemeinsamen Handelspolitik gesichert und diese selbst auf bleibende Grundlage gestellt. Dabei bleibt den Parlamenten doch die oberste Kontrolle gewahrt.

Schon dieses Moment, diese Erlösung aus den bisherigen Wirrnissen und Fährlichkeiten der isolierten Handelspolitik der Donaumonarchie wird der heimischen Volkswirtschaft eine außerordentliche Erleichterung bieten und die Industrie geneigt machen, eher auf einen Zwischenzollschutz zu verzichten.

Da also die glatte Zollunion anscheinend nicht zustande zu bringen wäre, kann ohne Zweifel die zuletzt behandelte Variante II von den bisher bekannt gewordenen Vorschlägen als der bestmögliche und vielseitigst verwendbare Weg empfohlen werden.

Was die Frage anlangt, wann diese Allianz zustande zu bringen wäre, so kann sie nur damit beantwortet werden, daß man sie raschestens, wenn nicht anders möglich wenigstens in den Grundzügen noch vor dem Friedensschlusse, unter Dach bringen sollte. Vor dem Friedensschlusse deshalb, damit nicht die feindlichen Großstaaten der Bildung der ihnen gewiß höchst unwillkommenen Verständigung zwischen den Zentralmächten in den Friedensverhandlungen und Instrumenten unüberwindbare Schwierigkeiten bereiten. Auch hat ja der Kriegszustand das bisherige handelspolitische Verhältnis zum feindlichen zerstört, auch zum sonstigen Ausland mit einem Male weitgehend beeinflußt, und es wird gewiß am besten womöglich gleich von vornherein mit einem neuen Regime begonnen. Man hätte dann angesichts des durch den Krieg erfolgten Erlöschens

Zeitpunkt.

der Handelsverträge mit Rußland, Frankreich, Italien, Belgien, Serbien, Montenegro und Japan eine einverständliche Aufhebung der Verträge mit den übrigen Staaten durchzusetzen, damit nicht 1918 oder gar später durch den Allianzvertrag eine neuerliche Erschütterung der Produktionsbedingungen von Landwirtschaft und Industrie erfolge, die unmittelbar nach dem Kriege ungleich geringer wäre.

Sollte sich die rasche Erledigung nicht durchsetzen und bewerkstelligen lassen, hätte der Vertrag spätestens nach dem Ablauf des bestehenden Vertrags mit Deutschland, also am 1. Januar 1918, in Kraft zu treten.

Auf Grundlage der handelspolitischen Verständigung hätte dann eine Annäherungstätigkeit bezüglich einer ganzen Reihe von Materien einzusetzen, als welche die vorliegenden zu nennen wären: die Währung, das Handelsrecht, das Konkursrecht, das öffentliche und private Seerecht, das Bergrecht, das Kartellwesen, die soziale Gesetzgebung, unlauterer Wettbewerb, Nahrungsmittelschutz, Marken- und Musterschutz, die Veterinärvorschriften.

Gewiß wird es Betriebe und Branchen geben, die sich bei einer weitgehenden Verständigung mit Deutschland gegenüber den günstigere Vorbedingungen oder bessere Organisationen besitzenden Betrieben und Branchen Deutschlands nicht behaupten können. Aber wie im Kriege, wo es doch sogar Leben und Gesundheit zu opfern galt, wo das Interesse des Einzelnen, ohne auch nur im geringsten Rücksicht zu finden, hinter die Interessen der Allgemeinheit zurückgesetzt werden mußte und wurde, gilt dies hier bei der wichtigen Frage der wirtschaftlichen Auseinandersetzung mit Deutschland mindestens in gleichem Maße. Staat und Allgemeinheit werden auch hier Mittel und Wege finden, um bei aussichtslos ungünstiger Sachlage — wobei es sich ja doch nur um Ausnahmen handeln dürfte — einzugreifen und einen Ausgleich durch Gewährung von besonderem Schutz herbeizuführen. Eingriffe in die Privatinteressen sind ja schon während des Krieges in weitem Ausmaße vorgekommen, und die Bevölkerung hat sich an diese Eingriffe des Staates im öffentlichen Interesse gewöhnt. Ähnliche tiefgreifende Folgen, die auf das Schicksal der Individuen rücksichtslos einwirkten, sind bereits in früheren Perioden hinsichtlich ganzer Branchen und Betriebsklassen eingetreten, so z. B. als der moderne Fabriks- und Maschinenbetrieb in einer ganzen Reihe von Branchen das Gewerbe matt setzte. Diese Entwicklung war eine notwendige, allerdings vorwiegend vom Individuum geführte, deswegen mußte sie sich auch durchsetzen. Gemäß der Entwicklung der Zeit würde die Schaffung der Basis der erhöhten Weltwirtschaft auf deutscher und zentraleuropäischer Kulturgrundlage eben eine Aktion nicht von einzelnen Individuen, sondern der Allgemeinheit zu sein haben.

Ohne Zweifel kommt den geschilderten weltwirtschaftlichen, politischen, militärischen, innerpolitischen und nationalwirtschaftlichen Gesichtspunkten der Charakter von Hauptargumenten zu. Wer bei der Verständigungsidee die nationalen und kulturellen Gesichtspunkte als reine Schlagworte und Gefühlspolitik erklärt, die Stimme der Völker nicht hört oder hören will oder von vornherein auf Heller und Pfennig die Rechnung auf den Tisch gelegt verlangt, wird sich, wenn nicht die persönlichen Vorteile überwiegend zu seinen Gunsten sprechen, wohl kaum überhaupt zugunsten der weitergehenden Verständigung entscheiden können.

Es ist nicht ausgeschlossen, daß die die Bevölkerung tief ergreifende Bewegung von einflußreichen Persönlichkeiten und ihren Sonderbünden ähnlich wie frühere Ansätze und Bewegungen unterdrückt oder wenigstens bis zur Wirkungslosigkeit verwässert wird: Aufzuhalten ist das wirtschaftliche Bündnis mit Deutschland auf die Dauer doch nicht, denn es ist ein naturgemäßer, weltwirtschaftlicher Prozeß, der sich höchstens zum Schaden aller Teile verzögern läßt. Ja, man kann so weit gehen, zu sagen, daß für den, der sehen will, bereits alle notwendigen Voraussetzungen des erweiterten Bündnisses durch Ereignisse und Entwicklungen vollständig gegeben sind, daß eine neue Phase der Evolution abgeschlossen vorliegt, und daß es sich nunmehr darum handelt, auch formell die notwendigen Schlüsse zu ziehen, sowie die daraus folgenden Maßnahmen zu treffen.

Welche Stellung nehmen nun die verschiedenen Hauptgruppen der heimischen Produktion zur Frage der Verständigung mit Deutschland ein, oder welche Bedeutung kommt ihnen nach den obigen Ausführungen zu? Die Besprechung gewisser Haupterwerbsgruppen kann natürlich nur eine flüchtige sein, soll das Thema nicht allzusehr ins Detail gesponnen werden.

Landwirtschaft. Was zunächst die Landwirtschaft Ungarns und Österreichs betrifft, so ist ihr gefährlichster Konkurrent und Gegner nicht die Produktion einer mit hochmoderner Technik intensiv arbeitenden Landwirtschaft, die naturgemäß wegen der Kosten und des Risikos auf die Schaffung von höheren Qualitäten ausgeht, sondern jene aus dem ursprünglichen Reichtum der Natur schöpfende Produktion, wie sie in Nordamerika und Argentinien betrieben wird. Gegen diese teils auf Raubbau, teils auf dem Mammutbetriebe fußende Konkurrenz müßte natürlich das gemeinsame Wirtschaftsgebiet durch entsprechende Zölle hinsichtlich der Körnerfrüchte ebenso geschützt sein, wie hinsichtlich der Einfuhr von Erzeugnissen überseeischer Viehzucht. Die Erkenntnis von der Notwendigkeit der Approvisionierung im eigenen Lande, mit möglichstem Verzicht auf Importe aus Übersee, wird in Deutschland und Österreich-Ungarn die Intensität der Landwirtschaft weiter fördern. Von einem gegenseitigen Wettbewerbe kann aber wohl kaum die Rede sein, höchstens von gegenseitiger Ergänzung in den Grenzgebieten, da doch Deutschland im Durchschnitte jährlich z. B. 20 Millionen q Weizen aus dem Auslande einführt, die Monarchie aber in den besten Jahren nur 20 000 q auszuführen vermag. Da Russisch-Polen an Getreide einen Fehlbedarf von rund 3 Millionen Zentner aufweist, kann auch die Einbeziehung der polnischen Gebiete den Importbedarf nur vermehren, nicht verringern. Es bleibt also in jedem Fall immer noch für Deutschland ein außerordentlich großes Defizit aus dem weiteren Auslande zu decken übrig. Mit dem belebenden und fördernden Einfluß, den die Schaffung des großen Marktes und die Ermöglichung der Spezialisierung auf die Lage der Mehrzahl der Branchen der heimischen Industrie und die Industrialisierung weiterer Kreise der Bevölkerung nähme, muß aber der Verdienst wie der Konsum in der Donaumonarchie selbst steigen, und es wird die Bevölkerung willig auskömmliche Preise an die Landwirtschaft zahlen. Direkt berührt also eine wirtschaftliche Allianz des Zweibunds die Landwirtschaft weder in Deutschland noch in der Donaumonarchie. Bei der überwiegenden Bedeutung der Landwirtschaft für Ungarn wäre hiermit die Frage für Transleithanien im wesentlichen günstig gelöst.

Industrie. Bei der Betrachtung des Einflusses einer wirtschaftlichen Allianz auf Industrie und Gewerbe wird es in Österreich und Ungarn

Gruppen von Branchen geben, die einen ausgesprochenen Vorteil daraus ziehen, solche, bei denen sich Vorteil und Nachteil ausgleichen, und solche, die ausgesprochen darunter leiden.

Zu den ersteren gehören jene, welche an Ort und Stelle über die notwendigen und wichtigsten Roh- und Landwirtschaftsprodukte (Eisen, Kaolin, Häute, Holz, Rüben, Kartoffeln, Gerste, Hopfen usw.) sowie Hilfsstoffe zu ungefähr gleichen Preisen wie in Deutschland verfügen, oder solche, welche Güter mit überwiegendem Arbeitslohn erzeugen, und denen entweder geschulte Arbeiter in genügender Zahl zu Gebote stehen oder, was zumeist der Fall sein wird, die über genügend abrichtbares, genügsames Arbeitermaterial verfügen. Schließlich ist hier die große Zahl jener Branchen einzureihen, bei denen Geschmacksbetätigung und Aufmachung eine große Rolle spielen. Weiters gehören hierher diejenigen Branchen, die die teilweise ungenügenden Bedingungen durch leistungsfähige Organisationen ausgeglichen haben. Bei all diesen Gruppen der ersteren Art, gewiß auch bei vielen anderen auf den ersten Blick ungünstig Gestellten kommt aber als Ausgleich weitgehend in Betracht, daß sie eine Reihe von Halbfabrikaten, Hilfsmitteln, Maschinen und Behelfen, die ihnen jetzt, im Vergleich zur deutschen Produktion, nur zu höheren Kosten zur Verfügung stehen, dann zu ähnlich günstigen Bedingungen beziehen werden können, wie die deutsche Volkswirtschaft.

Zur dritten Gruppe gehören wohl im Prinzip jene Branchen, die eben nur oder vorwiegend der zollpolitischen Taktik ihren Bestand verdanken. Es ist bei ihnen gewiß nur eine Frage der Zeit, wann das über günstigere Bedingungen verfügende Ausland derart billiger produziert, daß der österreichische Zollschutz nicht ausreicht. Auch kann der Fall eintreten, daß sich die Konsumenten oder Weiterverbraucher gegen eine solche Verteuerung des Bezuges von derartigen reinen Zollschutzbetrieben mit allen Mitteln stemmen und bei der nächsten Vertragsära Abhilfe verlangen und erlangen. Der Staat und die Volkswirtschaft können aber in unserer demokratischen Zeit die Rücksichten auf den Konsum und die Auskömmlichkeit auch der kleinen Einkommen stets weniger außer acht lassen.

Was die ungarische Industrie betrifft, so kann sie im großen und ganzen den nachteiligen Folgen eines wirtschaftlichen Bündnisses Ungarische Industrie.

sogar leichter ins Gesicht sehen als die österreichische. Daß sich die ungarische Industrie bisher überhaupt ohne Zwischenzollschutz in Konkurrenz zur österreichischen entwickeln konnte und so befriedigend entwickelt hat, müßte sogar ein Trost und eine Aufmunterung für die österreichische Industrie für den Fall der Allianz mit Deutschland sein. Die Subventionierung durch die ungarische Regierung hat doch immer nur einen geringen Teil der Investitionskosten gedeckt, und die Subvention stand in den meisten Fällen nur in untergeordnetem Verhältnis zu den Leistungen, die der Unternehmer bei Einführung einer Industrie in Ungarn zu vollbringen hatte. Angesichts der Konkurrenz in Österreich ist in Ungarn an Industrien und Betrieben nur entstanden und dann verblieben, was entweder über günstige lokale oder Frachtverhältnisse oder sonstige förderliche Vorbedingungen verfügte; auch wurden Subventionen doch nur an leistungsfähige und kapitalkräftige Unternehmer gewährt, die eine Bürgschaft für die weitere günstige Entwicklung bieten konnten. Schließlich ist die ungarische Industrie jung und ihre Neugründungen verfügen daher zumeist über hochmoderne Anlagen. Wenn Ungarn erklärt, daß es trotzdem ein Hinzutreten des Drucks deutscher Konkurrenz zur österreichischen allzuschwer empfinde, kann es dafür hoffen, daß die Investitionstätigkeit durch deutsche Interessenten in Ungarn im Falle einer Wirtschaftsallianz dank der Erleichterung des gesamten Verkehrs, des gesteigerten gegenseitigen Interesses und Vertrauens zunehmen, daher die ungarische Industrie wachsen, aber nicht zurückgehen wird. Diese vorwiegend günstige Stellung der ungarischen Volkswirtschaft wird gewiß die bezüglichen Bestrebungen nur fördern. Künstlich gezüchtete, auf Kleinwirtschaft berechnete Betriebe könnten für die ungarische Volkswirtschaft kaum von wirklichem und bleibendem Vorteil sein.

Daß die Gegner einer weitgehenden wirtschaftlichen Verständigung mit Deutschland das Gespenst einer Zwischenzollinie zwischen Österreich und Ungarn an die Wand malen, ist unbegründet, und ein solches Vorgehen der ungarischen Wortführer wäre ungerecht und unlogisch. Vor allem heben sich für Ungarn die Vor- und Nachteile der gemeinsamen Wirtschaft mit Österreich im großen gerade so auf, wie für Österreich, so daß diese Frage an sich für den unbeeinflußt Urteilenden endgültig erledigt wäre. Dann dreht es sich doch bei der ganzen Aktion um ein Opfer, das die österreichische und ungarische Industrie der Allgemeinheit, den weltwirtschaftlichen und politischen Zielen, den Konsuminteressen der Bevölkerung zu bringen veranlaßt werden soll. Schließlich stellt die Errichtung einer Zwischenzollinie gegenüber Deutschland statt der bisherigen Vertragszollinie für die Donaumonarchie eine Verringerung des Zollschutzes dar, die doch logischerweise von Ungarn nicht mit einer Erschwerung des Verkehrs mit Österreich durch Errichtung einer Zollschranke beantwortet werden kann. Das wäre statt der Großwirtschaft wieder eine geradezu systemwidrige Einengung vom Standpunkte der Kleinwirtschaft.

Schließlich ist die Industrie des einstigen Russisch-Polen zu berücksichtigen. Was soll mit ihr geschehen, wenn sie ihre ausgedehnten Beziehungen zu ihren bisherigen Absatzgebieten durch Errichtung der russischen Zollschranken verliert? Soll das polnische Gebiet ein eigenes, verhältnismäßig kleines, zollgeschütztes Wirtschaftsgebiet bilden (und dort verkümmern), oder soll seine Industrie die Erzeugnisse auf den deutschen oder den österreichisch-ungarischen Markt werfen dürfen? Polnische Industrie.

Die Frage der Erhaltung der polnischen Industrie und damit der wichtigsten Wohlstandsquelle Polens fordert naturgemäß ein möglichst enges Verhältnis der beiden Mittelstaaten, ja womöglich die Zollunion, um den Wettbewerb des neuen Produktionsgebietes leichter ertragen zu können, dem neuen Konkurrenten aber einen wenigstens teilweisen Ersatz für den Verlust des russischen Marktes zu bieten.

Im allgemeinen wird man, ohne in Details einzugehen, auf Grund der obigen Schilderung der Leistungsfähigkeit der Industrie in Österreich und in Ungarn sagen können, daß *im ganzen und großen* die gesamte Textilindustrie, die Eisen-, Stahl-, Leder- und Holzindustrie, die Papierindustrie, das Baugewerbe, wichtige Teile der Nahrungsmittelindustrie (so Zucker, Spiritus, Bier, Malz und Mühlen), die meisten Bekleidungsbranchen, schließlich das Kunstgewerbe im weiteren Sinne sogar eine reine Zollunion vertrügen[1]).

Das aber sind rund 70 % der industriellen und gewerblichen Produktion Österreichs und Ungarns.

[1]) Betreffend die chemische Industrie vgl. Österreichische Chemiker-Zeitung 1915 Nr. 9—15, Die wirtschaftliche Annäherung.

Die Bergwerksindustrie genießt ja schon heute, von unwesentlichen Ausnahmen abgesehen, keinen Zollschutz und befindet sich wohl dabei.

Schutzmittel. Kartelle.

Es stehen selbstverständlich der Volkswirtschaft eine Reihe von besonderen Mitteln zu Gebote, um sich gegen ungünstige Folgen einer wirtschaftlichen Allianz mit Deutschland zu schützen. Es ist dies namentlich die Kartellorganisation. Unser wichtigstes Kartell, das Eisenkartell mit seinen zahlreichen Subbranchen, wird gewiß z. B. in allerkürzester Zeit imstande sein, mit dem ebenso mächtigen Stahlwerksverband [1]) Deutschlands zu einem Abkommen zu gelangen. Deutschland weist bekanntlich schon jetzt in der Kartellbildung und in den sonstigen industriellen Organisationen größeren Umfang und bessere Durchbildung auf, als Österreich-Ungarn. Es steht außer Zweifel, daß zumindest zum gegenseitigen Schutze während der Übergangszeit in den Branchen und Gebieten, wo Kartelle nicht bestehen, aber die Betriebe und die Branchen kartellfähig sind, solche Schutzorganisationen von der Industrie aus eigenem Antrieb geschaffen werden dürften.

Sache des Staates wird es sein, sich eine wirksame gesetzliche Handhabe gegen Übertreibungen der Kartelle durch ein wirksames, modernes Kartellgesetz zu schaffen. Als Ausgleich und Beweis des Entgegenkommens könnte erwogen werden, selbstsüchtige Kartellstörer zur Anerkennung eines gerechten Standpunktes ihrer Branche und zum Eintritt ins Kartell von Staats wegen zu zwingen und auf diese Weise loyale Kartelle zu fördern und zu schützen.

Eisenbahnfracht.

Ein wirksamer Schutz zur Behauptung des bisherigen Inlandsabsatzes auf beiden Seiten ist die Frachtenpolitik, obwohl nicht geleugnet werden kann, daß die Zufuhr der erforderlichen Rohprodukte für Österreich-Ungarn in den meisten Fällen wegen der Länge des Weges teurer kommen wird, als die Verfrachtung des Fertigfabrikates. So hat ja auch Bismarck die Produktion der deutschen Bundesstaaten bei Schaffung des Deutschen Reiches im großen und ganzen mit dem lokalen Bedarf verknüpft und seinerzeit bedeutende Umwälzungen in den Wettbewerbsverhältnissen der einzelnen Gebiete vermieden. Deutschlands Prinzip läßt sich natürlich genau so auf das Verhältnis der beiden Reiche anwenden.

[1]) Bekanntlich über Verfügung der deutschen Regierung während des Krieges wieder zustande gekommen.

Vor allem wird aber für die nächsten Jahre der Riesenbedarf Deutschlands für die deutsche Industrie weit größeres Interesse haben, als das österreichisch-ungarische Gebiet mit seinen vielfach ganz speziellen Wünschen. Auch läßt sich eine leistungsfähige kommerzielle Organisation nicht so rasch schaffen, daß nicht die autochthone Industrie von vornherein einen weiten Vorsprung auf lange Zeit besäße. Gegenseitige Gewohnheit.

Einen besonderen Trost gegenüber der Besorgnis vor verheerenden Wirkungen einer Allianz bieten weiters die Erfahrungen der Kriegszeit, die gelehrt haben, welch erstaunliche Anpassungsfähigkeit die österreichische Unternehmerschaft und die Betriebe an den Tag legen, wenn die dringende Notwendigkeit (und die Vergrößerung der Wirtschaftsbasis unserer Volkswirtschaft ist eine Notwendigkeit von größter, dringendster Bedeutung) und das Wichtigste für die Entwicklung der Industrie vorhanden ist: der Bedarf. Es sind hier geradezu überraschende Verschiebungen vorgekommen, obwohl doch die Kriegszeit die Beschaffung, Ergänzung oder Umarbeitung von Maschinen und Behelfen außerordentlich erschwerte. Es sind für den Militärbedarf in kürzester Zeit derart riesige Quanten erzeugt worden, daß dies angesichts der kolossalen Schwierigkeiten hinsichtlich der Beschaffung von Rohmaterial, von Geld und Arbeitern ganz besondere Beachtung verdient [1]). Anpassungsfähigkeit.

Ferner hat jeder Staat, jedes Land, jede Stadt das Lieferungswesen in der Hand, welches naturgemäß zur ausschließlichen Förderung der autochthonen Industrie verwertet werden kann, obwohl dieses Förderungsmittel wegen seines beschränkten Ausmaßes nicht überschätzt werden darf. Lieferungswesen.

Schließlich darf nicht übersehen werden, daß eine zielbewußte Verwaltung einen ganz außerordentlich weitreichenden Einfluß auf die Entwicklung der Volkswirtschaft, besonders aber auf ihren Schutz nehmen kann. Das sprechendste Beispiel dafür lieferte während des Krieges Ungarn auf dem Gebiete des Approvisionierungswesens, das trotz manchen gegenteiligen Wunsches Österreichs auch auf diesem Verwaltungsmaßnahmen.

[1]) So haben erzeugt: Glühlampenfabriken Geschoßzünder, Sensenerzeuger Teile für Zünder, Fabriken für landwirtschaftliche Maschinen Granaten, Glasschleifereien haben Geschosse bearbeitet, Bugholzmöbelfabriken oder Fabriken für künstliche Blumen haben Rucksäcke hergestellt, Erzeuger von vegetabilischen Fetten sind zu der von tierischen übergegangen, usw.

Gebiete seine vollkommen selbständige Wirtschaftspolitik zur Geltung brachte.

Wenn dann in einer Branche keines aller angegebenen Mittel verfangen sollte, steht noch der Zwischenzoll als letztes Auskunftsmittel zur Verfügung. Diese Bemerkungen dürften betreffend den Schutz der Inlandsindustrie genügen.

Zusammenfassung.

Österreich-Ungarns Volkswirtschaft hat also, wenn man alle historischen, geographischen und nationalen Schwierigkeiten in Erwägung zieht, bisher eine günstige Entwicklung genommen. Wohl kann es sich mit dem in die vorderste Reihe der Weltstaaten eintretenden Deutschland und seiner mächtigen Volkswirtschaft nicht in allen Belangen messen. Aber es steht schon heute knapp hinter den führenden Staaten. Nur dank dieser Entwicklung der Volkswirtschaft und der reichlich vorhandenen, aber viel zu wenig ausgenützten Tüchtigkeit seiner Völker war es Österreich-Ungarn möglich, die schwere Prüfung auf Widerstandskraft und Existenzfähigkeit zu bestehen, die der Weltkrieg der Donaumonarchie auferlegte und dessen Ausgang sich die zahlreichen Feinde der Monarchie gewiß ganz anders vorstellten. Mit der kriegerischen Gewaltleistung, die die Donaumonarchie, gestützt auf das mächtige Deutschland, vollbracht hat, ist zwar der Bestand der Monarchie und eine reguläre weitere Entwicklung gesichert. Aber ein großer Aufschwung im Stile der führenden Weltstaaten, eine volle Ausnutzung der durch den Krieg günstig gestalteten Prämissen ist doch nur dann zu erwarten, wenn die Völker Österreichs und ihre Erwerbsstände von Industrie und Landwirtschaft die Kraft und den Opfermut aufbringen, in eine schwere, aber unendlich aussichtsreiche, weitblickende und hochmoderne entscheidende Wandlung der Volkswirtschaft mit Mut und Selbstvertrauen einzutreten, das ist *die weitestgehende wirtschaftliche Verständigung mit Deutschland und die Schaffung jenes Kernes wirtschaftlicher Großmacht, um die sich andere Staaten vertrauensvoll als weitere Teilnehmer der Allianz gruppieren sollen.*

Nicht der ohne Wirtschaftsbündnis unausweichliche Kampf mit Deutschland, sondern nur die vernünftige, alle Schaffenskraft anspannende Verständigung mit Deutschland kann für die Monarchie der richtige Weg für die Zukunft sein. Dies gilt sowohl für den gegenseitigen, wie für den Auslandsverkehr, besonders aber bezüglich der gemeinsam zu betreibenden Entwicklung des Orients auf kulturpolitischer Grundlage.

Was speziell den Ausgleich mit Ungarn anbetrifft, müßte er von vornherein im Hinblick auf die zu schließende wirtschaftliche Allianz mit Deutschland vorbereitet und behandelt, aber erst dann zum endgültigen Abschluß gebracht werden, wenn die Grundlinien der Allianz zwischen den drei Staaten klargestellt und festgelegt sind. Die Regelung der Wirtschaftsfragen zwischen Österreich, Ungarn und Deutschland sind ein Ganzes, von dem nicht ein Teil in der Behandlung abgetrennt und selbständig erledigt werden kann, ohne damit den Zusammenhang des Komplexes aufzuheben.

Der Ausgleich mit Ungarn wäre selbstverständlich auf die gleiche Länge von 20—30 Jahren zu schließen, wie der wirtschaftliche Bündnisvertrag mit Deutschland. Die Volkswirtschaft beider Staaten verlangt ohnehin schon längst eine Festlegung der wirtschaftlichen Gemeinsamkeit auf längere Zeit als wie bisher auf nur 10 Jahre, eine derart kurze Frist, daß sie den wirtschaftlichen Prinzipien genügender Sicherung von Investitionen und vernünftiger Amortisation widerspricht [1]).

Appell an das deutsche Volk in Deutschland.

Es sei nun gestattet, zum Schluß noch folgende Worte mehr intimer Natur an das deutsche Volk und die maßgebenden Stellen in Deutschland zu richten.

Aus dem deutschen Volke im Habsburger Reiche erheben sich immer wieder klagende Stimmen darüber, daß man sich im Deutschen Reiche zu wenig um die Brüder in der Donaumonarchie sowie um diese selbst kümmere. Ja, es wird sogar die Klage laut, daß man sich bisher in gewissen Teilen Deutschlands im Bewußtsein der Kraft, der außerordentlichen Leistungen und der wachsenden Wohlhabenheit über die Leiden und Kämpfe der Brüder hinwegsetzte, als etwas, was das Deutsche Reich nichts angehe. Die einen erklären diese Erscheinung damit, Deutschland habe eben so große Aufgaben zu lösen, daß ihm keine Zeit für die Sorge um uns bleibe, und daß doch wir deutschen Österreicher selber zu wenig in nationaler und wirtschaftlicher Schutzarbeit leisten. Auch wir selbst seien von jeher in den uns bis aufs tiefste interessierenden und berührenden Fragen der Kulturarbeit, sei es der Wissenschaft

[1]) Man vgl. auch die in der Beilage abgedruckte Entschließung der Wiener Handelskammer.

oder des Gelderwerbes befangen. Wieviel mehr müßte das von den Bewohnern eines Landes gelten, die den nationalen Kampf nur vom Hörensagen kennen und im Machtbetriebe hemmungsloser, groß angelegter Entwicklung stehen.

In diesen Gegensatz der Meinungen soll nicht weiter eingegriffen werden; aber es ist ohne Zweifel ein Gebot der Voraussicht und Klugheit, daß Deutschland alles, was es im Ausland an bluts- oder wenigstens kulturverwandten Elementen auf der ausgesprochenen Aktivseite, nämlich als Freunde, besitzt, tunlichst durch Freundschaft und Förderung an sich zu fesseln trachtet. Auf die Aktivseite gehört vor allem Österreich-Ungarn mit seinen Deutschen, auch mit seinen Magyaren, Rumänen und Slaven[1]). Je festere Bande der Freundschaft und des Vertrauens, bei vollständig freier politischer und wirtschaftlicher Entwicklung des Einzelnen, zwischen den verschiedenen für eine militärische und wirtschaftliche Allianz in Betracht kommenden Staaten und Staatsgebieten geschaffen werden, um so größer ist auf Basis eines großen zentral-europäischen wirtschaftlichen Staatenbundes die Möglichkeit der Einflußnahme auf Weltpolitik und Welthandel.

Deutschland hat die Welt durch seine tiefgründige und gleichzeitig geschickte Erfassung der Eigenart, Bedeutung und des Wertes des Islam überrascht und hat durch dieses sein Verständnis Englands Vormacht in Asien einen nimmer gut zu machenden, schweren Schlag versetzt, ähnlich wie der politische Einfluß der Entente auf dem Balkan erledigt ist. England hat zwar in einem anderen Sinne als die romanischen Völker Kolonialpolitik betrieben, aber es hat, ohne auf die Individualisierung einzugehen, die starre Suprematie auch dort durchzusetzen fortgefahren, wo diese nicht am Platze war. In der weitgehenden Wertschätzung der eigenen Nation und der Verachtung alles dessen, was nicht englisch und nach englischen Sitten salon- und klubfähig ist, hat es fast ohne Ausnahme die Völker, die es beherrschte oder deren Führer es war, nicht verstanden. Diese Verblendung, die in der Lage Großbritanniens begründet ist und vom „Insularismus" kommt, kann nicht nur durch die Macht von großen Flotten und von Geld auf die Dauer wettgemacht werden. Mit dem fehlenden inneren Zusammen-

[1]) Beruht doch die moderne Kultur all dieser Völker auf der deutschen.

hange fehlt das Vertrauen und der Bestand. Es wäre nun wohl geradezu tragisch, wenn das Volk der Dichter und Denker zwar meisterhaft den nahen und weiteren Orient, das Osmanen- und Chinesentum zu erfassen verstünde, dort und in Südamerika gern und weitgehend Investitionen vornähme, aber an seinen Stammesbrüdern, an den unmittelbaren Nachbarn und Kulturgenossen auch nach dem Kriege wieder fast achtlos und verständnislos vorüberginge. Im Gegenteil wird es auch auf dem Gebiet der Volkswirtschaft Deutschlands, als des mächtigeren wirtschaftlichen Faktors, Sache sein, Österreich-Ungarn den Anschluß und Übergang, wo es wirtschaftlich zu sehr leiden würde, zu erleichtern. Die vollwertige kulturelle und wirtschaftliche Entwicklung der osteuropäischen Völker im Donau- und Karstgebiete durch Österreich-Ungarn auf der Basis westlicher Kultur, sowie deren machtvolle Zusammenfassung gegenüber dem slavischen Osten und das einverständliche Vorgehen Deutschlands und der Donaumonarchie in allen Fragen der äußeren, besonders der Orientpolitik, sowie der weltwirtschaftlichen Maßnahmen, bilden die Grundlage der vollen Machtentwicklung beider Staaten. Ohne die Freundschaft eines mächtigen Österreich-Ungarn ist Deutschlands noch so hoher Aufschwung ein Weltbau ohne die notwendige und wichtige Verbreiterung seines Fundaments.

Kommt aber eine gerechte, dauernde Verständigung zustande, dann würde bewiesen werden, daß die Ströme von Blut und die zu Berg gehäuften Leichen nicht geopfert wurden, um im alten Takte Politik und Wirtschaft zu treiben, sondern um Zentraleuropa auf eine neue Grundlage zu stellen, Österreich mit zum wichtigsten Träger dieser neuen Ordnung und zum hochwertigen Teilnehmer zu machen. Nicht die Rücksichtnahme auf lokale Interessen und auf den ungeschmälerten Gelderwerb von einzelnen Branchen oder Personen, sondern die Wucht der Gesamtinteressen weltwirtschaftlicher Motive, die von Meer zu Meer reichen, würden den Ausschlag gegeben haben.

Österreich-Ungarn ist bei vernünftiger Ausnutzung aller Chancen, welche die moderne Kultur, der Kapitalismus und der Weltverkehr bieten, bei Stützung des deutschen Elementes in Österreich, bei Beseitigung der nationalen Hemmungskämpfe, dafür bei kluger Ausnutzung der Nationalitäten-Verschiedenheiten ein ausgesprochenes Land der Zukunft, ja ebenfalls ein Land mit unbegrenzten Möglichkeiten.

Die Monarchie würde durch engere, mehr unmittelbare Verbindung mit dem Weltverkehr, sowie durch Aufnahme tunlichst vieler deutscher Kaufleute, durch engere Durchdringung von Verwaltung und kaufmännischem Leben mit reichsdeutschem Geiste erst voll zu blühen beginnen, denn eigentlich erst jetzt im 20. Jahrhundert ist in vielen Belangen für das Donaureich die rechte Zeit der Entwicklung gekommen, um aus der Donau, den Wasserkräften der Gebirge, der durch den Binnenverkehr günstiger gestalteten Lage seines Meeres, aus der Ursprünglichkeit, aus den Talenten und der unverbrauchten Kraft seiner Bewohner volle Vorteile zu ziehen.

Dann würde man in der Welt voll und ganz begreifen, was Österreich-Ungarn ist:

Ein wirkliches und seltenes Juwel der Schöpfung!

Beilage.

## Kundgebung der Wiener Handelskammer,

**einstimmig beschlossen in der Vollversammlung am 21. Oktober 1915.**

---

Die als Folge des Weltkrieges zu erwartenden Umwälzungen auf dem Gebiete der Weltwirtschaft machen es notwendig, daß die österreichisch-ungarische Monarchie ihre militärische und politische Bundesgenossenschaft mit dem Deutschen Reiche durch ein wirtschaftliches Bündnis ergänzt. Dieses Bündnis soll die Zentralmächte bei der Versorgung mit den notwendigen Lebensmitteln, Rohstoffen und Industrieprodukten von ihren politischen und wirtschaftlichen Gegnern unabhängiger machen und zur nachdrücklicheren Vertretung ihrer handelspolitischen Interessen auf dem Weltmarkte befähigen.

In dem Bündnisvertrage, der eine möglichst lange, von allen Abmachungen dieser Art unabhängige Geltungsdauer erhalten soll, wäre festzusetzen, daß die Bundesgenossen ihre Handelspolitik nach einem einheitlichen Plane durchführen, sowie daß sie Handelsverträge mit dritten Staaten gemeinsam verhandeln und abschließen werden. Um dies zu ermöglichen, werden sich die beiden Reiche vorher über die den Verhandlungen zugrunde zu legenden Zolltarife zu einigen haben. Dies wird am zweckmäßigsten auf der Grundlage eines einheitlichen Tarifschemas erfolgen. Abweichungen in der Höhe der Zollsätze sollen auf jene Fälle beschränkt werden, in denen wesentliche Verschiedenheiten der wirtschaftlichen Verhältnisse, insbesondere der Produktionsbedingungen dies erforderlich machen.

Im Verkehre der verbündeten Staaten untereinander soll wechselseitige Förderung es uns ermöglichen, alle wirtschaftlichen Kräfte zur Entfaltung zu bringen, die Konsumfähigkeit der Bevölkerung zu steigern, die Erzeugungskosten herabzusetzen, die Industrie zu spezialisieren und uns einen größeren Anteil am Weltmarkte zu erringen. Insbesondere sollen sich die Monarchie und das Deutsche Reich in so weitgehendem Maße zolltarifarisch begünstigen, als es die Rücksicht auf den Schutz der heimischen Industrie unter Bedachtnahme auf die Verschiedenheit der Produktionsbedingungen überhaupt zuläßt. Durch planmäßige Ausgleichung dieser Verschiedenheit wird das Bedürfnis nach solchem Schutz allmählich zu verringern und womöglich zu beseitigen sein. Der Bündnisvertrag soll die Möglichkeit einer einvernehmlichen Aufnahme auch dritter Staaten in ein Bevorzugungsverhältnis offenhalten.

Um sich die nötige Handlungsfreiheit für den Abschluß eines derartigen Bündnisses zu sichern, ist erforderlich, daß sich die beiden Reiche bereits vor dem Beginn der Friedensverhandlungen über die in diesen gemeinsam zu vertretenden wirtschaftlichen Forderungen einigen. Namentlich ist zu verlangen, daß das Wirtschaftsbündnis der Zentralmächte bereits in den Friedensverträgen mit dritten Staaten Anerkennung findet und jede Anfechtung unter dem Titel der Meistbegünstigung von vornherein ausgeschlossen wird.

In der Monarchie selbst bildet eine der Hauptvoraussetzungen der angestrebten neuartigen Regelung unserer handelspolitischen Beziehungen zu Deutschland und zu dem übrigen Auslande ein neuer Ausgleichsvertrag mit Ungarn, welcher den Neugestaltungen entsprechend Rechnung trägt. Die bisherigen Ausgleichsvereinbarungen werden zu diesem Zwecke in wichtigen Punkten, namentlich in den die Handels- und Verkehrspolitik betreffenden, wesentliche Änderungen und Ergänzungen erfahren müssen. Jedenfalls wird diesmal die oft geforderte „langfristige" Regelung unseres Verhältnisses zu Ungarn erfolgen müssen, ohne die irgendeine weiter ausgreifende Umgestaltung unserer wirtschaftlichen Beziehungen zum Deutschen Reiche nicht denkbar ist.

Die Vorbereitung der den Ausgleich betreffenden Arbeiten wird ehestens in Angriff zu nehmen sein. Dagegen müßten Bindungen und Abmachungen, welche mit den bei Beendigung des Weltkrieges zu erwartenden Neugestaltungen in Widerspruch geraten könnten, vermieden werden. Der endgültige Abschluß eines für längere Zeit bindenden Ausgleichsvertrages wäre vielmehr dem Zeitpunkte vorzubehalten, in welchem ein vollständig klarer Überblick über die Ziele unserer Wirtschaftspolitik gewonnen sein wird und insbesondere die Richtlinien für das wirtschaftliche Verhältnis der Monarchie zu Deutschland durch grundsätzliche Verständigung der beteiligten Regierungen festgelegt sind.

In allen diesen wichtigen Fragen der auswärtigen Handelspolitik und der Erneuerung des Ausgleiches mit Ungarn rechtzeitig gehört zu werden, ist ein den Kammern nach dem Gesetz zustehendes Recht. Die Kammer erwartet daher, daß ihr gerade diesmal, wo diese Fragen eine ganz besondere Wichtigkeit angenommen haben, ihr Recht nicht verkürzt werde, sondern ihr seitens der Regierung Gelegenheit gegeben wird, sich über die hinsichtlich der berührten Angelegenheiten bestehenden Absichten und Pläne zu äußern.

Eine Reihe von österreichischen Handelskammern sowie von auf der Vereinsgrundlage beruhenden wirtschaftlichen Körperschaften hat bisher ähnliche Kundgebungen beschlossen.

# Bisherige Veröffentlichungen des Verfassers.

Der internationale Handelskongreß in Philadelphia und das dortige Handelsmuseum (Grundsätze für den kaufmännischen Auskunftsdienst auf öffentlich-rechtlicher Basis)
Verlag Braumüller

Das kommerzielle Auskunftswesen im modernen Verkehre
Im Verlage der Wiener Handelskammer

Durch Sibirien nach der Südsee, Reiseschilderungen
Verlag Braumüller

Ausgestaltung der Exportförderung
Im Verlage der Wiener Handelskammer

Regelung des Ausstellungswesens
Im Verlage der Wiener Handelskammer

Die ständige österreichische Ausstellungskommission
(Im Verlage der letzteren)

Das österreichische Auswanderungsproblem
Im Erscheinen begriffen bei Braumüller.

FSC
www.fsc.org
MIX
Papier | Fördert gute Waldnutzung
FSC® C083411

Kolibri 360 GmbH
Ferdinand-Jühlke-Straße 7
99095 Erfurt, Deutschland
produktsicherheit@kolibri360.de